Christine Finke

Allein, alleiner, alleinerziehend

Christine Finke

Allein, alleiner, allein- erziehend

Wie die Gesellschaft uns verrät und unsere Kinder im Stich lässt

Lübbe

MIX
Papier aus verantwortungsvollen Quellen
FSC® C083411
FSC www.fsc.org

Dieser Titel ist auch als Hörbuch und E-Book erschienen

Originalausgabe

Textredaktion: Dr. Ulrike Strerath-Bolz, Friedberg
Umschlaggestaltung: FAVORITBUERO, München
Umschlagmotiv: © Shutterstock/Christin Lola
Satz: hanseatenSatz-bremen, Bremen
Gesetzt aus der Adobe Garamond Pro
Druck und Einband: CPI books GmbH – Leck, Germany
Printed in Germany
ISBN 978-3-7857-2559-7

5 4 3 2 1

Sie finden uns im Internet unter: www.luebbe.de
Bitte beachten Sie auch: www.lesejury.de

Inhaltsverzeichnis

Kapitel 1
Dumm, dümmer, Reaktionen:
Nachbarn, Kollegen, Kita und Co.

Ich muss etwas beichten: Erst seitdem ich selbst alleinerziehend bin, fällt mir auf, dass ich früher nie einen Gedanken an Alleinerziehende verschwendet habe. Weder als junge, kinderlose Frau noch als verheiratete Frau und Mutter, was ich beides immerhin gut zehn Jahre lang war, hatte ich ein Bewusstsein dafür, dass manche Frauen alles rund ums Kind alleine rocken. Und genau das ist bezeichnend – Alleinerziehende sind irgendwie nicht sichtbar, sie werden ausgeblendet. Nicht wenige Menschen mit einem sehr konservativen Weltbild schauen gar auf Alleinerziehende herab – für sie sind wir ein Abfallprodukt der Emanzipation, die dafür sorgt, dass Frauen sich trauen, ohne Mann zu leben.

Seit sechs Jahren bin ich eine dieser Frauen, die ich früher nicht wahrnahm: Ich lebe mit meinen drei Kindern alleine, was mir völlig neue Erfahrungshorizonte eröffnet, um das mal positiv auszudrücken. Und so kommt es, dass ich hin und wieder wütend bin. Und mich auch ohnmächtig fühle angesichts der vielen Vorurteile, der dummen Sprüche und der schiefen Blicke, die meine bloße Existenz als alleinerziehende Frau provoziert.

Es ist nämlich so: Wenn du alleinerziehend bist, hast du etwas falsch gemacht. Entweder hast du den falschen Mann geheiratet, oder du hast dir in der Ehe nicht genügend Mühe gegeben und der Mann hat dich wegen einer Jüngeren verlassen. Oder du hast ihn verlassen, was an und für sich schon ein Skandal ist, denn das tut frau doch nicht, wenn gemeinsame Kinder da sind.

Der einzig akzeptable Grund dafür, eine alleinerziehende Frau zu sein, ist, durch einen tragischen Schicksalsschlag zur Witwe geworden zu sein. Leider – oder zum Glück – trifft das nur auf sechs Prozent der Alleinerziehenden in Deutschland zu. Ich bin eine von denen, die sich erdreistet haben, den Mann zu verlassen. Obendrein gehöre ich zu den gut zehn Prozent der alleinerziehenden Frauen mit mindestens drei Kindern.[1] »Das ist ja noch schlimmer, erst hält die Frau es so lange mit dem falschen Mann aus, und dann setzt sie auch noch drei Kinder in die Welt! Hätte eins denn nicht gereicht?«, tuscheln die Leute hinter deinem Rücken oder sagen dir das auch direkt ins Gesicht.

Aber auch Frauen, die sich schon während der Schwangerschaft trennen, weil sie merken, dass mit dem Vater des Kindes kein Familienleben möglich ist, werden schief angeguckt: Sie hätten es doch wenigstens versuchen müssen, dem armen Mann werde das Kind vorenthalten, es sei egoistisch, ein Kind alleine großzuziehen. Wie Frau es macht, macht sie es verkehrt.

Dass es sich kaum jemand aussucht, alleinerziehend zu sein, und dass diese Familienform nicht nur ein enormes Arbeitspensum im Alltag, ein stark erhöhtes Armutsrisiko und gesellschaftliche Ausgrenzung bedeutet, daran denkt kaum jemand. Wir Alleinerziehenden können ein Lied davon singen. Von Vätern, die sich nicht kümmern, die es als Kavaliersdelikt betrachten, den Unterhalt entweder nicht oder nur teilweise zu zahlen, und von Kindern, die darunter leiden, dass eine zweite, zuverlässige Bezugsperson fehlt.

Ich bin kein Einzelfall, und es geht auch nicht nur um mich. Immer noch werden Alleinerziehende stigmatisiert. Was sich über Jahrhunderte eingebürgert hat, verschwindet nicht einfach innerhalb von ein bis zwei Generationen, erklärt der Mannheimer Soziologe Thomas Bahle: »Die Akzeptanz alleinerziehender Frauen ist inzwischen deutlich besser«, stellt er fest und erinnert daran, dass ledige Mütter als unsittlich und »gefallene Frauen« galten. Aber die Stigmatisierung finde weiterhin auf der beruflichen und finanziellen Ebene statt.[2] Irgendwie gehört das aber alles zusammen. Denn hätten die Alleinerziehenden nicht so einen schlechten Ruf und kaum eine Lobby, dann stünden sie auch finanziell, rechtlich und politisch besser da.

Wir haben ein Imageproblem. Und dieses Buch ist der Versuch, zumindest ein paar andere Facetten aus dem Leben von Alleinerziehenden zu zeigen. Eigentlich ist es ein Buch, an dem Tausende Mütter mitgewirkt haben. Durch das, was sie mir an Kommentaren im Blog und auf der Facebook-Fanseite hinterließen, durch ihre bedrückenden Mails an mich und durch die Direktnachrichten auf Twitter und Facebook, die ich täglich bekomme und beantworte. Ich habe versprochen, dass ich ihnen eine Stimme gebe. Und ich will das tun, indem ich aus meinem Leben erzähle und dies mit dem Erleben vieler anderer Alleinerziehender in einen Kontext setze.

Die Trennung

Es war schon eine ganze Weile unerträglich gewesen. Wie lange eigentlich? Bestimmt ein halbes Jahr, aber auch in den Jahren zuvor hatte ich oft an Trennung gedacht. Nach elf Jahren Beziehung und neun Jahren Ehe konnte ich mir nicht mehr einreden, dass wir nur eine schlechte Phase hatten und sich alles zum Besseren wenden würde. Im Gegenteil, zu Hause fühlte ich mich zunehmend fremd, gehetzt, belauert.

Wenn sich der Schlüssel im Schloss drehte und der Mann von der Arbeit nach Hause kam, zuckte ich zusammen. Würde er wieder so schlechte Laune haben? Auch die Kinder gingen auf Zehenspitzen oder zogen sich in ihre Zimmer zurück, wenn der Vater anwesend war. Es war nicht auszuhalten. Nein, so wollte ich nicht weiterleben. Und so sollten auch die Kinder nicht groß werden. Ich war an dem Punkt angekommen, an dem ich keinen Sinn mehr darin sah, den Schein einer heilen Familie aufrechtzuerhalten.

Gekämpft hatte ich lange genug, viel zu lange eigentlich. Drei Kinder hatten wir gemeinsam bekommen, uns über jedes einzelne sehr gefreut und auch intensive, gute Zeiten miteinander erlebt. Die waren aber immer seltener geworden, so selten, dass ich den Mann, den ich mal geheiratet hatte, gar nicht mehr wiedererkannte.

Die drei erbsengroßen Knoten in meiner linken Brust, die sich nach einem schlimmen Ehestreit im März gebildet hatten, spürte ich zwar nicht mehr, aber ich hatte den Warnschuss meines Körpers verstanden. Tumoren, auch gutartige, tragen das Risiko in sich, zu Krebs zu mutieren. Das hatte mir der Facharzt gesagt, der mich auch gefragt hatte, ob ich gerade viel Stress hätte. Ja, das konnte man so sagen. Ich war Vollzeit berufstätig, hatte mit zweiundvierzig noch ein Kind bekommen und hatte nun ein Baby, einen dreijährigen Sohn, eine neunjährige Tochter und einen Ehemann, der völlig unberechenbar und gleichzeitig voller konkreter Vorstellungen war, was eine gute Ehefrau ausmache. Vorstellungen, die sich mit meinen nicht deckten. Eigentlich, sagte er mir damals, hätte er sich eine Frau gewünscht, die ihm abends, wenn er nach Hause komme, liebevoll den Mantel abnehme, ihn frage, wie sein Tag gewesen sei, und ihn danach ausgiebig verwöhne. »Dafür hast du die falsche Frau geheiratet«, war meine Antwort darauf, und er nickte.

Am Tag der Eheschließung auf dem Standesamt hatten wir uns versprochen, dass wir uns trennen würden, wenn die Beziehung nicht mehr gut sein sollte. Wenn es danach gegangen wäre, hätten wir uns schon Jahre zuvor trennen müssen. Unsere Ehe war gescheitert, aber sich das einzugestehen, ist eins der schwierigsten Dinge, die es gibt.

Woher soll man wissen, wann der richtige Zeitpunkt ist, sich von seinem Mann zu trennen? So einen Zeitpunkt gibt es nicht. Aber es gab den Moment, in dem ich ganz klar erkannte, dass ich gehen musste. Und der kam für mich im Dezember 2009, eine Woche vor Weihnachten.

Egal, von welcher Seite aus man sich der Trennung nähert, als verlassene Frau und Mutter oder als der sich trennende Partner, es fühlt sich immer erst mal an wie eine Niederlage. Man hat es nicht geschafft, allen guten Vorsätzen zum Trotz. Aus Liebe und Respekt sind im besten Fall Gleichgültigkeit und Desinteresse geworden, schlimmstenfalls Hass und der Wunsch, den anderen zu vernichten. Gemeinsam alt zu werden war der Plan. Am Ende bleibt nur noch das kurzfristige Ziel, heil aus der Sache rauszukommen. Und mittelfristig wieder in Ruhe und Frieden zu leben.

Weit über 100 000 Paare mit Kindern trennen sich jedes Jahr in Deutschland, die Zahl stagniert seit Jahren auf hohem Niveau. Nicht alle werden von der offiziellen Statistik erfasst, denn mittlerweile leben acht Prozent der Familien mit Kindern ohne Trauschein zusammen.[3] Im Jahr 2013, als ich geschieden wurde, waren meine drei Kinder ebenso wie 136 061 andere minderjährige Kinder einst verheirateter Eltern auf einmal Scheidungskinder.[4]

Bei jeder zweiten Ehe, die vor dem Scheidungsrichter endet, sind Kinder betroffen – diese Zahlen sind ebenfalls seit Jahren stabil. Laut Destatis, dem Statistischen Bundesamt, leben in Deutschland 1,6 Millionen Alleinerziehende mit minderjährigen Kindern (neueste Zahlen von 2013). Zum Vergleich: Ehepaare mit minderjährigen Kindern gab es 5,6 Millionen, und in festen Lebenspartnerschaften mit Kindern unter achtzehn Jahren lebten 0,8 Millionen Eltern.[5] Jede vierte bis fünfte Familie in Deutschland ist eine Einelternfamilie, und es werden immer mehr.

Eigentlich also nichts Besonderes, so eine Trennung. Selbst mit Kindern nicht. Aber wenn sie einen selbst betrifft, sieht die Sache schon anders aus. Bei der Verkündung der »schlimmen Botschaft« fängt es schon an: Wie sage ich es meinen Kindern, meinen Nachbarn, den Kollegen, Bekannten, Verwandten? Und wie reagieren die Freunde der Kinder oder die Kita?

Aber zuerst einmal musste ich es meinem Mann sagen. Dass es mir diesmal ernst war, dass es kein Zurück mehr für mich gab. Ich nahm all meinen Mut zusammen, als wir abends alleine im Wohnzimmer saßen. Die Kinder waren in ihren Zimmern, unser Au-pair ebenfalls, es schien mir ein guter Augenblick zu sein, mit ihm in Ruhe zu besprechen, wie es nun weitergehen sollte.

Leider hatte ich die Situation falsch eingeschätzt: Mein Mann reagierte extrem schlecht. Aber so fürchterlich das in jenem Moment war, so gut war es für die Endgültigkeit meiner Entscheidung. Um 20:30 Uhr hatte ich das Gespräch auf die von mir geplante Trennung gelenkt, um 21 Uhr war ich sehr sicher, dass ich mit diesem Mann weder verheiratet noch befreundet bleiben konnte.

Reaktionen: die Kinder

Am nächsten Morgen leitete ich die Trennung auch offiziell in die Wege – ein riesiger Berg an Anwalts-, Behörden- und Ämtergängen stand an. Und natürlich die Aufgabe, »es« den Kindern zu sagen. Da der Mann fand, er sei nicht getrennt, auch wenn ich die Beziehung für beendet erklärt hatte, fiel mir die undankbare Aufgabe zu, der Neunjährigen und dem drei Jahre und neun Monate alten Sohn zu erklären, dass sich ihre Lebensumstände ändern würden. Bei der großen Tochter gelang mir das ganz gut, wir setzten uns in Ruhe nachmittags auf Sofa, als sie aus dem Hort kam. Besonders schockiert über die Nachricht, dass ihre Eltern sich trennen würden, war sie nicht. Zu oft waren zu Hause die Fetzen geflogen, sie wusste, dass ich mir gut überlegt hatte, ob ich diesen Schritt gehe.

Mit dem Sohn war es schon schwieriger – wie erklärt man einem fast Vierjährigen, dass Mama den Papa nicht mehr lieb hat, ohne dass er denkt, so ein »Liebesaus« könne ihm auch passieren? Beim Sohn setzte ich auf Taten: Ich erklärte ihm, dass ich von nun an bei ihm unten im Hochbett schlafen würde, weil ich das Bett mit Papa nicht mehr teilen wolle. Das fand der Junge einleuchtend, auch wenn er sich Sorgen machte, ob er nun noch mit mir streiten dürfe und ob er im Kindergarten komisch angeguckt würde, weil in seiner Weltsicht niemand sonst getrennte Eltern hatte. Dass dem nicht so war, merkte er erst sehr langsam und über Monate und Jahre hinweg, weil sich Kinder in diesem Alter vorrangig über Autos und Fußball unterhalten und nicht über Eltern im Trennungsjahr.

Au-pair und Erzieher

Die Erzieher und unser Au-pair informierte ich gleich, denn die hatten schließlich mit den beiden jüngeren Kindern direkt zu tun. Ich ging davon aus, dass die Kinder Gesprächsbedarf haben würden und sich vielleicht auch auffällig verhalten würden. Es fiel mir schwer, den Erziehern von der Trennung zu erzählen, ohne in Tränen auszubrechen.

Zum Glück reagierten diese ausgesprochen professionell:

»Gut, dass Sie uns das sagen, Frau Finke. So können wir besser auf Ihren Sohn eingehen und Ihnen auch Rückmeldung geben, wenn uns hier etwas an seinem Verhalten auffällt«, war der Tenor. Ich war so dankbar für diese Einstellung, dass ich der Erzieherin, mit der ich sprach, fast um den Hals gefallen wäre. Stattdessen bat ich sie, die Information auch ihren Kolleginnen weiterzugeben, damit auch diese Bescheid wüssten. Es solle kein Geheimnis um unsere Situation gemacht werden, fand ich, damit nicht noch eine zusätzliche Last auf den Sohn zukäme. Das fanden die Erzieherinnen vorbildlich, und ich fühlte mich halbwegs gestärkt und auf dem richtigen Weg.

Auch das Au-pair blieb gefasst und war eher hilfreich – natürlich wollte sie wissen, welche Konsequenzen das für sie haben würde. »Keine«, sagte ich wahrheitsgemäß, und dass ich sie bis zum Ende des Vertrages gerne bei uns behalten würde, genau wie geplant, weil ich sie auch dringend brauchte, um meinen Beruf mit der Zweiundvierzig-Stunden-Woche auszuüben. Mein Au-pair nickte und war beruhigt. Sie war erst drei Monate bei uns, und wir hatten uns gerade aneinander gewöhnt. Ich war froh, dass sie nicht versuchte, in eine andere Familie zu wechseln. In diesem Zusammenhang erwies es sich als praktisch, dass ich mich darum gekümmert hatte, das Au-pair zu finden, und meine Unterschrift unter sämtlichen Verträgen und Versicherungen stand. So gab es auch keine rechtlichen Fallstricke oder Unklarheiten über das Arbeitsverhältnis.

Abgesehen davon entwickelte sich das Verhältnis zwischen dem Au-pair und mir noch während des Trennungsjahres sehr positiv: Sie packte nun freiwillig mit an, zeigte Engagement und Frauensolidarität. Das tat mir gut.

Die Verwandtschaft

Weihnachten wollte ich zwar nicht mehr mit dem Mann verbringen, es aber den Kindern nicht antun, von zu Hause fortzufahren, wo der Sohn doch fest davon ausging, dass der Weihnachtsmann ihn nur dort finden würde und er ansonsten keine Geschenke bekäme. Aber dass ich den Jahreswechsel nicht mit meinem zukünftigen Exmann verbringen würde, der hartnäckig so tat, als würde ich das mit der Trennung nicht ernst meinen, stand für mich fest.

Also rief ich meine Eltern an und fragte, ob ich mit den Kindern zu Silvester ein paar Tage bei ihnen sein dürfe. Dass ich mich getrennt hatte und warum meine Entscheidung unumstößlich feststand, sagte ich ihnen auch. Obwohl meine Eltern meinen Mann nie besonders geliebt hatten, waren sie doch erschüttert. »Hast du dir das auch gut überlegt?«, wollte mein Vater wissen. Auch der Satz »Du bist aber auch nicht immer einfach« fiel, ob von meiner Mutter oder meinem Vater, weiß ich nicht mehr. Aber natürlich nahmen sie mich auf – ihr Haus stand und steht mir immer offen, das wusste ich.

Zur Verwandtschaft des zukünftigen Exmannes bestand zu dem Zeitpunkt kein Kontakt, das hatte er so gewollt. Was die gesagt hätten, wäre wohl eher in Richtung »Wir haben versucht, dich zu warnen!« oder »Hat er wieder Mist gebaut?« gegangen. Aber das kam erst später, gut ein Jahr nach der Trennung, als ich behutsam wieder Familienbande in die andere Richtung knüpfte.

Meine Tante, die Schwester meiner Mutter, nahm mich an diesem Silvester in den Arm und sagte: »So ein Mistkerl!«, während meine Eltern noch immer versuchten zu beschwichtigen. Ich war sehr froh über diese stärkende Reaktion der Tante, die selbst im Leben schon einiges erlebt hatte, anders als meine Eltern, die schon über fünfzig Jahre glücklich verheiratet sind.

Die Kollegen

Da ich nach der Trennung ein paar Tage Urlaub hatte und die Besetzung im Büro je nach Wochentag stark wechselte, erzählte ich dort nach und nach von der Trennung. Den Kolleginnen, die ich am meisten mochte, schüttete ich mein Herz zuerst aus – da alle im Büro meinen Mann in den vier Jahren, die ich dort arbeitete, nur ein Mal gesehen hatten, war das keine große Sache. Mein Chef schluckte zwar, als ich ihm davon erzählte, war aber solidarisch. Er wusste, auf meine Arbeit würde sich die Trennung nicht auswirken. Der Rest kümmerte ihn nicht.

Das war's dann aber auch schon mit den halbwegs neutralen Reaktionen. Ich hatte die ablehnendsten und schärfsten Kommentare aus dem direkten Umfeld vermutet. Da lag ich falsch. Denn die echten Knüllerreaktionen kamen aus einer völlig unerwarteten Ecke: von Bekannten, Kindergarteneltern, aus dem weiteren Umfeld. Und nein, es ist einem zum Trennungszeitpunkt nicht egal, was diese Leute so von sich geben, das kann richtig wehtun. Beispiele gefällig?

Bekannte

Mit einem voll beladenen Einkaufswagen im Drogeriemarkt um die Regale kurvend, traf ich einige Monate nach der Trennung meine alte Bekannte Marie* im Drogeriemarkt. Unsere Töchter waren im Kindergarten gut befreundet gewesen, und wenn wir uns in der Stadt zufällig über den Weg liefen, waren wir immer noch stets für ein Schwätzchen stehen geblieben. Ich wusste,

* Dieser und alle weiteren Namen von Bekannten sind zum Schutz ihrer Persönlichkeitsrechte geändert.

dass sie es nicht leicht hatte: Sie war selbst alleinerziehend mit drei Kindern, hatte ihren im Ausland lebenden Exmann aus guten Gründen Hals über Kopf verlassen und arbeitete hart im Einzelhandel. Eigentlich fand ich sie ganz patent.

Also antwortete ich auf die Frage »Und, wie geht's, Christine?« wahrheitsgemäß mit: »Na ja, geht schon wieder. Aber ich hatte eine harte Zeit.« Ohne auf die Trennungsgründe einzugehen (in den vergangenen Wochen hatte ich mir allmählich angewöhnt, dem Rechtfertigungsdruck zu widerstehen), berichtete ich in zwei, drei Sätzen, dass ich seit Dezember getrennt war und nun gerade dabei war, mich neu zu sortieren.

Was Marie, die offenbar gar nicht richtig zugehört hatte, daraufhin vom Stapel ließ, machte mich sprachlos. »Du hast deinen Mann aber auch zu oft alleine gelassen«, schleuderte sie mir entgegen und sah mich missbilligend an.

Der Drogeriemarkt begann, sich um mich zu drehen. Wie jetzt, zu oft alleine gelassen? Von all den Gründen, warum meine Ehe gescheitert war, erschien mir dieser am absurdesten.

»Wie meinst du das, Marie? Der war doch nicht viel alleine!«, stammelte ich nach einer kurzen Schrecksekunde. Denn wenn es nach meinem Mann gegangen wäre, hätten wir alles zusammen gemacht, von morgens bis abends. Trotzdem hatte ich mir gelegentlich Freiräume schaffen können und mich beruflich sehr engagiert. Aber viel alleine war der Mann nun wirklich nicht, schließlich war ich so gut wie jeden Abend und jedes Wochenende mit ihm zusammen gewesen. Und während ich nicht fest angestellt war, war ich auch werktags zu Hause.

»Na, du warst doch damals, als du mit dem Sohn schwanger warst, unter der Woche in Freiburg zum Arbeiten. Und dein Mann musste ganz alleine auf deine große Tochter aufpassen!«, erklärte Marie mir, als sei ich ein bisschen schwer von Begriff.

Himmel, das war nun über vier Jahre her, und zu jener Zeit

hatten der Mann und ich uns sehr gut verstanden. Wie kam sie bloß auf so eine abenteuerliche Idee? Und wieso dachte sie, unser Problem sei Fremdgehen seitens des Mannes gewesen und ignorierte obendrein die Information, dass diese Trennung von *mir* ausgegangen war?

Das war zu viel unerwartetes Feedback für mich. Ich murmelte ein paar hilflose Abschiedsformeln, hielt mich am Einkaufswagen fest und peilte den Ausgang des Drogeriemarktes an.

Zu Hause, später, wurde mir dann klar, dass sie ihre eigene Geschichte auf mich übertragen hatte. Das ist wohl menschlich. Und es sollte mir noch öfter passieren.

Kindergarteneltern

Auch in Gesprächen mit den Eltern der Kindergartenfreunde des Sohnes gab es überraschende Wendungen, wenn ich die Nachricht von der Trennung bestätigte. So fiel ich aus allen Wolken, als die befreundete Mutter Janine*, mit deren Sohn mein Sohn gerne Lego und Fußball spielte, mich durchdringend ansah und inquisitorisch »Aber sind denn die Kinder alle drei von demselben Mann?« fragte.

»Äh, ja, natürlich!«, entgegnete ich irritiert. Dachte diese Frau, ich sei fremdgegangen, hätte ein »Kuckuckskind« bekommen und sei damit aufgeflogen? Etwas anderes konnte ja wohl kaum der Hintergrund ihrer Frage sein, oder?

Wir standen an meiner Haustür, ich hatte die jüngste Tochter, die gerade ein Jahr alt war, auf dem Arm, und hatte die Kindergartenmutter gerade reinbitten wollen. Diesmal war es auch nicht so gewesen, dass ich das Gespräch über meine gerade erfolgte Trennung gesucht hatte, nein, es war Janine gewesen, der zu Ohren gekommen war, dass sich bei uns etwas tat. Sie hatte mich direkt angesprochen, ob denn das wirklich stimme mit der Trennung.

Das fand ich eigentlich erfrischend. Aber die Art und Weise, wie sie sich die Trennung erklärte, stieß mich wirklich vor den Kopf. Denn selbst wenn *nicht* alle drei Kinder von einem Mann gewesen wären, müsste das ja noch lange kein Trennungsgrund sein. Vor lauter Erschütterung über die Frage beendete ich das Gespräch relativ schnell und zog mich ins Haus zurück.

Einige Monate nach dieser Begegnung ging mir auf, dass Janine einen unehelichen Bruder hat und ihre Eltern sich getrennt hatten, als sie noch ganz klein war. Es guckt halt jeder mit seiner Brille.

Nachbarn

Bis sie über die Kinder gehört hatte, dass mein Mann und ich getrennt waren, hatte die Nachbarin aus der Querstraße ein paar Häuser weiter stets den Kontakt gesucht. Ein paar Mal hatte sie sogar angerufen, als es gar nichts über die Kinder zu besprechen gab, ohne Spielverabredungen, einfach so. Sie bat mich immer ins Haus und in den Garten, wenn ich meinen Sohn vom gemeinsamen Spielen bei ihr abholte, und kam auch im Gegenzug gerne auf ein Schwätzchen zu mir. Auch ihr Mann unterhielt sich gerne mit mir, ein netter Kerl und freundlicher Familienvater.

Dann aber war plötzlich Funkstille. Anfangs gab es noch vereinzelte Spielverabredungen der beiden über den Kindergarten befreundeten Jungs, die das selbst miteinander ausmachten, aber zum Abholen schickte sie nun nicht mehr ihren Mann, sondern kam immer selbst. Huschig und auf dem Sprung war sie, schaute mich nicht mehr an, und von weiteren Verabredungen war auch nicht mehr die Rede.

Bald fiel mir auf, dass die Nachbarin nicht mehr freundlich zu mir herüberwinkte, wenn sie mich auf der Straße sah, sondern in die andere Richtung schaute. Dass sie sogar die Straßenseite wechselte, um mir nicht zu begegnen, fand ich am Ende nur konsequent. Ein starkes Stück war es trotzdem. Ich überlegte, was mit der Frau nicht stimmte. Und kam darauf, dass manche Leute Angst haben, Trennungen seien ansteckend. Nicht ganz unbegründet übrigens: Die Forschung zeigt, dass ein vermehrtes Auftreten von Trennungen zu weiteren Trennungen im Freundes- und Bekanntenkreis führt, weil es auf einmal Vorbilder für die Auflösung von Beziehungen gibt.[6] Das Risiko steigt sogar um 75 Prozent, wenn es sich um gute Freunde handelt – bei Bekannten »nur« um 33 Prozent. Aber davon wusste diese Nachbarin ziemlich sicher nichts, sie folgte einfach ihrem Bauchgefühl. Schön fand ich das nicht.

»Ich war ja jaaaahrelang alleine nach der Trennung«, seufzte eine andere Nachbarin, die nun mit ihrem Freund in einer Fernbeziehung lebte, als sie mitbekam, dass sich bei uns die Familienverhältnisse änderten. Besonders innigen Kontakt hatten wir beide nie gehabt, und ich muss gestehen, dass ich gehässig dachte: »Kein Wunder, dass du so lange keinen Neuen gefunden hast.« Denn diese Nachbarin war weder besonders liebreizend noch liebenswert.

Aber was wollte sie mir mit diesem Satz mitteilen? Dass ich mich auf eine lange einsame Phase einstellen müsste? Die Aussicht, längere Zeit alleine zu sein, fand ich eigentlich angenehm. Nun gut, die Geschmäcker sind verschieden. Ich zuckte innerlich mit den Schultern und versuchte, sie verständnisvoll anzugucken. Wir sprachen dann nicht wieder über Beziehungen.

Was Alleinerziehende sich nach der Trennung so anhören müssen – ein repräsentatives Potpourri

Je mehr Menschen aus meinem Umfeld von der Trennung Wind bekamen, desto vielfältiger und auch durch ihre Gedankenlosigkeit erschreckend waren die Reaktionen. Als einzige Alleinerziehende auf weiter Flur (jedenfalls hatte ich das Gefühl) sei es halt zwangsläufig so, dass die Leute komisch reagierten, so erklärte ich mir die dummen Sprüche der anderen.

Dann begann ich zu bloggen, im September 2011, knapp zwei Jahre nach der Trennung. Zuerst noch recht zurückhaltend, über Familienthemen und die Suche nach einem neuen Job. Nach und nach schrieb ich mehr über Alleinerziehende und ihren Alltag. Und siehe da, meine Erfahrungen nach der Trennung waren gar keine bedauerlichen Einzelfälle, sondern normal. Die anderen Frauen hörten dieselben oder noch schlimmere Sprüche als ich!

An dieser Stelle sei erwähnt, dass neunzig Prozent der Alleinerziehenden in Deutschland Frauen sind. Ich hege schon aus Solidarität große Sympathien für alleinerziehende Männer, aber sie sind weniger auf breitere Sichtbarkeit und Unterstützung angewiesen. Denn alleinerziehende Männer können eher damit rechnen, für ihr »Engagement« bewundert und gelobt zu werden. Sie erleben häufiger, dass tatkräftige Hilfe angeboten wird, und sie erfahren Wertschätzung für das, was sie leisten.[7] Zudem betreuen alleinerziehende Männer meist ältere Kinder, während die weiblichen Alleinerziehenden sich in der anstrengenden Baby- und Kleinkindzeit um ihre Kinder kümmern, wodurch sie auch beruflich stärker eingeschränkt sind.[8]

Bei alleinerziehenden Müttern achtet die Gesellschaft vorzugsweise auf Defizite oder nimmt es als gegeben hin, dass Mütter sich um Kinder kümmern. Wenn es dann irgendwann doch zu viel wird, heißt es: »Du hast es doch so gewollt!« Oder einfach: »Selbst schuld.«

Bullshit-Bingo nach der Trennung

Die Sprüche, die nun folgen, haben meine Leserinnen und ich gemeinsam gesammelt. Und ab in die Tonne damit!

»Habt ihr auch wirklich alles versucht?« (Nein, die Trennung erfolgt aus einer Laune heraus. Was sonst.)

»Hoffentlich überstehen das die Kinder ohne langfristigen Schaden.« (Danke. Das macht Mut. Denn natürlich macht man sich um die Kinder Sorgen.)

»Wärst du nicht arbeiten gegangen, dann wärt ihr noch zusammen.« (Ist klar. Arbeit zerstört Ehen.)

»Ich habe mich sowieso immer gefragt, was euch beide zusammenhält.« (Aka: Ihr wart ein komisches Paar.)

»Ein Kind rettet halt keine Ehe.« (Pffft – vielleicht war gerade das Kind eine zusätzliche Belastung?)

»Meinst du, du findest noch mal jemanden? In deinem Alter?« (Als ob einem danach gerade der Sinn stünde.)

»Ich fand deinen Ex schon immer komisch.« (Aber jahrelang nix sagen!? Wäre vielleicht hilfreich gewesen …)

»Wir haben uns ja früher nicht so leicht getrennt.« (Äh, hat irgendjemand was von leicht gesagt? Und außerdem schwingt hier eine kräftige Portion von »Du hast zu früh aufgegeben« mit.)

»Du hast es ja so gewollt.« (Bullshit-Bingo-Joker. Als ob frau sich eine Trennung mit Kindern gewünscht habe.)

»Selbst schuld.« (Ergo: Jetzt nicht jammern oder die Missstände beklagen. Egal, wie mies deine Finanzen aussehen, es um deine emotionalen Ressourcen bestellt ist, deine Jobsituation ist.)

»Also, schon wegen der Kinder würde ich mich nie trennen.« (Sondern? In einer schrecklichen, nicht zukunftsfähigen Beziehung verharren, bis die Kinder ausreichend traumatisiert sind und selbst nur noch ungesunde Liebesbeziehungen eingehen können?)

»Ihr wart so ein schönes Paar!« (Ja, die Optik war vielleicht gut. Die Frage ist halt, was es einem nützt, wenn eine Beziehung nur nach außen toll aussieht.)

»Andere Frauen machen schlimmere Sachen mit ihren Männern mit – und bleiben trotzdem.« (Andere Frauen tun mir in dem Fall sehr leid. Man muss sich ja nicht am größeren Unglück orientieren. Abgesehen davon sind Schmerzgrenzen sehr subjektiv.)

»Das muss Liebe doch auch aushalten können.« (Frei nach dem Sadomaso-Prinzip, oder wie?)

»Musste das (zweite/dritte) Kind denn noch sein?« (Nein, das hätten wir besser abgetrieben. Oder was soll man auf so eine Frage antworten?)

»Ich verstehe nicht, dass du ihn nicht früher durchschaut hast, man merkte doch, dass mit dem was nicht stimmte …« (Ach. Und wieso hast du nie was gesagt?)

»Na, wenigstens sind beide Kinder vom selben Vater!« (Nun fühle ich mich gleich viel besser. Hat was von »Frauen, die sich trotz Kindern trennen, hatten auch Sex mit Hunden, jugendlichen Liebhabern und lebten polygam«.)

»Sei froh, dass du ihn los bist.« (Das mag sogar stimmen. Aber feinfühlig ist es nicht.)

»Hättest du nicht durchhalten können, bis die Kinder größer sind?« (Sicher doch. Dann wären die jungen Leben über Jahre belastet gewesen aufgrund des häuslichen Zwists und ich vor lauter Gram eingegangen.)

»Die armen Kinder.« (Ja, was soll man denn machen? Ein Spaziergang ist das nicht, logisch.)

»Dann bist du ja jetzt abends zu Hause. Kannst du auf die Kinder aufpassen, wenn mein Mann und ich im Kino sind?« (Prima. Ich habe dann ja auch Zeit, auf Online-Partnerbörsen nach seitensprungwilligen Ehemännern Ausschau zu halten. Grmpf.)

»Ich mache im Grunde auch alles alleine. Ich hätte keine Angst vor einer Trennung.« (Glaubst du. Warte mal ab, bis es so weit ist. Denn eine Trennung zieht einem echt den Boden unter den Füßen weg.)

»So einen netten Mann findest du nie wieder.« (Na, hoffentlich.)

»Das war ja nur eine Frage der Zeit.« (»And in the long run, we're all dead«, hat Keynes gesagt.)

»Ich habe das schon vor eurer Hochzeit gewusst!« (Wundervoll. Dann wäre es besser gewesen, wir hätten dich damals nicht eingeladen. Oder du hättest abgesagt.)

Alleinerziehend zu sein ist wie ein Unfall

Von Hunderten Reaktionen gegenüber Alleinerziehenden, die von der Trennung erzählten, lautete nur eine einzige: »Sag bitte, wenn ich dir bei irgendwas helfen kann.« Dabei ist das doch eigentlich naheliegend. Und wenn man schon nichts Aufbauendes sagen kann, ist auch einfach den Mund halten eine gute Alternative. Und toll wäre echtes Verständnis anstatt dummer Sprüche. Das kommt aber so selten vor wie ein Lottogewinn.

Plötzlich alleinerziehend zu sein ist wie ein Unfall. Viele Gaffer, viele Besserwisser, die das Fahrverhalten werten und den Unfallhergang analysieren. Andere schauen weg, weil ihnen die Situation Angst macht. Aber die wenigsten denken an die Erstversorgung der Verletzten und helfen. Dabei wäre das so nötig.

Leute, seid nett zu frisch Getrennten. Bitte! Trennungen sind so belastend wie Todesfälle, gerade wenn frau noch für das Wohl von Kindern sorgen muss.

Kapitel 2
Aus und vorbei. Welches Modell hätten Sie denn gerne?

Wir waren also getrennt, und die erste Hürde hatte ich genommen, nämlich offen damit umzugehen. Wie das mit Hürden so ist, die erste kommt einem vielleicht schon ziemlich hoch vor, aber die sich anschließenden kann man beim Überspringen der ersten Hürde noch nicht unbedingt im Blick haben. Und das ist wahrscheinlich ganz gut so, denn wenn frau wüsste, wie viele Monate und Jahre die Trennung, Scheidung und das Auflösen der Partnerschaft als Eltern sie noch beschäftigen wird und wie alleine sie mit den Kindern dasteht, wenn sie erst einmal alleinerziehend ist, dann verlöre sie vielleicht schon bei den ersten Hürden mehr Kraft, als gut für sie ist.

Als frisch getrennte Mutter stand ich nun vor der Frage, wie unser Leben neu zu organisieren sei. Eigentlich hoffte ich, der Mann würde sich darüber gemeinsam mit mir Gedanken machen, aber da er über viele Monate lang daran festhielt, dass er gar nicht getrennt sei und es überhaupt nicht einsehe, sich über unsere Wohnverhältnisse und die zukünftige Gestaltung des Umgangs und der Finanzen Gedanken zu machen, musste ich handeln.

Erschwerend kam hinzu, dass der zukünftige Ex auch den Kindern gegenüber hartnäckig äußerte, dass *er* ja die Mama noch lieb habe und diese Trennung nicht wolle. Das stimmte auch sicher, und mit etwas Abstand kann ich sehen, dass er nicht aus

Bösartigkeit so handelte. Es machte mir die Auflösung der Partnerschaft aber extrem schwer, weil die Kinder natürlich total verunsichert waren über die widersprüchlichen Aussagen ihrer beiden wichtigsten Bezugspersonen.

Mir wurde rasch klar, dass ich rechtliche Beratung brauche. Da am Abend nach der Trennung ein erheblicher Geldbetrag von meinem Festgeldkonto aufs Konto des Exmannes gewandert war, obwohl ich meine PINs in meiner Handtasche aufbewahrte, hatte ich auch akuten Handlungsbedarf. Ich machte noch im Dezember einen Termin bei einer Anwältin aus, die mir über eine Beratungsstelle empfohlen worden war. Die sogenannte »Erstberatung« fand dann schon bald nach den Feiertagen statt.

»Diebstahl innerhalb der Ehe gibt es vor dem Gesetzgeber nicht. Ihre Erfolgsaussichten, das Geld zurückfordern zu können, sind gleich null«, erklärte mir die Anwältin (die ich als Kindergartenmutter vom Sehen kannte, wie ich feststellte), als ich ihr gegenübersaß. Na, das fing ja gut an.

Ich hatte mir einen Haufen Fragen notiert, die vor allem mit dem Trennungsunterhalt, dem Sorgerecht und dem Auszug zu tun hatten, denn ich wollte rechtlich auf der sicheren Seite sein. Dass meine Vorstellung, der Gesetzgeber habe klare Regeln geschaffen, wie Trennungen mit Kindern anzugehen seien, total naiv war, merkte ich dann bald. Auf viele meiner Fragen lautete die Antwort: »Sie müssen sich darüber einigen. Oder ein Gericht entscheiden lassen.«

Weder hatte ich die Handhabe, den Mann zum Auszug zu zwingen, noch durfte ich selbst mit den Kindern ausziehen, wenn der sorgeberechtigte Ehemann nicht damit einverstanden war. »Es gibt nur die Möglichkeit, sich das Aufenthaltsbestimmungsrecht zusprechen zu lassen, aber das geht weder schnell noch einfach und muss über ein Gericht erfolgen«, musste ich lernen.

Alternativ, erfuhr ich, könne ich das Trennungsjahr offiziell einleiten (per Einschreiben an den eigenen Mann im eigenen Haus), um nach einem Jahr dann die Scheidung beantragen zu können, woraufhin ein Gericht urteilen werde, wer mit den Kindern wo wohne, wie es um den Unterhalt bestellt sei und was ansonsten noch zu regeln sei.

So lange dauert es, bis man sich aus einer Ehe befreien kann? Ja, die Gesetze sind so. Wenn ich das gewusst hätte, ich hätte nie geheiratet. Auch die Frage, wer denn das »Auseinanderleben« oder die »unüberbrückbaren Differenzen« verursacht habe, spielt keine Rolle vor dem Gesetzgeber. Die Schuldfrage wurde 1976 zugunsten des »Zerrüttungsprinzips« abgeschafft. Schuld hatten ab diesem Zeitpunkt immer beide Ehepartner, selbst wenn einer den anderen krankenhausreif geschlagen, mehrfach betrogen oder bestohlen hat, drogenabhängig oder Alkoholiker ist (man kann unter Umständen die Scheidung im Härtefallverfahren beantragen. Aber ob das bewilligt wird und wie schnell die Scheidung dann durch ist, steht in den Sternen). Schlechte Aussichten für mich, rasch zur Alleinerziehenden zu werden.

Nach dem Beratungsgespräch war mir ziemlich flau. Aber ich ging mit der Zusage nach Hause, dass die Anwältin den von mir geforderten Trennungsunterhalt berechnen und in einem Brief an den Mann formulieren würde. Ein Anfang war gemacht.

Dass ein – noch – gemeinsam unter einem Dach lebendes Expaar während der Trennungszeit an »Wohlverhalten« gebunden ist, also zum Beispiel Kinder nicht instrumentalisiert werden dürfen (Wer will das überprüfen?), und dass die zukünftige Gestaltung des Umgangs spätestens bis zum Auszug des Vaters geregelt sein sollte, schrieb die Anwältin auch in den Brief. Es würde schwierig werden, aber es war machbar, sich auch räumlich zu trennen. Und irgendwann, als fernes Ziel, würde der Mann kaum noch eine Rolle in meinem Leben spielen. Das war der Plan.

In der Folgezeit lernte ich eine Vielzahl von Szenarien und Möglichkeiten kennen, wie getrennte Eltern sich arrangieren können.

Während meine ebenfalls frisch getrennten Freundinnen in Skandinavien (Norwegen, Schweden und Finnland, wir kannten uns über den Job) schon nach neuen Wohnungen suchten, weil dort eine Scheidung nach sechs Monaten über die Bühne ist und es kein einzuhaltendes Trennungsjahr gibt, versuchte ich noch, über den Mieterverein zu klären, welche Rechte ich als Mutter beim Wohnen mit gemeinsamem Mietvertrag und gemeinsamem Sorgerecht habe. Wieder hieß es: »Der Gesetzgeber sagt, Sie müssen sich mit dem ehemaligen Partner einigen.« Ich schluckte. Wie soll man sich denn mit jemandem einigen, der überhaupt nicht willens ist, sich auch nur einen Millimeter zu bewegen?

Wenn jemand, der einen gemeinsamen Mietvertrag mit einem unterzeichnet hat, nicht ausziehen will, dann muss er nicht ausziehen. So einfach sieht das Gesetz das. Einzige Alternative wäre die sogenannte »Wohnungszuweisung«, die per Gericht beschlossen werden muss – und weder schnell noch einfach zu erreichen ist. Meine Anwältin riet mir wegen der unsicheren Erfolgschancen und der langen Verfahrensdauer davon ab, das zu probieren. Obendrein sagt das Mietrecht auch, dass, wenn ein Partner den Mietvertrag kündigt, der Vermieter auch dem anderen Partner kündigen kann, er hat dann nämlich ein Sonderkündigungsrecht. Zumindest wird ein Zusatz zum Mietvertrag oder ein neuer Mietvertrag fällig. Das bedeutet, wer sich trennt, muss fürchten, gemeinsam mit den Kindern den Wohnsitz zu verlieren, selbst wenn der andere auszieht.

Schlechte Aussichten. Eine Falle. Ausziehen und damit »Kindesentzug« betreiben wollte ich nicht, die Anwältin hatte mir auch abgeraten, mit den Kindern ohne Einwilligung des Vaters auszuziehen, das wirke sich vor Gericht und gegenüber dem Jugendamt negativ aus. Es ist auch schwierig bis unmöglich, die Kinder beim Einwohnermeldeamt einfach umzumelden, wenn der andere Sorgeberechtigte nicht einverstanden ist. Außerdem wollte ich den Kindern gerne ihr soziales Umfeld und ihr Zuhause erhalten, soweit das noch möglich war.

Mehrere Monate lang ertrug ich es, mit dem Mann, der mir nun spinnefeind war, in einem Haus zu leben. Gut fürs Kindeswohl war das sicher nicht, aber den Gesetzgeber kümmert das wenig, und es kommt wohl auch nicht so oft vor. Bei den meisten Frauen, die ich kenne, verlief die praktische Trennung deutlich weniger zäh.

Aber der Ansatz, das Kindeswohl zu berücksichtigen, verhalf mir im April zu einer guten Idee: Ich setzte mich mit dem Jugendamt in Verbindung und schilderte die Situation, die Einzelheiten will ich hier unerwähnt lassen. Im Endeffekt jedenfalls erhielt ich eine rückenstärkende Auskunft, die es mir ermöglichte, dem Noch-Mann gegenüberzutreten und zu sagen, wenn er nicht ausziehe, dann würde ich das tun, und ich wisse jetzt, dass ich es könne.

Der Knoten war geplatzt. Bereits im Mai hatte der Mann eine Wohnung gefunden, Ende Juni zog er aus. Den von meiner Anwältin berechneten Trennungsunterhalt zahlte er auch. Ich war unendlich erleichtert. Die Kinder waren halbwegs gefasst, denn ich hatte ihnen gezeigt, wohin der Vater ziehen würde. Sie wussten, er würde nicht aus der Welt sein, sondern nur einen Stadtteil weiter weg wohnen. Uff. Ich hoffte, dass zumindest die beiden »großen« Kinder den Vater bald auch eigenständig würden besuchen können, die Große war ja schon fast zehn, der Sohn gerade mal vier. Und idealerweise, so dachte ich, würden wir die Sorge zukünftig wirklich gemeinsam tragen, und zwar nicht nur auf dem Papier. Schließlich hatte der Exmann mir das vor der Geburt des ersten Kindes so versprochen.

Klingt eigentlich ganz gut. Es gab da nur ein Problem: Wie wir den Umgang gestalten wollten, war nach wie vor völlig ungeklärt. In den ersten Wochen direkt nach dem Auszug des Exmanns gab er sich vorbildlich und holte die älteren beiden Kinder regelmäßig am Wochenende ab zu Tagesausflügen und Spielnachmittagen in seiner neuen Wohnung. Wobei sich dort, wie mir die Kinder erzählten, vorwiegend seine neue Freundin (die er sich gleichzeitig mit der Wohnungssuche zugelegt hatte) um die Bespaßung der Kinder kümmerte. Das ist heute noch so, und ich bin der Frau sehr dankbar dafür.

Dann aber, im frühen Herbst, brach der Kontakt auf einmal ab. Über Monate hörten wir nichts von ihm. Die Kinder fielen in ein tiefes Loch. Weihnachten kam, und es gab weder Geschenke vom Vater noch einen Brief oder eine Postkarte, auch keinen Anruf. Dass er lebte, wussten sie, denn sein Büro war nach wie vor in unserer Stadt. Immerhin kam der Unterhalt immer pünktlich. Für die Kinder brach aber eine Welt zusammen, als der Vater sich so zurückzog.

Meine älteren beiden Kinder sehen ihren Vater nun »mindestens zwei Mal im Jahr für eine Woche«, das ist seit Frühling 2014 auf mein Betreiben hin als »Recht und Pflicht« des Vaters im Urteil zur Umgangsregelung des Familiengerichts festgeschrieben. Abholen muss er sie nicht, das sei ihm nicht zuzumuten, befand die Richterin. Also reisen die Kinder alleine von gerichtlich festgelegten Abreisebahnhöfen oder Flughäfen aus, zu denen ich sie bringen muss. Sogar die Uhrzeiten, zu denen diese Reise stattfinden darf, sind festgelegt, damit die Kinder nicht zu lange unterwegs sind, denn der Weg zum Vater ist weit.

Das jüngste Kind hat ihn noch nicht in seinem neuen Wohnort am anderen Ende Deutschlands besucht, weil es nachts manchmal Angst hat und dann in mein Bett kriecht. Beim Vater darf es das nicht, der fühlt sich durch nächtlichen Kinderbesuch gestört, was auch für einen unschönen Zwischenfall sorgte, als wir den Versuch wagten, auch das jüngste Kind mal beim Vater übernachten zu lassen. Meine Tochter, damals vier Jahre alt, wollte das furchtbar gerne und war voller Vorfreude – gemeinsam mit den älteren Geschwistern packte sie ihre Übernachtungstasche und stieg freudestrahlend zum Vater ins Auto, der damals noch in der Nähe wohnte. Nachts um halb drei kam dann ein Anruf vom Kindsvater, der mich anmeckerte, weil das Kind weine und nach Hause wolle. »Ja, da kann ich jetzt auch nix machen. Sag ihr, sie soll schlafen. Bis morgen!«, erwiderte ich, wünschte eine gute Nacht und fand, damit müsse er als Vater klarkommen.

Diese Antwort empfand mein Exmann als Frechheit, und er setzte sich wutentbrannt mit dem völlig verstörten Kind in ein Taxi. Um drei Uhr hörte ich vor meinem Schlafzimmerfenster das Geräusch eines Dieselmotors, und ich sprang im Bett auf – mir war sofort klar, dass es gleich an der Haustür klingeln würde. Und genau so kam es. Der Mann stellte mir das heulende Kind vor der Tür ab, nicht ohne noch meinen Briefkasten im Hausflur zu zertreten und gegen mein im Hof abgestelltes Fahrrad zu wüten. Für meine Tochter ein wirklich hässliches Erlebnis, zumal der Vater noch »*Die* schläft nicht mehr bei mir!« brüllte. Wir zitterten beide. Am nächsten Tag rief ich bei der Polizei an, um Anzeige zu erstatten.

Die Übergaben beim Umgang

Und obwohl das eine recht extreme Geschichte ist, so ist sie doch kein Einzelfall. Viele Frauen erleben unschöne Szenen bei der Übergabe der Kinder an den Exmann. Insbesondere bei »hochstrittigen« Eltern, wie das im Fachjargon heißt, bietet das Aufeinandertreffen bei der Übergabe des Kindes die einzige Gelegenheit, sich mal wieder richtig in die Haare zu kriegen. Es reicht dazu ja aus, wenn einer pampig wird – zum Streiten gehören nämlich nicht immer zwei, auch wenn der Volksmund das so sagt. Einige getrennte Elternpaare machen deswegen keine direkten Übergaben mehr, sondern haben per Gericht oder Jugendamt Einigungen erzielen lassen, durch die vermieden wird, dass sich die Eltern persönlich begegnen.

Das geht zum Beispiel, indem die Mutter am Freitagmorgen das Kind in der Kita abgibt und der Vater es am Freitagnachmittag dort abholt. Montags bringt dann der Vater das Kind zur Kita und die Mutter nimmt es von dort mit nach Hause. Um wichtige Dinge, die am Wochenende passiert sind, festzuhalten, führen solche getrennten Eltern eine Art Übergabeheft, in dem notiert wird, was der andere Elternteil wissen muss: Kind ist hingefallen und hat eine Beule, hatte Bauchschmerzen wegen zu viel Eis … Klingt bizarr, ist aber für einige Eltern die einzige Möglichkeit, den Umgang friedlich zu gestalten.

Wie wahnwitzig der Umgang, die Übergaben und das Drumherum ablaufen können, hat Carola Fuchs in ihrem Buch *Mama zwischen Sorge und Recht* sehr unterhaltsam und juristisch akkurat aufgeschrieben. Wer das alles nicht kennt, denkt beim Lesen wahrscheinlich, es handele sich um absurde Possen. Leider ist das nicht so. Es ist die Gesetzeslage, die Auslegung der Gesetze durchs Jugendamt und die Familiengerichte in Deutschland. Die Verstärkung der Väterrechte treibt gerade absurde Blüten, denn deren Rechte werden sehr ernst genommen. Die Rechte der Kinder hingegen sind untergeordnet. Und wenn ein Kind den Vater nicht sehen will, dann hat die böse Mutter es manipuliert, so denken viele Gutachter, Gerichte und auch Sachbearbeiter im Jugendamt. Auch ein heulendes, sich mit Händen und Füßen wehrendes Kind müsste dem Vater mitgegeben werden, wenn dieser sein Recht auf Umgang wahrnehmen will. So ist die Gesetzeslage.

Hat der Vater andererseits keine Zeit oder Lust, sein Kind zu sehen und Umgang mit ihm zu haben, dann muss er es im Endeffekt auch nicht. Denn das, so findet der Gesetzgeber, könne unmöglich dem Kindeswohl entsprechen. So richtig das gedacht ist, so fatal ist diese Auslegung für die alleinerziehenden Mütter – niemand kann den Exmann zwingen, sich um seine Kinder zu kümmern. Die Mutter wiederum ist in der Pflicht: Leben die Kinder bei ihr, so wie es meist der Fall ist, dann kann sie noch von Glück sagen, wenn der Vater das Kind jedes zweite Wochenende zu sich nimmt und sie endlich mal ein bisschen Zeit für sich hat.

Wenn man weiß, dass jedes zweite bis dritte Kind nach der Trennung den Kontakt zum Vater verliert, und sich dann noch vor Augen hält, dass laut Verband alleinerziehender Mütter und Väter die Hälfte der Alleinerziehenden keinen oder nur unregelmäßig Unterhalt vom Kindsvater für das gemeinsame Kind erhält, dann muss eigentlich jedem klar sein: Alleinerziehend zu sein ist nicht nur eine unheimliche Belastung im Alltag, sondern auch mit starken finanziellen Einschränkungen verbunden.

Das Ende vom Lied ist dann Altersarmut für die Frauen, die die zukünftigen Rentenzahler Deutschlands aufgezogen haben. Denn Vollzeit arbeiten und dabei genügend Geld verdienen, um etwas zurücklegen zu können, das schaffen die wenigsten. Der Vater der Kinder kann derweil froh und frei seiner Arbeit nachgehen und sich in seiner Freizeit amüsieren. Ein unglaubliches Unrecht, wie ich finde! In Kapitel 4 geht es detaillierter um dieses Thema.

Meine drei Kinder waren in den gesamten sechs Jahren nach der Trennung nicht ein einziges Wochenende beim Vater. Ich hatte nie frei, keine Ferien, keine nennenswerte Pause. Aber immerhin hatte ich nicht das Problem, dass die Kinder ihren Vater nicht sehen wollten, im Gegenteil: Meine Kinder haben sich immer auf den Vater gefreut und ihn bereitwillig besucht. Dass er sich an die vereinbarten Abholzeiten nicht so eng hielt, sahen sie ihm nach (15 bis 30 Minuten später zu kommen, empfand er als völlig normal), und dass er sie abends auch nicht pünktlich wieder heimbrachte, empfanden sie als halb so wild. Für mich hingegen war das jedes Mal Folter. Gerade in den Monaten, als wegen der Scheidung viele böse Anwaltsbriefe hin- und hergingen, war dieses verspätete Zurückbringen nach dem Umgang für mich sehr belastend. Es zeigte mir deutlich, dass der Mann nach wie vor dachte, er müsse sich an verbindliche Regelungen nicht halten.

Als vorbildliche Trennungsfamilie in Sachen Umgang können wir also nicht gelten. Eher als Beispiel dafür, wie es besser nicht laufen sollte. Wie machen es denn andere Familien? Ein kurzer Überblick:

Modell Wochenendpapa

Der Klassiker. Viele Familien einigen sich entweder von selbst darauf oder bekommen diese Regelung vom Familiengericht verordnet. Dabei sind die Kinder montags bis freitags bei der Mutter und entweder von Freitag oder Samstag bis Sonntag beziehungsweise Montag früh beim Vater. Gelegentlich sind auch noch Mittwochnachmittage oder ein anderer Nachmittag unter der Woche für den Vater »reserviert«, um häufigere Kontakte zu ermöglichen. Als Minimum wird ein Umgang jedes zweite Wochenende angesehen, das ist sozusagen der kleinste verhandelbare Nenner vor Familiengerichten – außer, der Vater wohnt sehr weit weg. Beim Wochenendpapa-Modell ist der Vater unterhaltspflichtig, denn die Mutter betreut die Kinder zu mindestens sechzig Prozent.

Getrennt, aber gemeinsam erziehend

Immer mehr auf dem Vormarsch – und das ist gut so. Wer sich halbwegs fair trennt und auf Elternebene kooperieren kann, anstatt sich über Jahre zu streiten, bezeichnet sich gerne als »getrennt erziehend«, nicht als »alleinerziehend«. Je nachdem, wie die zeitliche Aufteilung dabei ist, variiert auch die Unterhaltspflicht. Maßgeblich ist, wer den Großteil der Betreuungsleistung erbringt – streng genommen liegt der Teiler bei 51 zu 49 Prozent, aber getrennt erziehende Eltern werden da nicht so kleinlich sein und sich zugunsten des Kindeswohls auch über Finanzen gut einigen.

Das Wechselmodell

Sehr seltene Variante, die aber in Skandinavien gang und gäbe ist: Hier wechselt das Kind jede Woche seinen Wohnort. Meist ist dies mit der Konsequenz verbunden, dass keiner der beiden Eltern dem anderen Unterhalt fürs Kind zahlen muss. In Deutschland herrscht die Meinung, diese Umgangs- bzw. Lebensform wäre schädlich fürs Kind, allerdings frage ich mich schon, warum meine Freundinnen in Schweden, Finnland und Norwegen dann Kinder haben, die sich prächtig entwickeln, und alle dort zufrieden mit diesem Modell sind, das ihnen völlig normal vorkommt. Es hat sicher damit zu tun, dass sich in den skandinavischen Ländern auch schon vor der Trennung die Väter wesentlich mehr und selbstverständlicher in die Kindererziehung und den Haushalt einbringen und dass niemand daran zweifelt, ob sie das können und wollen. Auch die Berufstätigkeit der Frauen spätestens ein Jahr nach der Geburt ist in Skandinavien normal, sodass Einkommensdifferenzen wie in Deutschland sich erst gar nicht entwickeln und Mütter auch in der Lage sind, finanziell für sich selbst und ein oder mehrere Kinder zu sorgen.

Das Nestmodell

Der absolute Exot. Dieses Umgangsmodell ist so selten, dass ich niemanden persönlich kenne, der es dauerhaft so praktiziert. Ansatzweise habe ich's bei Bekannten erlebt, bei denen das Jugendamt auf diese Regelung drang, weil eine schwere psychische Erkrankung und längere Reha-Phasen bei einem Elternteil dies als einzige Lösung anstelle von Pflegeeltern oder Heimunterbringung nahelegten.

Konkret sieht es so aus, dass das Kind in der Wohnung bleibt und sich die Eltern mit der Betreuung abwechseln, etwa eine Woche der eine Elternteil, eine Woche der andere. Dabei brauchen die Eltern mindestens eine weitere Wohnung, eher jeder eine eigene – und das kann schnell ins Geld gehen. Abgesehen davon ist diese Lösung vielleicht gut fürs Kind, aber für die Eltern sehr anstrengend. Ich stelle mir das vor wie dauerhaftes Leben als Pendler oder in der eigenen Ferienwohnung.

Eine Umfrage bei meinen Lesern ergab, dass immerhin zwei Frauen ein Elternpaar kannten, das dieses Nestmodell praktiziert. Paula schreibt: »Ja, Stammsitz ist die Wohnung der Mutter, die für die Vater-Zeit jeweils zu ihrem Freund zieht. Das hat vor allem mit der großen räumlichen Entfernung der Elternteile zu tun. Es ist ein selbst ausgehandeltes Modell.«

Und Anja berichtet: »Ich kenne eine Familie mit einem Kind, die dieses Modell praktiziert. Allerdings haben sie sich – aus Kostengründen – zusätzlich zur elterlichen Wohnung, in der das Kind lebt, nur eine zusätzliche Wohnung genommen, in der die Eltern alternierend leben, wenn sie nicht gerade beim Kind sind. Diese Zusatzwohnung ist wie eine WG mit zwei Zimmern, jeder hat seine Privatsphäre, die vom anderen nicht betreten wird. So wie ich es dort mitkriege, ist es durchaus emotional anstrengend. Aber die beiden haben sich für diese Variante entschieden, und es klappt.«

Grundsätzlich scheint das Nestmodell nur für wenige ehemalige Paare geeignet, auch wegen der finanziellen Belastung.

Modell Wochenendmama

Fast so exotisch wie das Nestmodell. Ich kenne nur eine Frau, die sich – aus Liebe zu ihren Kindern – an dieses Modell herangewagt hat. Es ist Tina, die darüber auch im Februar 2015 in ihrem Blog »Werden und sein« geschrieben hat.[9] Ihr Text verursachte einen Riesenwirbel, er wurde intensiv auf Facebook und Twitter geteilt, sie erhielt Interviewanfragen von Radio, Zeitschriften und Fernsehen. Daran sieht man, wie ungewöhnlich es ist, nicht nur dieses Modell zu wählen, sondern insbesondere offen dazu zu stehen. Denn Tina ist natürlich nicht die einzige Frau, die ihre Kinder mit Hauptwohnsitz beim Vater gelassen hat und sich entschieden hat, selbst der Elternteil zu sein, der die Kinder hauptsächlich am Wochenende sieht.

Aber das tut frau nicht. Es passt nicht in unser Rollendenken. Weder sieht unsere Gesellschaft es gerne, wenn eine Mutter »ihre Kinder im Stich lässt«, noch traut sie dem Vater zu, sich kompetent um die Erziehung der Kinder zu kümmern.

Dass dies für die Kinder in bestimmten Konstellationen die beste Möglichkeit sein kann und gut funktioniert, wird sich erst noch herumsprechen müssen. Tina erfährt sehr viel Ablehnung und erntet massives Kopfschütteln für diese Entscheidung, wie sie berichtet. Gesellschaftliche Akzeptanz für dieses Modell ist in weiter Ferne.

Die Entscheidung für das Wochenendmama-Modell hatte bei Tina und ihrem Exmann mit beruflichen Gründen, einem gerade erst gebauten Haus und dem sozialen Umfeld der Kinder zu tun. Lauter gute Gründe. Und trotz ganz normaler emotionaler Durchhänger durch die ungewohnte Situation sind alle Familienmitglieder damit zufrieden.

Das Modell »Papa ist weg«

Weiter verbreitet, als man meint. Nach Trennung und Scheidung verliert innerhalb der ersten beiden Jahre jedes zweite bis dritte Kind den Kontakt zum Vater.[10] Woran das liegt, darüber gibt es unterschiedliche Ansichten. Die Väterlobby macht als Ursache die manipulierenden Kindsmütter aus, die alleinerziehenden Mütter berichten unisono, der Vater habe sich zurückgezogen und nicht mehr zuständig gefühlt.

Und dann gibt's auch noch die Mütter, die nie besonders guten Kontakt zum Kindsvater hatten, weil sie sich zum Beispiel schon in der Schwangerschaft oder kurz nach der Geburt getrennt haben. Da denkt die Gesellschaft gerne, die Frau sei halt eine Schlampe gewesen, habe dem Mann ein Kind angehängt oder einfach egoistisch den Wunsch nach einem Baby verwirklicht, ohne eine »richtige« Familie gründen zu wollen.

Andere Frauen haben sich mühevoll von einem Expartner und Vater ihres Sohnes befreit, der sie tätlich bedrohte, massiv stalkte und nicht loslassen konnte – so beispielsweise die heute als Stalking-Expertin und Referentin tätige Christine Doering.[11] Ihr Sohn, so berichtet sie, fragt bisher überhaupt nicht nach dem Vater. Irgendwann wird das kommen, und dann wird sie ihm kindgerecht antworten müssen und wollen. Keine einfache Situation.

»Papa ist weg« ist ein zweischneidiges Schwert: Einerseits kann diese Familienkonstellation das tägliche Leben sehr vereinfachen, wenn die Mutter das alleinige Sorgerecht hat und auch seitens des Kindes keine Erwartungen (mehr) an den Vater bestehen. Andererseits besteht die Gefahr, dass der abwesende Vater überhöht und zu einer Lichtgestalt verklärt wird – das Kind erlebt die Mutter im Alltag mit all ihren Stärken und Schwächen, wohingegen es einen Vater, den es nicht kennt, zu einer Art Superheld stilisieren kann. Ein Kinderpsychologe, den ich im Zusammenhang mit meiner Trennung aufsuchte, sagte mir deswegen ausdrücklich, ich solle unbedingt versuchen, den Kontakt zu erhalten, selbst wenn dieser minimal sei.

»Papa ist weg« ist für die Kinder und auch die Mutter eine extrem schwierige Situation, denn auf solchen »extrem Alleinerziehenden«, wie ich sie nenne, lastet eine enorme Verantwortung.

Und dann gibt's noch Sonderfälle und Mischformen, was den Umgang betrifft. Meine Familie würde ich zum Beispiel unter »Papa ist weg«-Modell einsortieren, einfach weil der Kindsvater seine Kinder so selten sieht und auch räumlich weit weg ist. Ganz aus der Welt ist er aber nicht, er schwebt eher wie ein Onkel aus Amerika oder ein entfernter Verwandter durch ihr Leben. Und selbstverständlich existieren auch »Mama ist weg«-Familien, die allerdings so selten vorkommen, dass sie schon fast exotisch sind.

Umgang – was zu ändern wäre

Wenn Väter sich nicht um ihre Kinder kümmern, dann sollten die Mütter mehr Unterhalt bekommen, das wäre nur gut und richtig. Viele Alleinerziehende leben in Armut[12] oder beziehen Hartz IV[13], sie haben weder Geld für einen Babysitter noch für einen schönen Urlaub. (Dazu gleich mehr, wenn's um die finanzielle Situation der Alleinerziehenden in Deutschland geht.)

Ja, klar, es gibt die Mutter-Kind-Kur, und ich habe auch eine gemacht. Erholungswert bei mir gleich null, denn die Kinder müssen ja mit. So eine Kur ist nämlich zur Prävention da, und um das Band zwischen Müttern und Kindern zu stärken, nicht dazu, dass die Mutter sich erholt und endlich mal alleine sein kann.

Dass Kinder, die den Vater nicht besuchen wollen, zu ihm – notfalls auch mit Gewalt oder Polizeibegleitung – zwangsverschleppt werden können, finde ich grundfalsch. Wir wissen, dass jedes zweite Gutachten nur mangelhafte Qualität hat[14] und dass auf solchen Gutachten basierend Familiengerichte Entscheidungen treffen, die die Kinder nachhaltig quälen. Auch für die Mutter ist es schlimm, mit anzusehen, dass das Kind etwas tun muss, was komplett gegen den eigenen Willen ist. Sie muss gute Miene zum bösen Spiel machen, sonst droht ihr Ungemach vom Jugendamt.

Es ist erschreckend, dass unsere Gerichte das nicht so sehen: Der Umgang sollte sich an den Bedürfnissen und Wünschen der Kinder orientieren – nicht an denen des Vaters!

Kapitel 3
Vorteile des Alleinerziehens

In der Nacht vor dem Auszug des Exmanns schlief ich schlecht. Das ganze Wohnzimmer war voller Umzugskisten, ich hatte ihm gesagt, dass er alles mitnehmen könne, was er wolle, nur nicht Möbel aus dem Kinderzimmer (die wollte er sowieso nicht) und unseren Wohnzimmertisch, der für die Kinder den Mittelpunkt ihres häuslichen Lebens darstellte.

Zum Glück gehörte die Einbauküche zum Haus, so musste ich wenigstens nicht gleich eine neue Küche kaufen – denn das Schlafzimmer nahm der Mann komplett mit, samt Kleiderschrank, Kommode, Bett, Nachttisch, TV und stummem Diener. Die guten Töpfe, die teuren japanischen Damaszenermesser, das KPM-Teeservice, die exquisite Musikanlage, unser wertvoller Mercedes-Benz-Oldtimer – alles, was gut und teuer war, verschwand. Es machte mir nichts aus, aber ich führte eine genaue Liste darüber, weil meine Anwältin mir das geraten hatte. Das hätte ich mir auch sparen können, denn de facto war ich später machtlos, als er den wertvollen Oldtimer, der mir theoretisch noch zur Hälfte gehörte, für erstaunlich wenig Geld verkaufte und mir nach Abzug von Instandhaltungskosten noch gut 4 000 Euro dafür überwies. Auch Anwaltsbriefe konnten daran nichts ändern, denn zu beweisen, ob jemand mogelt, ist ohne Belege aussichtslos. Aber immerhin, durch diese Liste der Gegenstände, die er beim Auszug mitnahm, fühlte ich mich zum damaligen Zeitpunkt sicherer – alleine das war schon viel wert.

Die Leere des Schlafzimmers empfand ich als große Befreiung. Ich hatte es seit der Trennung sechs Monate zuvor ohnehin kaum noch betreten. Nun sah es aus wie ein leeres Studentenzimmer – ein Raum für mich alleine, den ich nie gehabt hatte in dem großen Haus mit sechs Zimmern. Ein Zimmer nur für mich, was für ein Luxus!

Der Mann und seine Umzugskisten verschwanden an einem Wochentag Ende Juni 2010, der Auszug dauerte nur ein paar Stunden. Noch bevor die Kinder am Nachmittag aus der Krippe, der Kita und dem Hort zurückkehrten, hängte ich an die kahlen Stellen im Wohnzimmer, wo einige Bilder gehangen hatten, andere Bilder, die ich noch im Keller hatte. Es sah rasch wieder wohnlich und normal aus. Alles wie immer, nur dass der Exmann weg war und mein Schlafzimmer komplett leer.

Ich war so froh darüber, nach über sechs Monaten endlich nicht mehr im Doppelstockbett des Sohnes, auf einer Matratze auf dem Boden oder auf einer viel zu kleinen Schlafcouch im Zimmer der Großen schlafen zu müssen, dass ich fast einen Freudenschrei ausgestoßen hätte, als ich das erste Mal wieder in meinem Schlafzimmer schlief: in meinem neuen, eigenen Bett. Ein Meter sechzig nur für mich. Kein schnarchender Mann, keine unerwünschten Avancen vor dem Schlafengehen, kein Fernseher, auf dem ständig Hitlerdokus und Actionfilme laufen – herrlich!

In einem Deko-Laden entdeckte ich gelbe Tulpenaufkleber für die Wand, die mir gefielen. Ich nahm sie mit und klebte sie mit Wonne auf die Tapete in meinem Schlafzimmer. Das sah gleich viel freundlicher aus, vorher hatte es nur Edelstahl, Holz und Weiß im Schlafzimmer gegeben, das fand der Mann stilvoll. Ich hatte nichts dagegen gehabt und irgendwie gar nicht gemerkt, wie sehr mir die Farben fehlten.

Nach und nach kehrten die Farben in mein Leben zurück, das ganze Haus wurde bunter: Zuerst kaufte ich rote Mohnblumenaufkleber für die Wand im Wohnzimmer, dann einen quietschgrünen Teppich, noch später ein knallrotes Sofa. Und als ich aus dem gemeinsam bewohnten Haus in die kleine Wohnung umzog, in der ich jetzt wohne, kam eine knallrote Einbauküche dazu. Ich habe gelbe Gardinen im Bad und im Schlafzimmer, überall Topfpflanzen und einen blühenden Balkon. Niemand mäkelt mehr an meinem Geschmack, denn was guter Geschmack ist in meiner Wohnung, das bestimme ich selbst.

Alleinerziehende bestimmen alles selbst – das ist ein großer Vorteil, selbst wenn natürlich die Kehrseite ist, dass sie die Verantwortung für sich und ihr Kind alleine tragen. Aber diese komplette Autonomie bei den kleinen Entscheidungen des Alltags ist ein großes Plus, etwas, worum uns verheiratete Mütter und Mütter in festen Beziehungen zu Recht beneiden.

Wir müssen nicht »erst noch den Papa fragen«, wenn ein fremdes Kind bei uns übernachten will oder das eigene Kind woanders schlafen möchte. Wir können selbst entscheiden, ob wir einen Familienausflug machen oder nicht, und müssen nicht lange verhandeln, wohin es geht oder ob überhaupt ein Ausflug gemacht wird.

Was gibt's zu essen? Das, was Mama einkauft und worauf sie Lust hat. Oder was die Kinder möchten. Es gibt keine Diskussionen über Mahlzeiten, über gutes Benehmen und Erziehung, darüber, ob die Kinder mit im Elternbett schlafen dürfen oder nicht. Auch der Streit über die Schlafenszeiten der Kinder fällt aus. Ob die Kinder am Tisch artig sitzen oder sich flegelhaft benehmen, ob sie mit schwarzen Füßen ins Bett gehen, wie oft sie die Haare waschen und was und wie viel im Fernsehen geschaut wird, das entscheidet alles die Alleinerziehende selbst. Es ist herrlich!

Sehr glücklich machte mich die Abwesenheit von Musik. Ich mag keine Requien, Glenn Gould tut mir in den Ohren weh, obwohl ich Klaviermusik liebe, ich habe nichts für seichten E-Pop übrig, House Music finde ich ganz schlimm, und im Gegensatz zu Herbert Grönemeyer mag ich Musik am liebsten, wenn sie eben nicht laut ist.

Ich kaufte mir ein knallrotes Küchenradio und hörte Deutschlandradio Kultur oder den italienischsprachigen Sender aus der Schweiz. Das Radio habe ich übrigens heute noch, aber es läuft nicht häufig, weil ich nach wie vor die Stille sehr liebe. Keine Geräusche, sich nicht unterhalten zu müssen, einfach den Wind in den Bäumen vor dem Haus hören oder die Geräusche der Menschen auf der Straße, das finde ich wunderbar.

Neben meinem Bett lag ein Bücherstapel, und ich fing wieder an, im Bett zu lesen. Wie hatte ich das vermisst! Schon als Kind liebte ich das Lesen im Bett, ganze Tage hatte ich lesend dort verbracht – das ging nun selbstverständlich nicht mehr, aber ich las jeden Abend fünf Minuten und empfand das als schönen Abschluss für den Tag.

Wann der Tag zu Ende war, bestimmte ich auch wieder selbst: genau dann, wenn ich müde war. Oft ging ich schon um 21 Uhr mit den Kindern ins Bett und genieße es bis heute, darin zu lesen und zu schlafen, wann ich es möchte. Punkt.

Gleiches gilt für die Dusche: In der Dusche dusche ich. Und sonst nix. Klingt selbstverständlich, war es aber nicht über viele Jahre meines Lebens. Ich konnte nach Herzenslust duschen, ohne gestört zu werden.

Ich überlegte, ob ich aufhören wollte, mir die Beine zu rasieren, entschied mich aber dafür, das weiterhin zu tun, und behielt auch die rasierten Achseln bei. Anstelle von Stringtangas trug ich Pantys und Slips, und sämtliche Unterwäsche mit Rüschen und Zierkram verschwand in einer Schublade. Getragen habe ich die

Sachen nicht wieder, sondern anlässlich des Umzugs gute zwei Jahre nach der Trennung freudig entsorgt.

Apropos Müll – wann die Wohnung zu schmutzig ist und wie sauber es sein muss, das ist alleine meine Sache. Wenn die Kinder im Sommer barfuß durch die Gegend laufen und mich fragen, warum sie in der Wohnung schwarze Füße bekommen, dann ist das ein klares Zeichen dafür, dass ich mal wieder feucht aufwischen muss und Staubsaugen nicht mehr ausreicht. Staub auf meinen Bilderrahmen, Kindertapsen auf den Fenstern und Krümel unter dem Wohnzimmertisch machen mich nicht mehr nervös, weil keiner da ist, der mangelnde Sauberkeit und Ordnung moniert. Es ist ordentlich und sauber genug, wenn sich alle wohlfühlen, und viel Zeit zum Putzen bleibt im Alltag einer alleinerziehenden Mutter sowieso nicht. Wäsche muss gewaschen werden und der Kühlschrank gefüllt werden, aber makellose Fensterscheiben oder eine blitzblanke Küche sind völlig überflüssig. Für eine Putzfrau haben die wenigsten Alleinerziehenden Geld, aber immerhin bestimmen sie selbst, wofür sie ihr Geld ausgeben, und müssen das nicht mit einem Partner besprechen. Oder schlimmer noch: den Partner um Geld bitten, weil sie selbst keins verdienen oder er wesentlich mehr nach Hause bringt. Die Alleinerziehende ist Herrin ihrer Finanzen, selbst wenn diese klamm sind. Ein gutes Gefühl.

Und dann der Streit, der viele Zank, das Gebrüll, die Anschweigerei, die nicht mehr stattfinden. Bevor ein Paar sich trennt, herrscht selten eitel Sonnenschein. Eher schon wird über Wochen, Monate und Jahre erbittert gestritten. Das ist für alle Beteiligten sehr anstrengend, und für die Kinder ist es wirklich schlimm. Meine Kinder berichteten mir nach der Trennung, dass sie sich oft mit Kissen über dem Kopf in ihr Bett verkrochen hatten, weil sie den Streit der Eltern nicht mehr aushalten konnten. Wir Eltern waren viel zu sehr mit uns beschäftigt, um uns noch Gedanken darüber zu machen, wie sich dieses Gebrüll, Türenknallen oder feindselige Anschweigen für die Kinder anfühlte. Es ist gut, dass Alleinerziehende und ihre Kinder dem nicht mehr ausgesetzt sind. Denn zum Streiten gehören wie gesagt nicht immer zwei, auch wenn der Volksmund das behauptet. Und es gibt keine ernstzunehmenden Psychologen, die behaupten, ein Aufwachsen in einer heillos zerstrittenen Partnerschaft sei besser für ein Kind als getrennte Eltern.

Last not least ist ein großes Plus für Alleinerziehende, dass die Wartelisten für Kita und öffentlich geförderten Wohnraum schmelzen. Je mehr Kinder die Alleinerziehende hat, desto besser; je prekärer die Situation (Eigenbedarfskündigung? Arbeitslosigkeit? Finanzielle Not?), desto schneller wird geholfen. Wenigstens in diesem Bereich hat das Dasein von Alleinerziehenden deutliche Vorteile. Auch wenn wir später noch sehen werden, dass diese »Bevorzugung« den Alleinerziehenden wenig nützt, weil so viele andere strukturelle Probleme für Schwierigkeiten sorgen. Trotzdem: Für den Moment fühlt es sich erst mal gut an, wenigstens bei Kitaplätzen und öffentlich gefördertem Wohnbau zuerst dranzukommen.

Dieses Kapitel ist übrigens nur in etwa halb so lang wie die anderen dreizehn. Denn die Vorteile sind tatsächlich weitaus weniger gewichtig.

Die Vorteile des Alleinerziehendenlebens zu sehen, während einen existenzielle Sorgen plagen, ist sowieso ein kleines Kunststück. Es sind ja nicht nur die Zeitnot und die massive Verantwortung, die Alleinerziehende unter Druck setzen – eine wirklich wichtige Rolle spielt auch der Kontostand. Und der ist bei den meisten mies. So war es auch bei mir recht bald vorbei mit der finanziellen Sicherheit. Es passierte genau das, was sämtliche Studien und Umfragen belegen: Wir gerieten in massive Geldnot.

Kapitel 4
Am Ende des Gelds ist noch so viel Monat übrig. Und am Ende des Lebens die Altersarmut

Ich hatte mich schon bei einer Nachbarin erkundigt, wie es funktioniert, wenn man bei »Die Tafel e.V.« Lebensmittel holen will. »Du musst nur hingehen und die Sozialpässe von dir und den Kindern vorlegen, dann kriegst du einen Berechtigungsschein«, erklärte mir die alleinerziehende Mutter von vier Kindern. »Das ist gar kein Problem, ich gehe da oft hin, gerade zum Monatsende!«

Es war Jahresanfang, und zwar Januar 2014. Der Tafelladen lag bei uns um die Ecke, ich hatte mich, als ich im Sommer 2012 neu im Viertel war, beim Vorbeifahren immer über die langen Schlangen gewundert, die sich dort um die Mittagszeit bildeten. Dass dort Nahrungsmittel des täglichen Bedarfs zu fast symbolischen Preisen an Arme abgegeben werden, hatte ich dann später mal in der Lokalzeitung gelesen. Gute Sache, so ein Laden, in dem Supermärkte bald ablaufende Ware abgeben können, dachte ich mir. Dass ich selbst einmal beinahe dort einkaufen würde, hatte ich nicht im Traum gedacht. Ich war doch eine gut ausgebildete Akademikerin, leistungsfähig und motiviert, und würde bestimmt wieder Arbeit finden!

Meine Perspektive auf Institutionen wie »Die Tafel e.V.« änderte sich dann innerhalb des Jahres 2013 radikal – unser Geld wurde immer knapper. Der Exmann hatte den Unterhalt, den meine Anwältin mit der Trennung festgesetzt hatte und den er lange Zeit anstandslos gezahlt hatte, auf etwa die Hälfte gekürzt. Das wollte ich mir nicht bieten lassen, denn hier ging es um das Geld meiner Kinder, für mich selbst hatte ich ja nie Unterhalt von ihm bezogen, das hätte ich auch gar nicht gewollt. Aber für seine eigenen Kinder finanziell geradezustehen, das hielt ich für das Mindeste. Wenn er sich schon nicht um sie kümmerte.

Aber ausführliche und auch für mein Konto sehr unerfreuliche Briefwechsel zwischen unseren Anwälten führten zu dem Ergebnis, dass mein selbstständiger Ex vor dem Gesetzgeber gut dastand. Seine Bilanzen waren nicht anzuzweifeln, und wie der Zufall es so wollte, lag sein Einkommen gerade so hoch, dass er nicht von mir oder einem Richter hätte gezwungen werden können, seine Selbstständigkeit aufzugeben und in seinem erlernten Beruf zu arbeiten. Aber für den vollen Unterhalt nach Düsseldorfer Tabelle reichte es halt auch nicht mehr. Das war ziemlich bitter.

Anfangs, als ich frisch getrennt war, hatte ich sogar gedacht, dass Männer, die sich komplett aus allem herausziehen, was die gemeinsamen Kinder betrifft, doch eigentlich einen höheren Kindesunterhalt zahlen müssten. Als ich meine Anwältin fragte, ob das der Fall sei, schüttelte sie amüsiert den Kopf. Nein, da solle ich mir keine Hoffnung machen, mit dem Unterhalt sei alles abgegolten. Ich kann das nach wie vor nicht richtig finden, auch wenn ich einsehe, dass es schwer zu belegen wäre, wenn ein Vater sich nicht kümmert, und dass auch die Bemessung des »Unterhaltsaufschlags« wegen Untätigkeit kniffelig wäre. Trotzdem, wenn ich mir anschaue, wie alleine viele Mütter mit all den Aufgaben rund ums Kind sind und wie wenig Zeit sie für sich haben, dann ist das in Kombination mit den Geldsorgen, die das Leben vieler Alleinerziehender und ihrer Kinder erschweren, nicht gerecht.

Denn so ein getrennter Vater, der seine Kinder nicht oder nur minimal betreut, hat alle Zeit der Welt – nicht nur für seine Freizeitvergnügen, ruhige Nächte und eine neue Freundin, sondern auch zum Arbeiten. Und genau da liegt ein Knackpunkt: Der Grund, warum weibliche Alleinerziehende so häufig in Armut leben oder von Armut bedroht sind, ist ihre vermeintliche oder tatsächlich vorhandene mangelnde Flexibilität auf dem Arbeitsmarkt. Was logischerweise zu Einschränkungen führt, wenn die Kinderbetreuung vor Ort nicht grandios ausgebaut ist oder das Gehalt der berufstätigen Frau so hoch ist, dass sie sich zusätzliche Kinderbetreuung privat organisieren kann. Vom real existierenden Gender Pay Gap (dass also Frauen für gleiche Arbeit weniger Lohn bekommen als Männer) in Deutschland wollen wir an dieser Stelle mal gar nicht reden. Jedenfalls: Davon, so viel Geld zu verdienen, dass private Kinderbetreuung und eine Putzfrau noch drin wären, können fast alle Alleinerziehenden nur träumen.

Im Januar 2014 also war ich finanziell auf dem Tiefpunkt. Wir bezogen zwar Wohngeld, was eine Sozialleistung ist, die Familien garantiert, das Existenzminimum nicht zu unterschreiten, und für ein »Haushaltseinkommen« sorgt, das auf Höhe von Hartz IV liegt. Aber bei aller Sparsamkeit war das Leben viel teurer als das Geld, das ich zur Verfügung hatte. Insbesondere außerplanmäßige Ausgaben wie eine saftige Nebenkostennachzahlung oder höhere Strompreise bei gleichbleibendem Verbrauch rissen große Lücken in mein ohnehin schon knappes Budget.

Die 336 Euro Wohngeld pro Monat halfen aber sehr, und auch der Sozialpass meiner Stadt, den ich als Wohngeldempfängerin mir hatte auf Antrag ausstellen lassen, erleichterte uns das Leben (günstigere Busfahrten, Eintritt ins Hallenbad, einiges mehr – Art und Umfang der Vergünstigungen entscheidet jede Kommune selbst).

Durch den Status als Wohngeldempfängerin konnte ich auch

Unterstützung von der Kommune für die Kitaplätze der Kinder beantragen und hatte so eine Last weniger zu tragen.

Zusätzlich beantragte ich über das Bildungs- und Teilhabepaket (BuT) Zuschüsse zum gemeinschaftlichen Mittagessen der Kinder in Hort und Kita, und außerdem gab es durch das BuT auf Antrag Geld für Klassenfahrten, Ausflüge, Ausstattung für den Schulbesuch (Schulranzen und Co.), Vereinsaktivitäten oder Musikschulunterricht – wir hatten das Glück, dass sogar einer der mit 100 Euro recht teuren Schwimmkurse für die Jüngste durchs Bildungs- und Teilhabepaket bezahlt wurde. Allerdings sind diese Leistungen für die einzelnen Bereiche gedeckelt; damit war der Antragsrahmen für dieses Leistungsjahr dann auch ausgeschöpft.

Wir hatten somit Unterstützung vom Staat, lebten in einer öffentlich geförderten Wohnung, mussten nicht verhungern und waren krankenversichert. Das war schon sehr beruhigend. Aber durch die Scheidung und strittige Folgesachen (so nennt man es zum Beispiel, wenn der Umgang der Kinder noch geregelt werden muss) war mein Konto tief ins Minus geraten. Ohne Prozesskostenhilfe hätte ich die Scheidung überhaupt nicht bezahlen können. Die Schulden dafür habe ich bis heute nicht abbezahlen können; sobald ich mehr Geld verdiene, werde ich sie in Raten abstottern.

Denn für die mir aufgrund meiner Finanznot ohne Ratenzahlung zugestandene Prozesskostenhilfe muss ich vier Jahre lang belegen, wie mein Einkommen sich entwickelt. Alleine das ist schon eine sehr umfangreiche und zeitraubende Prozedur. Es ist schwer vorstellbar, aber meine Steuererklärung als freie Journalistin ist wesentlich weniger aufwändig.

Das Arbeitslosengeld war lange ausgelaufen, die letzte Zahlung hatte ich im August 2012 erhalten. Und ALG 2 zu beantragen, also Hartz-IV-Bezieherin zu werden, kam für mich nicht infrage. Ich wollte als Selbstständige mein Geld verdienen und nicht von Beschäftigungsmaßnahme zu Fortbildung gereicht werden, um dann am Ende zur Altenpflegerin oder Erzieherin umgeschult zu werden. Mir war inzwischen klar, dass ich auf dem Arbeitsmarkt als Frau Mitte vierzig mit drei kleinen Kindern kaum einen festen Job finden würde.

Meine Sachbearbeiterin auf dem Arbeitsamt, wo ich weiterhin als arbeitssuchend gemeldet war, allerdings ohne Geld zu beziehen, sondern um eventuell vermittelt zu werden und in der Statistik weiter aufzutauchen, begrüßte mich nach zwei Jahren, in denen ich ihre »Kundin« war, mittlerweile gar nicht mehr so freundlich. Ihre letzte Ansage, bevor ich mich endgültig aus der Statistik streichen ließ, lautete: »Bald muss ich Sie als Küchenhilfe vermitteln!«, was ich ziemlich unter der Gürtellinie fand. Klar bin ich mir als promovierte Frau nicht zu fein, Klos zu putzen und auch in der Küche zu arbeiten. Aber beruflich? Mit welcher Perspektive?

Also arbeitete ich frei. Was ohne Kundenstamm und mit einer komplett neuen Existenz in einem hart umkämpften Berufsfeld keine leichte Aufgabe ist: Freie Journalisten gibt es reichlich. Viele von ihnen sind auch fachlich wirklich gut, bestens vernetzt und schon lange im Geschäft. Ich verdiente im ersten Jahr meiner Selbstständigkeit keine 250 Euro im Monat. Damit kann man keine großen Sprünge machen, auch nicht mit dem monatlich eintreffenden Kindergeld, das bei 558 Euro im Monat lag.

Die Hälfte des Kindergeldes steht übrigens dem Vater der Kinder zu – ebenso wie er die Hälfte des Kinderfreibetrages für sich in Anspruch nehmen kann, so sieht es unsere Steuergesetzgebung vor. Also habe ich nur anderthalb Kinder auf meiner Lohnsteuerkarte, und die Hälfte des Kindergeldes wird vom zu zahlenden Unterhalt abgezogen. Das macht mich sehr wütend, denn um die Kinder kümmere ich mich schließlich ganz alleine!

Falls der Vater überhaupt keinen oder nur minimal Unterhalt leistet, kann man beantragen, ihm den Freibetrag entziehen zu lassen und auf sich eintragen zu lassen. Aber mein Exmann zahlt ja, wenn auch nur den Mindestunterhalt. Andererseits verdiente ich ohnehin so wenig Geld, dass mir erhöhte Freibeträge und drei Kinder auf der Lohnsteuerkarte nichts genützt hätten. Und genauso geht es den meisten Alleinerziehenden. Sie verdienen zu wenig, um überhaupt von steuerlicher Entlastung profitieren zu können. Insofern nützt auch die – wie ich finde lächerliche – Anhebung des Entlastungsbetrages für Alleinerziehende, die im Frühjahr 2015 mit viel Tamtam beschlossen wurde, den meisten Alleinerziehenden herzlich wenig bis gar nichts.

Denn ob man pro Jahr 1 308 Euro pro Kind von der Steuer absetzen kann oder 1 908 Euro pro Jahr[15], macht im Monat etwa 11 Euro mehr im Portemonnaie bei einem Gehalt von 18 000 Euro.[16] Und selbst wenn es 20 Euro im Monat mehr sein sollten, weil die Alleinerziehende mehr verdient, ist das immer noch ein Witz. Außerdem greift diese Entlastung ja auch nur, wenn die Alleinerziehende genügend Geld erwirtschaften kann, um überhaupt besteuert zu werden, also mit ihren Einkünften über das Existenzminimum kommt.

Bis 2015 war es so, dass der Entlastungsbetrag auch nicht berücksichtigte, ob eine Frau ein oder vier Kinder im Haushalt großzieht – es gab die Fixsumme von 1 308 Euro im Jahr, und fertig. Immerhin hat die Bundesregierung hier offenbar Handlungsbedarf gesehen und berechnet den Alleinerziehenden großzügig 240 Euro Entlastungsbetrag zusätzlich pro Kind und Jahr. Der Ansatz stimmt, aber die Summe ist natürlich lachhaft. Mir steht also nun ein jährlicher Entlastungsbetrag von 2 388 Euro im Jahr für alle drei Kinder zu. Das sind 199 Euro im Monat.

Verglichen mit den Steuervorteilen, die verheiratete Paare aus dem Ehegattensplitting ziehen, ist das ein ziemlicher Witz.

Denn das Ehegattensplitting bringt Gutverdienern eine Steuererleichterung von bis zu 15 000 Euro im Jahr, und ob sie Kinder haben oder nicht, spielt bei dieser Entlastung keine Rolle.[17] Das ist ein totales Unding in meinen Augen!

Alleinerziehende hingegen können bestenfalls in Steuerklasse 2 eingruppiert werden – das ist eine Besteuerung fast wie ein Single, bis auf den Entlastungsbetrag, der mir und vielen anderen auch wie Hohn vorkommt. Vier von fünf Alleinerziehenden steht weniger als das mittlere Einkommen von Familien zur Verfügung, und fast 40 Prozent leben von Sozialleistungen (viele sind auch »Aufstocker«, das heißt sie arbeiten, verdienen aber zu wenig Geld, um damit den Lebensunterhalt bestreiten zu können). Alleinerziehende haben das mit Abstand höchste Armutsrisiko in der Bevölkerung. Dazu gleich noch mehr.

Dass die Anhebung des Entlastungsbetrages für Alleinerziehende überhaupt beschlossen wurde, ist übrigens nicht der Alleinerziehendenfreundlichkeit der Regierung geschuldet, sondern der Tatsache, dass Kinderfreibetrag und Kindergeld zwischen 2004 und 2015 um 23 Prozent erhöht wurden und Alleinerziehende und ihre Kinder somit klar im Nachteil waren.[18]

Meine Existenzgründung fiel ziemlich genau mit meiner Scheidung zusammen: Beides fand im Herbst 2013 statt. Dass ich mich und die Kinder bei der Künstlersozialkasse krankenversichern konnte, war und ist mein Glück: Die Beiträge dafür werden staatlich bezuschusst. Ich zahle dort einen, wenn auch kleinen, monatlichen Pflichtbeitrag für die Rentenversicherung ein, sodass mein Lebenslauf bei der BfA lückenlos bleibt. Vor der Altersarmut wird mich das nicht schützen, wie ich aus meinen alljährlich eintreffenden Rentenbescheiden ablesen kann. Aber wer weiß, wie sich die Gesetze bis zu meinem Renteneintritt entwickeln, es kann durchaus sein, dass lückenlose Beitragszeiten einem später einen Vorteil verschaffen, wenn auch keinen finanziellen, aber einen im Status.

Da mein Exmann selbstständig war und ich während der Ehe Rentenpunkte im Angestelltenverhältnis gesammelt hatte, war die Scheidung nicht nur durch die Gerichts- und Anwaltskosten eine kostspielige Angelegenheit für mich: Zu allem Überfluss musste ich auch noch meine Rentenpunkte teilen, die ich in den dreizehn Jahren Ehe angesammelt hatte. Das sieht der Gesetzgeber so vor, und es soll die Frauen davor schützen, durch Nicht-Berufstätigkeit während der Erziehungszeiten in Altersarmut zu rutschen. Denn meist sind es ja die Mütter, die nach der Geburt eines Kindes beruflich kürzertreten oder ganz aus dem Berufsleben aussteigen. Aber in meinem Fall war es halt umgekehrt: Der Exmann hatte nicht privat fürs Alter vorgesorgt, weil die Selbstständigkeit während der Ehe nie genügend Geld abgeworfen hatte, um auch noch Alterssicherung zu betreiben, während ich Rentenpunkte hatte, die nun zu halbieren waren. Das tat richtig weh.

Vor der Scheidung hatte ich auch nicht viel auf dem Rentenkonto gehabt, aber hinterher waren es noch einmal 200 Euro weniger, die ich monatlich erwarten konnte. Derzeit liegt mein Rentenerwartungsanspruch bei etwa 300 Euro im Monat. Und das, obwohl ich immer gearbeitet habe, wenn auch nicht immer angestellt, aber das war nicht meine Entscheidung, vorgezogen hätte ich das Angestelltenverhältnis jederzeit. Dass ich als »mithelfende Familienangehörige« in den beiden Firmen des Exmannes jahrelang Aufbauarbeit betrieben und viel Zeit und Mühe in diese Unternehmen gesteckt habe, von Anfang an, zählt für die Rente nicht. Logisch. Dumm gelaufen.

Auch das Geld aus meinem Erbe (80 000 Euro), das meine Eltern während der Ehe für eine Firmengründung des Exmannes überwiesen hatten, werde ich nie wiedersehen. Denn eine Firma, die gerade mal so für die Sicherung des Lebensunterhalts und zur Zahlung des Mindestunterhalts für die Kinder ausreicht, ist quasi unangreifbar. Ja, man kann wirklich sagen, dass meine Ehe eine teure Angelegenheit war. Aber ich habe aufgehört, mich darüber zu ärgern. Es ist nur Geld.

Das sagt sich allerdings nicht so leicht, wenn man das Geld nicht mehr hat, und zwar das Geld, um für die eigenen Kinder Schuhe, Essen, Schulhefte und vielleicht gelegentlich ein Eis zu kaufen. Meine Kinder müssen für meine Naivität und Gutgläubigkeit in finanziellen Dingen büßen, auch wenn sie das wahrscheinlich nicht so sehen beziehungsweise ich das nicht thematisiere. Aber klar, ich habe Fehler gemacht. Typische Frauenfehler, sagt man. Dass ich nicht genügend und durchgehend gearbeitet hätte, gehört aber nicht dazu. Ich habe darauf vertraut, dass meine Ehe Bestand hat und dass die Firmen meines Mannes meine Alterssicherung sind. Und ich habe darauf verzichtet, einen Ehevertrag zu schließen.

Aber es war nun zu spät, sich darüber zu ärgern. Ich wollte und musste nach vorne gucken. Dazu gehörte auch, dass ich mir überlegen musste, ob ich arm genug war, um mir Lebensmittel bei der »Tafel« zu holen. Peinlich wäre mir das nicht gewesen, das war nicht der Grund, warum ich zögerte. Aber ich wollte nicht den noch Bedürftigeren etwas wegnehmen und beschloss deswegen, dass ich es erst mal mit der Maßnahme versuchen würde, vorzugsweise Lebensmittel zu kaufen, deren Ablaufdatum nahte, und sehr, sehr günstige Mahlzeiten zuzubereiten. Es gab oft Nudeln bei uns in jener Zeit. Die Kinder frühstückten Porridge aus Milch und Haferflocken, ich kochte häufig Milchreis oder servierte Pfannkuchen. Mit Apfelmus und Zimtzucker ein Essen, das einen nicht an Entbehrungen denken lässt und satt und glücklich macht. Wir kamen klar.

Brötchen oder eine Brezel beim Bäcker kauften wir in dieser

Zeit nie, weil sie mir im Vergleich zu Brot im Kilo absurd teuer erschienen, und wenn wir das örtliche Hallenbad (mit Sozialpassermäßigung bezahlbar) besuchten, brachte ich geschmierte Brote und Trinken von zu Hause mit, während andere Familien fröhlich Pommes und Chicken Wings am Schwimmbadkiosk kauften. Ich sah wohl, dass meine Kinder aus den Augenwinkeln neidisch auf die Familien schauten, bei denen Pommes und Co auf dem Tisch standen, aber unsere Brote schmeckten ihnen auch, und sie hatten trotzdem ihren Spaß. Ich glaube, diejenige, die am meisten unter dieser Geldknappheit litt, war ich. Denn ich hätte meinen Kindern so gerne zwischendurch einfach mal etwas gekauft. Ich fühlte mich ungenügend, und es tat mir weh zu sehen, wie vernünftig meine Kinder mit meiner Ansage umgingen, für dies, das und jenes hätten wir kein Geld. Für sie war das völlig normal.

Um horrenden Nebenkostennachzahlungen vorzubeugen, beheizte ich nur noch das Wohnzimmer und das Bad, die anderen Zimmer blieben kalt. Das war in Ordnung, die umliegenden Wohnungen sorgten für Wärme, es war nur etwas fußkalt, weil wir im Erdgeschoss wohnen und unter uns der Keller ist. Ich sagte meiner großen Tochter, dass sie zwar täglich duschen könne, das aber bitte nicht für fünfzehn Minuten tun solle, wie sie es bisher gemacht hatte. Weil das einfach zu teuer ist. Sie sah das ein. Die beiden kleineren Kinder teilten sich sowieso das Badewasser oder gingen nacheinander in die Wanne, und sie fanden das nicht schlimm.

Auch dass ich Schuhe und Winterjacken nur noch beim Discounter holte, machte meinen Kindern nichts aus. Ich ließ mir gerne von Nachbarn und auch Lesern gebrauchte Kleidung schicken, die die Kinder dankbar annahmen.

Wir gingen einfach so gut wie nirgendwo mehr hin. Meine Kinder gewöhnten sich daran, dass ich »Dafür haben wir kein

Geld« sagte. Und obwohl es nun seit ein paar Monaten etwas besser finanziell läuft, haben sie diesen Satz doch so verinnerlicht, dass sie auf fast alles, was ich vorschlage, sei es ein Eis oder Pommes im Freibad, erst mal kritisch nachfragen, ob wir dafür auch wirklich Geld haben. Drei Jahre Geldknappheit sind eine lange Zeit in einem Kinderleben, das prägt sich ein, auch wenn man nicht den ganzen Tag jammert, nichts kaufen zu können.

Denn ich habe ihnen damals selbstverständlich erklärt, dass wir sparen mussten, weil Miete, Strom und Heizung einfach zuerst bezahlt werden müssen und wir ja auch Essen brauchen. Und wenn das Geld alle ist, dann kann man nichts mehr ausgeben. Das haben sie eingesehen. Und so tief verinnerlicht, dass es mir manchmal richtig leidtut. Eine unbelastete Kindheit sieht anders aus. Klar, Kinder sollen nicht denken, dass das Geld vom Himmel fällt, aber dass einem Kind eine Portion Eis schon wie eine eventuell zu hohe Ausgabe erscheint, ist bezeichnend und traurig für die Kinder von Alleinerziehenden. Existenzsorgen haben in Kinderseelen nichts zu suchen. Und doch lässt es sich nicht vermeiden, dass die Kinder von Alleinerziehenden mitbekommen, dass sie arm sind.

Was Armut mit Kindern macht – Studien und Erfahrungen

Arm ist, wer weniger als 60 Prozent des durchschnittlichen Haushaltsnettoeinkommens zur Verfügung hat, das ist die Definition der OECD. Von »relativer Armut« redet man, wenn ein Haushalt über weniger als 60 Prozent des Durchschnittsnettoeinkommens verfügt, von »absoluter Armut«, wenn die Versorgung mit lebensnotwendigen Gütern nicht gewährleistet ist (Essen, Kleidung, Wohnen, medizinische Versorgung). So weit der gängige

Armutsbegriff. Andere, so zum Beispiel die Bertelsmann-Studie über den Einfluss von Armut auf die Entwicklung von Kindern, nehmen den Bezug von Sozialleistungen als Armutsindikator.[19]

Den betroffenen Familien werden die Definitionen herzlich egal sein, denn Armut ist natürlich immer auch gefühlte Armut, und weder die Wohnungspreise noch die Lebenshaltungskosten sind in Deutschland einheitlich.

Alle Studien berichten übereinstimmend, dass Alleinerziehende überproportional stark von Armut betroffen sind. So lesen wir im Armutsbericht der Bundesregierung: »Haushalte von Alleinerziehenden weisen mit rund 40 Prozent die höchste Armutsrisikoquote auf«,[20] und: »Gerade für Alleinerziehende ist es besonders schwierig, Kinderbetreuung und Arbeit zu vereinbaren. Deshalb verbleiben Alleinerziehende und ihre rund 949 000 Kinder bislang besonders lange im Leistungsbezug der Grundsicherung für Arbeitsuchende nach dem SGB II.«[21] Und diese Armutserfahrung ist leider nicht vorübergehender Art: »Die kindbezogene Armutsforschung belegt dabei: Je früher und je länger ein Kind Armutserfahrungen macht, desto gravierender sind die Folgen für seine Lebenssituation heute und seine Zukunftschancen morgen.«[22]

Für 53 Prozent der von Armut betroffenen Kinder zwischen sechs und sieben Jahren dauert die Armut bereits mindestens vier Jahre an, sagt eine Statistik der Arbeitsagentur aus dem Jahr 2014. »Für über die Hälfte aller sechsjährigen armen Kinder in Deutschland ist Armut somit keine Episode ihres Lebens, sondern der Normal- und Dauerzustand«, mahnen die Autoren der Bertelsmann-Studie[23], und sie warnen, dass die negativen Einflüsse von Armut über lange Zeit die Entwicklung von Kindern prägen.

Falls Sie überlegen, ob der Effekt der Armut durch die Forscher vielleicht überschätzt wird, weil ja auch Bildung der Eltern, Medienkonsum oder die Dauer des täglichen Kita-Besuchs eine Rolle spielen könnten bei den an den Kindern festgestellten Folgen der Armut – die Bertelsmann-Studie ist sich im Fazit sicher, dass »Armut, gemessen am SGB-II-Bezug, unabhängig von der elterlichen Bildung als Armutsfaktor anzusehen ist«.[24]

Und die deprimierendste Aussage der gesamten Studie ist eindeutig folgende: »Da ein Großteil der armen Kinder in Alleinerziehendenhaushalten aufwächst, ist ein dem Status des Alleinerziehenden zugeschriebener negativer Einfluss auf die Entwicklung von Kindern über die Armutslage erklärbar.«[25] Da haben wir es schwarz auf weiß: Kinder von Alleinerziehenden werden benachteiligt, weil Alleinerziehende wesentlich häufiger arm sind als andere Eltern.

Das ist eine beschämende Erkenntnis für ein so hochentwickeltes, reiches Land wie Deutschland. Wir diskriminieren Kinder aufgrund des Familienstatus ihrer Eltern. Nicht bewusst oder gezielt, aber dadurch, dass wir die Alleinerziehenden und ihre Kinder in ihrer Armut sich selbst überlassen und wegsehen.

Wie diese Folgen konkret aussehen, hat die Bertelsmann-Stiftung exemplarisch für Nordrhein-Westfalen untersucht. Diese Studie aus dem Jahr 2015 zeigt erschreckende Auswirkungen der über Jahre erlebten Armut auf die Kinder von Alleinerziehenden (und auch alle anderen Kinder, aber Alleinerziehende sind die Hauptbetroffenen): »Arme Kinder sind bei der Einschulung häufiger auffällig in ihrer Visuomotorik und der Körperkoordination, sie können sich schlechter konzentrieren, sprechen schlechter Deutsch und können schlechter zählen.«[26] Außerdem werden arme Kinder schlechter gefördert, sind seltener Mitglied in einem Sportverein und spielen weniger häufig ein Musikinstrument als Kinder, die ohne finanzielle Not aufwachsen. Für

NRW sehen die Zahlen so aus: »Musische Aktivitäten nehmen nur 12,1 Prozent der armen Kinder wahr, aber 28,9 Prozent der nicht armen Kinder.«[27] Sportlich aktiv sind drei von vier nicht armen Kindern, von den armen Kindern jedoch nicht einmal jedes zweite.

»Es scheint somit noch erheblichen Nachholbedarf in der kulturellen Teilhabe der armen Kinder zu geben«, folgert die Bertelsmann-Studie und verweist auf die geringen Quoten bei der Inanspruchnahme der Bildungs- und Teilnahmepakete, die viel bekannter gemacht werden müssten und niederschwelliger sein sollten. Das sehe ich genauso.

Denn als bildungsaffine Mutter ohne Angst vor Formularen und Behörden war ich in der Lage, diese Mittel zu beantragen und auszuschöpfen, aber ich kenne etliche Familien, die jeden Behördengang vermeiden und dann entweder das Kind an einem teuren Klassenausflug nicht teilnehmen lassen oder selbst das Geld dafür aufbringen, obwohl sie berechtigt wären, sich finanziell unterstützen zu lassen. Auch in den Schulen kennt kaum jemand das Bildungs- und Teilhabepaket, wie ich erstaunt feststellen musste.

So erwähnte ich auf einem Elternabend, dass es wünschenswert wäre, wenn Klassenausflüge zukünftig etwas früher angekündigt würden, damit Eltern mit Anspruch auf Leistungen des BuT sich rechtzeitig darum kümmern können, die Übernahme der Kosten zu organisieren. Von dieser staatlichen Leistung hatte die Klassenlehrerin, immerhin eine gestandene Frau von sechzig Jahren, noch nie gehört. Dabei bin ich relativ sicher, dass ich nicht die einzige Mutter im Klassenzimmer dieses Elternabends war, die einen Sozialpass besaß oder Wohngeld bezog. Man redet nur nicht darüber in der Schule, und das ist schade, denn so heißt es hinterher, das Bildungs- und Teilhabepaket werde nicht genug nachgefragt.

Gleiches erlebte ich auf dem Gymnasium, das die große Tochter besucht. Der gab ich ein Formular für die Erstattung eines geplanten Ausflugs für einen Fachlehrer mit. Auch dieser Lehrer hat mehr als dreißig Jahre Schulerfahrung auf dem Buckel, kannte aber das BuT nicht und hatte so ein Formular noch nie gesehen. Ich finde, das sollte uns zu denken geben. Es wäre wirklich wünschenswert, wenn auch die Lehrer informiert wären über die Zuschussmöglichkeiten seitens des Staates – sie sollen ja nicht als Berater dienen, aber grundlegende Informationen über Förderungsmöglichkeiten jenseits des schuleigenen Fördervereins (so es überhaupt einen gibt) wären schon wünschenswert. Es wäre ein Anfang, auch wenn strukturell noch vieles im Argen liegt.

Was ich am beunruhigendsten finde ist, dass Kinder in Deutschland ein höheres Armutsrisiko für Familien zur Folge haben. Das gilt für alle Eltern, auch die Verheirateten oder die unverheirateten Paare mit Kindern. Aber bei Alleinerziehenden ist dieses Risiko um ein Vielfaches höher, wie eine Grafik aus dem Armuts- und Reichtumsbericht uns deutlich zeigt:

Schaubild B II.4.3:

Armutsrisikoquote von Kindern in Deutschland, nach Familientypen, 2009

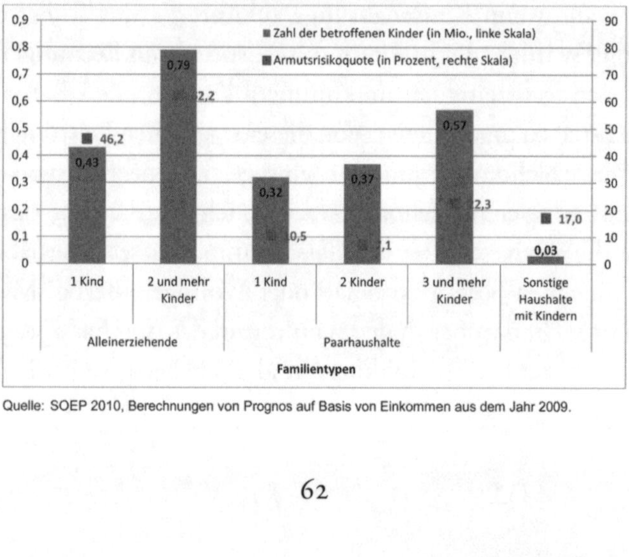

Quelle: SOEP 2010, Berechnungen von Prognos auf Basis von Einkommen aus dem Jahr 2009.

Wir brauchen uns nicht zu wundern, wenn die Geburtenquote in Deutschland niedrig ist und niedrig bleibt, weil die Leute es sich finanziell einfach nicht erlauben können, ein Kind zu bekommen. Weil sich das mit Berufstätigkeit beißt, weil sie in einer kinderfeindlichen Gesellschaft schief angesehen werden, wenn Kinder laut spielen oder stören, und weil uns bezahlbarer Wohnraum für Familien ebenso fehlt wie flexible und für alle bezahlbare Kinderbetreuung. Deutschland hat, so mussten wir im Juni 2015 lesen, die weltweit niedrigste Geburtenquote auf 1 000 Einwohner.[28] Ein trauriger Rekord.

Altersarmut – die logische Konsequenz für Alleinerziehende

Wer jahrelang arm ist, zahlt wenig oder keine Steuern und Sozialabgaben und bildet so auch keine Rücklagen auf dem Rentenkonto. Altersarmut ist weiblich, jetzt schon. Aber in Zukunft wird Altersarmut vor allem diejenigen betreffen, die Kinder alleine großgezogen haben, wenn sich die Rahmenbedingungen nicht ändern.

Alleinerziehende wollen arbeiten und ihre Familie ernähren, und wenn sie Arbeit finden, arbeiten sie wesentlich häufiger in Vollzeit als verheiratete Mütter oder Mütter in Paarbeziehungen. Sie tun das schon deswegen, weil jede zweite Alleinerziehende keinen oder nur unregelmäßig Unterhalt fürs Kind vom Kindsvater bekommt und weder das Jugendamt noch die Gerichte dagegen viel unternehmen können. Dass möglichst wenig Unterhalt zu zahlen gesellschaftlich immer noch akzeptiert ist oder gar als Kavaliersdelikt gesehen wird, mit dem sich so mancher Exmann vor seinen Freunden brüstet, ist ein Unding. Aber da kann der Staat nicht viel machen, das ist eine gesellschaftliche Aufgabe.

Obwohl Alleinerziehende arbeiten wollen und das auch tun, verdient der Großteil nicht genügend Geld, um gut über die Runden zu kommen. Im Gegenteil: Alleinerziehende haben ein Armutsrisiko von rund 40 Prozent, es gibt viele Aufstocker und viele Arbeitslose unter ihnen. Gleichzeitig ziehen sie die neuen Rentenzahler von morgen groß. Merken Sie was? Das ist ungerecht! Es ist ungerecht gegenüber den Kindern Alleinerziehender, die in Armut aufwachsen, und vor allem gegenüber diesen Frauen, die kaum eine ruhige Minute für sich haben, dafür aber höllisch viel Verantwortung und Aufgaben ohne Ende.

Deswegen bin ich der Meinung, dass alleinerziehende Mütter, insbesondere während der Baby- und Kitazeit, doppelt und dreifach Rentenpunkte erhalten sollten. Das wäre kein Geschenk des Staates, sondern ausgleichende Gerechtigkeit. Bisher hat das aber noch nie jemand ins Gespräch gebracht, soweit ich weiß. Also fange ich mal damit an.

Ich wäre auch dafür, Alleinerziehende bei Bewerbungen bevorzugt einzustellen. So ähnlich wie Behinderte, denn diskriminiert auf dem Jobmarkt werden wir ohnehin. Für Personalchefs sind wir ein rotes Tuch, stehen uns doch doppelt so viele Tage zu wie anderen Eltern, die wir wegen eines kranken Kindes zu Hause bleiben können. Und je mehr Kinder die alleinerziehende Frau hat, desto höher die Zahl der potenziellen Fehltage durch kranke Kinder – für mich ein klarer Fall von »gut gemeinte Gesetze, die nach hinten losgehen«. Schon die nicht getrennte oder geschiedene Mutter hat es schwer auf dem Arbeitsmarkt, aber Alleinerziehende sind quasi unvermittelbar. Eine Statistik des Arbeitsamtes aus dem Jahr 2013 konstatiert, dass es leichter sei, jemanden ohne Deutschkenntnisse und ohne Ausbildung in einen Job zu vermitteln als eine Alleinerziehende mit einem Kind unter drei Jahren.[29] Und da sage uns noch mal jemand, Bildung und Motivation sei alles!

Was läuft falsch? Strukturelle Benachteiligung Alleinerziehender durch den Staat

Auf politischer Ebene wäre sehr vieles zu tun. Ich fasse kurz zusammen, wo ich Handlungsbedarf sehe, um die Situation Alleinerziehender und ihrer Kinder in finanzieller Hinsicht zu verbessern:

- Der Entlastungsbeitrag für Alleinerziehende muss deutlich erhöht werden.
- Ehegattensplitting abschaffen – es bevorzugt Kinder aus Ehen und kinderlose Verheiratete.
- Steuerklasse 2 muss weg, Alleinerziehende werden fast besteuert wie Singles!
- Steuervorteile für den Kindsvater sollte dieser nur haben, wenn er den vollen Unterhalt zahlt.
- Der Zugang zum Arbeitsmarkt muss Alleinerziehenden erleichtert werden.
- Flexiblere und günstigere Kinderbetreuung (das brauchen alle Eltern!).
- Das »Kavaliersdelikt« Unterhaltsprellen sollte seitens des Staates schärfer verfolgt werden.
- Unterhaltsvorschuss von derzeit maximal sechs Jahren und bis zum Alter von zwölf entfristen und den Vorschuss erhöhen, außerdem ist dieser lächerlich gering mit 133 Euro – maximal 194 Euro.[30]
- Ausgleich bei Rentenpunkten, um Altersarmut zu verhindern.
- Bevorzugte Einstellung von Alleinerziehenden auf dem Arbeitsmarkt.

Übrigens, noch ein Wort zum Ausbau der Kinderbetreuung. Der Armuts- und Reichtumsbericht der Bundesregierung sagt hier ganz klar, dass sich diese für den Staat rechnet: »Darüber hinaus zeigt die Studie, dass sich ganztägige Betreuungsangebote mittelfristig auch für die öffentliche Hand rechnen: Die zusätzlichen Kosten für Betreuungsangebote werden durch den besseren Arbeitsmarktzugang der Alleinerziehenden und die damit ersparten Sozialleistungen mittelfristig gedeckt und langfristig übertroffen.« [31]

Wir haben nur durch den Aufbau unseres Staates und das föderalistische System, das den einzelnen Kommunen die Organisation und Finanzierung der Kinderbetreuung überlässt, Schwierigkeiten, das in den kurzfristig angelegten Kommunalhaushalten abzubilden. Da heißt es dann immer, Kinderbetreuung koste zu viel Geld. Aber langfristig rechnet sie sich – und es wäre gut, wenn sich das herumspräche!

Kapitel 5

Wie soll ich das alles schaffen? Vom Aufgaben-Marathon und ständiger Rufbereitschaft

Wie oft ich gedacht habe: »Ich kann nicht mehr, ich falle gleich um, ich wünschte, jemand würde die Kinder abholen, ins Bett bringen, mich einfach mal entlasten!«, das weiß ich nicht – es muss Hunderte Male gewesen sein. Und damit meine ich nicht die normale Erschöpfung von Eltern, sondern das deutliche Gefühl, am Abgrund zu stehen.

Am schlimmsten war es direkt nach einer Mutter-Kind-Kur, die ich zwei Jahre nach der Trennung machte. Was hatte ich mir nicht alles davon erhofft: eine Auszeit, Kraft schöpfen, mich mal verwöhnen lassen und auftanken, das war der Plan. Zurück kam ich völlig ausgelaugt, weil meine Kinder in der Kur noch mehr an mir klammerten als zu Hause, weil es kein geeignetes Programm für mich gab und ich mich dort sehr, sehr alleine fühlte. Eigentlich hatte ich die Kur schon am dritten Tag abbrechen wollen, als ich merkte, dass sie mich stresste, anstatt mir gutzutun. Aber den Kindern zuliebe reiste ich nicht ab, denn sie wollten unbedingt bleiben. Dumm nur, dass *ich* eigentlich die zu kurende Person gewesen wäre und die Kinder nur als Begleitpersonen mitreisten – wieder einmal, wie so oft, dachte ich mehr an das Wohlergehen der Kinder als an mein eigenes.

Fast wäre mir das zum Verhängnis geworden, denn am Tag nach der Rückkehr von der Kur war ich nahe am Burn-out. Mir war speiübel, es fühlte sich an, als würde gleich mein Kreislauf kollabieren, und sämtliche Kraft war von mir gewichen. Ich bekam es mit der Angst zu tun. Wenn ich wirklich zusammenbrechen würde, wer sollte sich dann um die Kinder kümmern? Der Vater würde es nicht freiwillig tun, und selbst wenn er dazu übers Jugendamt genötigt würde, hätte ich sie nicht gerne bei ihm gesehen, insbesondere die gerade drei Jahre alte Jüngste, auf die man höllisch aufpassen musste, weil sie ständig irgendwohin witschte, Dinge anstellte und sich in für Dreijährige ganz normale Gefahrensituationen begab. Die Verantwortung zwang mich fast in die Knie.

Ich legte mich hin. Einen ganzen Tag lang schlief ich, solange die Kinder in der Krippe, der Kita und der Schule waren. Danach funktionierte ich wieder. Geschlaucht war ich aber über sicher noch zwei, drei Wochen lang. Es fühlte sich an wie das Gesundwerden nach einer schweren Grippe.

Die Ärztin und Psychotherapeutin Dr. Alexandra Widmer, selbst alleinerziehend mit zwei Kindern und mit dem Blog *starkundalleinerziehend.de* Expertin für Burn-out-Prävention und Überlebensstrategien für Alleinerziehende, sagt, ich hätte tatsächlich gerade noch die Notbremse gezogen. Viele Alleinerziehende sind dermaßen ausgelastet mit ihrem Alltag, dass es einem ewigen Balanceakt gleicht, nicht zusammenzubrechen. Woran liegt das? An der emotionalen Erschöpfung, dem Gefühl, sich nicht mehr zu spüren, und dem Eindruck von Misserfolg (ich schaffe das alles nicht), so die Fachfrau.

Konkret äußert sich der drohende Kollaps in dem Eindruck, machtlos zu sein, ständig unter Zeitdruck zu stehen, zu wenig Zuwendung zu erhalten, nie zufrieden sein zu können, stets gestresst zu sein, kein Ziel mehr im Leben zu haben, mit der eigenen Rolle zu hadern, Zweifeln am Sinn des Lebens und dem

Gefühl, die Kontrolle über das eigene Leben verloren zu haben, schreibt die Ärztin in ihrem Buch *Stark und alleinerziehend*.[32]

Körperlich können die Symptome unterschiedlich sein, so die Expertin – das seelische Erleben ist jedoch bei allen Betroffenen sehr ähnlich. Am besten, so ihre Schlussfolgerung, helfe Prävention. Womit sich die Katze ein bisschen in den Schwanz beißt, denn gerade unter Stress und bei Überforderung ist es eine Herausforderung, auch noch an Prävention zu denken. Führende Alleinerziehenden-Aktivistinnen sehen hier die Gesellschaft, also den Staat, in der Pflicht. Denn eine Mutter, die wegen eines Zusammenbruchs total ausfällt, ist eine Katastrophe für ihre Kinder. Und es entstehen Folgekosten in Form von teurer Unterbringung (Pflegeeltern, Kinderdörfer etc.), Familienhilfe und Psychotherapiekosten für die Kinder. Prävention ist immer günstiger, als erst zu reagieren, wenn das Kind schon in den Brunnen gefallen ist. Vielleicht, denke ich oft, sind die Alleinerziehenden einfach immer noch zu stark. Die Liebe zu den Kindern treibt sie zu Höchstleistungen an. Aber es sind Höchstleistungen auf Kosten der Mutter, deren psychische und körperliche Gesundheit leidet.

Bei mir war es öfter als ein Mal so, dass ich befürchtete, umzukippen – aber dieser Blick in den Abgrund nach der Kur war ein Schlüsselmoment, weil ich in jenem Augenblick verstand, dass ich mir keinen Burn-out erlauben kann. Dass ich besser für mich sorgen musste und dass mein Wohlergehen der Schlüssel zum Wohlergehen der Kinder ist. Bloß: Durch die Erkenntnis alleine war mir noch nicht sehr geholfen. Wie, zum Teufel, soll eine Alleinerziehende, die ganz ohne Unterstützung klarkommen muss, für ihr Wohlergehen sorgen? Ich war ratlos. Außer mir therapeutische Hilfe zu holen, möglichst viel zu schlafen und auf gute Ernährung zu achten, fiel mir nichts ein.

Sport machen, mal ins Kino, eine Wellnessmassage oder mit

Freundinnen in Ruhe plauschen, für all diese Dinge hatte ich nie Zeit. Und Geld auch nicht, das es mir hätte ermöglichen können, mir Zeit zu kaufen. Die kostbaren Stunden, in denen die Kinder in Krippe, Kita und Schule waren, nutzte ich, um zu arbeiten: Weil mich leider keiner mehr einstellen wollte als Alleinerziehende mit drei Kindern, machte ich mich selbstständig. Kein Spaziergang, wenn frau fünfundvierzig Jahre alt ist und ohne Auftragskontakte in die Selbstständigkeit startet. Da zählte jede Chance, einen Auftrag zu ergattern und ihn so herausragend gut und rasch zu erledigen, dass ich in positiver Erinnerung bleiben würde.

Und auch während die Kinder tagsüber jeweils gut untergebracht waren, war und bin ja ich diejenige, die angerufen wird, wenn spontan Magen-Darm-Grippe ausbricht, ein Kind Fieber oder Ohrenschmerzen bekommt, das Knie ärger aufgeschlagen ist, als es sich mit einem Pflaster richten lässt, was auch immer. Jedes Telefonklingeln kann bedeuten, dass ich ein krankes Kind irgendwo abholen muss. Das geht anderen Eltern genauso, aber alleine die Tatsache, dass es für Alleinerziehende keine zweite Telefonnummer gibt, die die Kita anrufen kann, keinen weiteren Erwachsenen, der einspringen kann, hängt unterschwellig immer wie ein Damoklesschwert über der Alleinerziehenden.

Mal drei Stunden nicht erreichbar sein und das Telefon ausschalten? Geht nicht. Es kann durchaus passieren, dass das Kind in der Kita vom Klettergerüst auf den Kopf stürzt (ein realistisches Szenario, das haben alle meine drei Kinder mehr als ein Mal geschafft). Die Kita ruft an, weil Verdacht auf Gehirnerschütterung besteht, und die Erziehungsberechtigte ist nicht erreichbar. Das macht nicht nur einen schlechten Eindruck und ist auch schwierig für die Erzieher vor Ort, sondern ist richtig blöd für das betroffene Kind. Da ist ein Notfall, vielleicht muss es sogar zum Arzt oder ins Krankenhaus, und scheinbar niemand kümmert sich liebevoll. Das geht nicht.

Maximal eine Stunde, in der ich im Schwimmbad nicht erreichbar bin, weil ich Bahnen ziehe, oder weil ich im Supermarkt ohne Handyempfang einkaufe. Mehr ist eigentlich nicht drin. Bei Ärzten zählt die Rufbereitschaft zur Arbeitszeit, wenn auch schlecht bezahlt. Alleinerziehende, die keinen Kindsvater und keine Familie zur Seite haben, sind in ständiger Rufbereitschaft. Und zwar über Wochen, Monate, Jahre. Das macht einige krank, andere stresst es, kalt lässt es niemanden, der betroffen ist. Sie haben keine Pause. Nie. Selbst wenn es aussieht, als könnten sie sich endlich mal entspannen, macht der innere Beeper es fast unmöglich, überhaupt vollends loszulassen und sich mal nicht zuständig zu fühlen. Nicht, weil Alleinerziehende so schlecht loslassen können. Sondern, weil sie immer, immer zuständig sind. Elterngespräche in der Kita, Elternabende, Kindergeburtstagseinladungen annehmen, absagen, Geschenke besorgen, die Kinder von A nach B fahren, Stifte für die Schule besorgen, Arzttermine ausmachen für Vorsorge und im Krankheitsfall, zum Fußballverein oder zum Musikunterricht bringen, Schulfeste zumindest gelegentlich besuchen, Schuhe kaufen, Essen besorgen, mit dem Kind zum Frisör gehen: Die Liste ist lang und fast endlos. Wer macht das? In den meisten Familien die Mutter. Wer macht das immer? Die Alleinerziehende, wenn der Kindsvater entweder abwesend oder ein Wochenendpapa ist. Das ist der Normalfall.

Und der Vater? Der muss sich doch auch kümmern?

Ja, mag man da denken – aber beim geteilten Sorgerecht, das die überwiegende Zahl der getrennten Eltern besitzt, müsste sich doch auch der Vater kümmern? Pustekuchen, muss er nicht. Zumindest nicht im Alltag. Bei schwerwiegenden Entscheidungen wie Operationen, Therapien, Kitabetreuung, Schulbesuch des Kindes oder einem Umzug darf der Vater mitreden, da ist sogar seine Unterschrift nötig. Auch bei jedem neuen Ausweisdokument, und sei es nur, weil der Kinderreisepass abläuft, muss der zweite Sorgeberechtigte unterschreiben. Aber sich faktisch kümmern, das muss er nicht. Bisweilen führt das zu absurden Situationen: Der Vater verweigert dem Kind einen Besuch beim Psychotherapeuten, den die Mutter für dringend nötig hält, weil sie das Kind im Alltag als instabil oder bedürftig erlebt, der Vater aber findet, sein Kind brauche so etwas nicht.

Wenn man sich nachweislich und massiv querstellt, obwohl eigentlich Unterschriften geleistet werden müssten, wie im Fall von Ausweisdokumenten, können Teile des Sorgerechts entzogen werden. Das geht aber nur übers Familiengericht, das Jugendamt und einen Prozess – stets eine Sache mit ungewissem Ausgang. Und es kostet Geld und Nerven, so einen Prozess zu führen. Davor schrecken viele Mütter zurück, es ist das letzte Mittel der Wahl.

Es nervt, ständig beim Vater wegen Unterschriften anfragen zu müssen, und die Mütter empfinden es als unnötige Behinderung im Alltag, bei einem Mann als Bittstellerin anzutreten, der sich wenig bis gar nicht einbringt, nur weil der Gesetzgeber annimmt, das diene dem Kindeswohl.

Rechte haben die Väter viele, dafür hat auch die Väterrechtsbewegung in den vergangenen Jahren gesorgt. Die Pflichten hingegen halten sich in Grenzen. Kein Familiengericht in Deutschland zwingt Väter dazu, in der Nähe ihrer Kinder zu wohnen, sich regelmäßig zu kümmern oder gar emotional ansprechbar zu sein. Weil das ja auch schlecht per Zwang geht, ein Stück weit ist das verständlich. Dass aber die Mutter, die sich um das Kind kümmert, nun mit zweihundert Prozent der elterlichen Pflichten alleine gelassen wird, führt zu massiver Überlastung.

Zeit für einen selbst

Das wäre schön. Diejenigen Alleinerziehenden, die in den Genuss von kinderfreien Wochenenden kommen, sei es jedes zweite oder jedes Wochenende, können diese, vor allem zu Anfang, überhaupt nicht genießen, weil sie schmerzlich mit dem Fehlen der Kinder konfrontiert werden. So ganz ohne finden es nämlich viele Mütter auch nicht toll, daran muss man sich gewöhnen. Außerdem erinnern die kinderfreien Wochenenden ans Scheitern der Beziehung und lassen einem viel Zeit zum Nachdenken.

Eltern haben ohnehin wenig Zeit für sich selbst. Aber Alleinerziehende haben sie noch viel weniger – denn sie müssen alles alleine wuppen, vom Aufstehen bis zum Schlafengehen. Und wie wir gesehen haben, ist dann der Stress noch nicht unbedingt vorbei. Zeit für sich selbst ist kostbar. Und da Alleinerziehende im Schnitt in stärkerem Maße berufstätig sind als andere Mütter, leisten sie auch in diesem Bereich mehr, so wie sie bei der Erziehung, der Organisation des Alltags, als emotionaler Rückhalt und einfach als Fels in der Brandung da zu sein haben. Es ist keine Frage des Wollens, es ist eine Notwendigkeit für die Kinder. Zeit für sich selbst wäre da Luxus. Alleinerziehende nehmen sie sich nur dann, wenn für das Wohl der Kinder gesorgt ist. Sie kommen immer als Letzte dran in der Wohlfühlkette. Und aus genau diesem Grund sind Alleinerziehende extrem gefährdet, einen Burn-out zu erleiden: Ihr ganzes Leben läuft auf Reserve. Das ist brandgefährlich. Ein Marathon hat wenigstens ein Ende bei Kilometer zweiundvierzig. Aber wann ist die Rufbereitschaft für Alleinerziehende vorbei? Wenn das Kind fünfzehn Jahre alt ist? Das kann dauern.

Der Betreuungsschlüssel

Ach, was haben es Eltern gut, die sich die Betreuung des gemeinsamen Nachwuchses teilen, und sei es nur am Abend, am Wochenende oder gelegentlich! Auf die »Ich bin auch fast alleinerziehend, mein Mann arbeitet so viel«-Mütter komme ich später noch zu sprechen, und diese Mütter werden nicht mögen, was ich dazu zu sagen habe. Bleiben wir aber erst mal bei der normalsten Konstellation: Vater, Mutter, Kind. Das ist ein paradiesischer Betreuungsschlüssel, nämlich 2:1. Selbst wenn der Vater Vollzeit arbeitet und sich die Mutter größtenteils kümmert, ist es immer noch ein guter Schnitt, denn der Tag hat vierundzwanzig Stunden, das Wochenende achtundvierzig, und die vielen Ferien und Feiertage müssen auch irgendwie überstanden werden.

Die klassische Familienkonstellation ist immer noch: Vater arbeitet Vollzeit, Mutter Teilzeit. Jede fünfte Mutter gibt nach der Geburt des ersten Kindes den Beruf sogar ganz auf, sagt eine Allensbach-Studie von 2015.[33] Bei den Alleinerziehenden ist es umgekehrt: Die arbeiten überproportional häufig Vollzeit verglichen mit verheirateten Müttern oder solchen in festen Partnerschaften. Dass trotzdem nicht mehr Geld zum Leben übrig bleibt, hat mit der hanebüchenen Besteuerung zu tun, die fast wie die eines Singles ist. Und natürlich mit der mangelnden Flexibilität am Arbeitsplatz, denn ohne Betreuung auch zu ungünstigen Arbeitszeiten kommt man nicht weit.

Was bedeutet das für den Betreuungsschlüssel? Die häufigste Alleinerziehendenfamilie (58 Prozent laut Statistischem Bundesamt) besteht aus Mutter und Kind, 32 Prozent der alleinerziehenden Frauen kümmern sich um zwei Kinder und gut zehn Prozent um drei oder mehr Kinder.[34] Und oft genug tun sie das wirklich mutterseelenallein.

Unter der Woche ist die Alleinerziehende mit ihrem Kind

im Vierundzwanzig-Stunden-Schichtdienst, Kita, Krippe und Schule hin oder her. Können Sie sich vorstellen, nie frei zu haben? Nie in den Urlaub zu fahren (von dem auch noch zu reden sein wird, denn erholsam ist der nicht für Alleinerziehende), weil das Geld nicht reicht, und nie einen Tag für sich alleine zu haben?

Sehen Sie, das können Sie nicht. Ich hatte auch nicht gedacht, dass ich über mehr als sechs Jahre lang wirklich komplett alleine dastehen würde mit der Verantwortung für die drei Kinder.

Mein Betreuungsschlüssel liegt im Vergleich zur klassischen Vater-Mutter-Kind-Familie um ein Sechsfaches schlechter, denn anstatt dass sich hier zwei Erwachsene um ein Kind kümmern, trage ich alleine die Sorge für drei. Ich habe auch kein Geld für Putzfrau und/oder Babysitter, um mir Hilfe und Entlastung zu holen, weil mich dummerweise keiner mehr einstellt aus Angst vor langen Fehlzeiten durch kranke Kinder: Mir stünden als Alleinerziehender mit drei Kindern bis zu fünfzig Tage im Jahr zu, die ich wegen kranker Kinder fehlen dürfte – kein Wunder, dass Personalchefs in mir ein rotes Tuch sehen.

Da kommen wir gleich zum nächsten Handicap: Als Alleinerziehende, die die Familie ernähren muss (der Unterhalt für die Kinder reicht nicht einmal für die Miete), muss und will ich arbeiten. Auch, weil mir das Freude macht und ich gut ausgebildet bin, aber nicht nur. Das klappt aber nur mit viel Improvisationsvermögen und noch mehr Durchatmen. Und vor allem klappt es nur in Form von Selbstständigkeit. Das bedeutet, nie zu wissen, wie viel Geld am Ende des Monats auf dem Konto sein wird. Die Krankenkassenbeiträge selbst zu bezahlen, und wenn ein Kind krank ist oder man selbst, dann fällt entweder die Arbeit flach oder ein Auftrag bleibt liegen. Bezahlte Krankheits- oder Urlaubstage, wie sie für Angestellte selbstverständlich sind, gibt es für Freischaffende nicht, logisch. Aber gerade diese Kombination von wirtschaftlichen Unwägbarkeiten und der Gewissheit, niemals ausfallen zu dürfen, kann einen mürbe machen. Weil so viel daran hängt: nicht nur die Verantwortung für einen selbst, sondern für die ganze Familie. Alleinerziehende sind Familienoberhäupter, ob sie es wollen oder nicht.

Von der Illusion, wenigstens am Abend seine Ruhe zu haben

Es soll ja Familien geben, in denen die Kinder um 19 Uhr nach dem Sandmännchen schlafen. Da wird noch eine Geschichte vorgelesen, ein Gutenachtkuss verteilt, und dann sanft die Tür zum Kinderzimmer geschlossen. In einigen Fällen klappt das, habe ich mir sagen lassen. Aber nicht bei meinen Kindern. Es klappte schon während der Ehe nicht, denn sowohl die Große als auch der sechs Jahre nach ihr geborene Sohn suchten sehr unsere Nähe. Sie schliefen nur unter Protest ein, und es brauchte viele Anläufe, bis endlich Ruhe im Kinderzimmer war.

Die Nächte, in denen keins der Kinder aufwachte, sei es gegen 22 Uhr, mitten in der Nacht oder einfach sehr früh am Morgen, kann ich an einer Hand abzählen. Das war anstrengend, und zwar über Jahre hinweg. Ich glaube nicht, dass es während meiner Ehe auch nur eine einzige Nacht gab, in der ich meine beiden älteren Kinder mit einem Gutenachtkuss ins Bett brachte, diese dort ohne Protest einschliefen und obendrein sich bis zum nächsten Morgen nicht bemerkbar machten.

Dann kam Kind drei auf die Welt, meine Jüngste. Dieses Kind konnte schlafen, fast von Anfang an, es schien mir wie ein Wunder! Als ich mich trennte, war sie elf Monate alt und schlief bereits besser, als ihre Schwester das mit vier bis fünf Jahren getan hatte. Der Bruder war zu diesem Zeitpunkt fast drei, die Große neun Jahre alt – Letztere war aus dem Gröbsten raus, was die Schlafprobleme betraf. Ich nahm an, das mit dem Schlafen und den Nächten würde langsam aber sicher besser werden. Zumal ich den Kindern nach der Trennung erlaubte, in meinem Bett zu schlafen, wenn sie das wollten. Sie hatten einen ungeheuren Bedarf an Nähe – das ist normal, sagen Kinderpsychologen.

Als mein Mann auszog, waren die Kinder anderthalb, gute drei und fast zehn Jahre alt. Und speziell die beiden Jüngeren klebten an mir, als sei ich ihr höchstpersönliches Rettungsboot. Ich konnte nicht alleine in den Keller gehen, nicht zur Mülltonne vor dem Haus, nicht alleine aufs Klo (Letzteres kennen viele Eltern). Ein Kinderpsychologe, den ich aufsuchte, weil mich dieses anhängliche Verhalten der beiden jüngeren Kinder enorm beunruhigte und auch kolossal nervte, erklärte mir, das sei eine ganz normale Reaktion auf die Trennung. Die neue Situation fühle sich für die Kinder so an wie direkt nach einem Erdbeben. Sie bräuchten nun Stabilität und viel Geduld. Gut, das verstand ich. Allerdings zehrte diese Anhänglichkeit an meiner Substanz. Es fühlte sich an, als hätte ich Fußfesseln, ich konnte fast keinen Schritt ohne die Kinder tun. Und dieses Gefühl der Ohnmacht machte mich aggressiv.

Besonders schlimm war das am Abend, wenn ich sowieso völlig erledigt war vom Tag. Anfangs arbeitete ich noch voll in der Schweiz, bis ich betriebsbedingt im August 2011 meinen Job verlor. Ich war erschöpft, wenn ich von der Autobahn kam und die Kinder von meinem Au-pair übernahm. Aber ich las dann noch ein Buch vor, brachte die Kinder ins Bett und machte mir etwas zu essen. Ich liebte meine Arbeit im Kinderbuchverlag, die damit verbundenen Geschäftsreisen, das Rauskommen in die Schweiz, wenn ich dorthin ins Büro fuhr. Nach den Arbeitstagen war ich zufrieden.

Das änderte sich, als ich nach dem August 2011 gezwungenermaßen immer zu Hause war. Nicht mehr angestellt zu arbeiten war eine Katastrophe für mich. Ich brauchte das Büro und die Kollegen wie Blumen das Wasser. Nun war ich ans Haus gefesselt, mit drei Kindern und ohne Job. Die Kinder überwucherten meinen Tag wie Efeu. Daran änderte auch die Ganztages-Kita für den Sohn nichts, und der Krippenplatz für die Jüngste brachte zwar Linderung, aber es blieben die Abende, Nächte, Wochenenden, Schließtage, Feiertage und die vielen Krankheitstage, die kleine Kinder so mit sich bringen.

Meine Kinder wollten nicht ins Bett. Sie bestanden darauf, mich stets in Sichtweite zu haben, anders konnten sie nicht einschlafen. Der Sohn schlief auf dem Sofa ein, während ich abends noch am Rechner saß, die Jüngste einfach irgendwo, meist auf einem Teppich. Wenn sie schliefen, konnte ich die beiden in ihre Zimmer tragen, das ging damals noch. Ich versuchte, ihnen ein Einschlafen in meinem Bett schmackhaft zu machen, ich würde dann nachkommen, aber sie hatten fast immer zu viel Angst, ohne mich einzuschlafen. Der Kinderpsychologe, den ich dazu befragte, wollte von mir wissen, ob das für mich denn in Ordnung so sei – eine Frage, die ich mir so noch gar nicht gestellt hatte. Ich hatte nur darüber nachgedacht, wie man das denn am besten mache und was für die Kinder gut oder schlecht sei. Für mich war alles in Ordnung, was nicht mit viel Geschrei und Machtkämpfen vor dem Schlafengehen verbunden war, antwortete ich. Und er sprach mir Mut zu, das dann einfach so zu handhaben, egal, was die Leute denken.

Das half. Allerdings nur so lange, wie die Kinder abends auch müde waren. Es kam allerdings eine Zeit, da wechselte die Jüngste von der Krippe in die Kita, und dort sollte sie nun auf einmal wieder Mittagsschlaf machen. »Alle Kinder unter vier schlafen hier, Frau Finke«, erklärte man mir. Und dass meine

Jüngste mittags sehr, sehr müde sei. Das stimmte sicher auch – aber abends sie war nun quietschfidel. Hatte sie bis dato ziemlich zuverlässig gegen 20, spätestens 21 Uhr die Augen geschlossen, war sie nun hellwach bis 22 oder 23 Uhr. Ich aber nicht, ich war müde, fix und fertig, ich wollte essen, schlafen, einfach nur alleine sein. Nichts davon ging. Dreijährige sind es nicht gewohnt, Rücksicht zu nehmen.

Einfach schlafen gehen und die Kinder wachbleiben lassen konnte ich auch nicht: Wer wusste schon, was die anstellen würden? Ich war verzweifelt und suchte das Gespräch mit der Kita. Aber es war nichts zu machen. Das Kindeswohl gehe vor, man sehe doch, wie müde das Kind mittags sei. Zwei Jahre lang ging das so. Ich schätze, es ging nur, weil es keine Alternative gab. Niemand anders als ich konnte auf die Kinder aufpassen.

Und damit bin ich nicht alleine. Viele Alleinerziehende haben keine Familie vor Ort, die sie entlasten könnte. Alle Familien, die ich kenne, haben selbst so viel um die Ohren, dass es eine Zumutung wäre, sie auch noch um Babysitterdienste für fremde Kinder zu bitten oder zu fragen, ob man die eigenen Kinder bei ihnen »parken« kann. Viele arbeiten im Schichtdienst, im Verkauf, haben sogar mehrere Jobs. Ich glaube, ich kenne keine einzige »Nur-Hausfrau«, die auch noch Luft und Lust hätte, sich aus reiner Menschenfreundlichkeit ein fremdes Kind aufzuladen. Ich war alleine. Aber gleichzeitig war ich nie alleine, besonders nach Kita- und Krippenschluss nicht. Die Zeit, in der die Kinderbetreuungsstätten nicht geöffnet haben, ist extrem lang, wenn man sehnlichst darauf wartet, dass sich die Türen endlich wieder öffnen. Ein Wochenende hat von Freitag 16 Uhr bis Montag 8 Uhr ganze vierundsechzig Stunden, die eine Alleinerziehende überstehen muss. Ohne Pause. Von den Ferien wollen wir an dieser Stelle gar nicht reden, die sind noch schlimmer – dazu später mehr.

Die Kinder schliefen also ein, aber nicht durch. Und wachten morgens früh auf, wie das kleine Kinder eben so tun. Ich war dauermüde, ich war gestresst, ich war jeden Tag am Ende meiner Kräfte. Das wurde erst besser, als die Jüngste etwa vier war, der Sohn sieben und die Große zwölf. Da ließen sie mich morgens gelegentlich bis 8 Uhr ausschlafen, weil ich erlaubte, dass sie am Wochenende den Fernseher anmachten und sich aus dem Kühlschrank nahmen, was sie essen wollten. Seitdem schlafe ich am Wochenende, was das Zeug hält, seit die Kinder noch etwas älter sind, gerne auch bis 9 oder 10 Uhr. Und finde das himmlisch.

Man muss halt einfach mal um Hilfe bitten

Ja. Muss man oft. Aber wem kann eine Alleinerziehende ihr klammerndes Kind überantworten? Ein Kind, das nicht einmal bei den 100 Kilometer entfernt wohnenden Großeltern gerne bleibt, weil diese ganz andere Erziehungsmethoden anwenden und im Grunde auch nur fremde Menschen sind? Es ist heute noch so, dass meine Jüngste kaum bei Freunden übernachtet – auch der Sohn tut es nur selten erst und nach reiflichem Überlegen. Selbst wenn andere Leute bereit wären, sich um meine Kinder zu kümmern: Meine Kinder wären nicht bereit. Und damit fällt diese Option flach.

Es war schon schwierig bis unmöglich, in den ersten Jahren des Alleinerziehendendaseins überhaupt auf einen Elternabend zu gehen. Ich hatte weder Geld für einen Babysitter, noch hätten mich die Kinder aus dem Haus gelassen. Eine wirklich bescheidene Situation, die gegenüber dem Kindergarten und der Schule auch noch schwer zu vermitteln ist. Dass Alleinerziehende nicht rauskönnen, kann sich kaum jemand vorstellen. Es geht aber vielen so. Und wir reden hier nicht von einem lustigen Abend mit

Freunden im Biergarten oder im Kino, sondern von scheinbaren Selbstverständlichkeiten!

Wen hätte ich um Hilfe bitten sollen? Da war niemand. Also tat ich das Einzige, was ich tun konnte: Ich erklärte den Lehrern/Erziehern, dass und warum ich nicht zum Elternabend erscheinen konnte. Und erntete damit riesiges Erstaunen. Was mich wiederum erstaunte. Hatte ihnen noch niemand so deutlich gesagt, was Sache ist? Ich konnte doch nicht die Erste sein, die hier Tacheles redete? Scheinbar war es aber doch so. Denn nach und nach brachte man mir mehr Verständnis entgegen.

Ich glaube, sehr viele Alleinerziehende schweigen aus Scham. Denn genau diese Haltung – »Du musst dich nur besser organisieren/mal jemanden um Hilfe bitten!« – ist furchtbar schwer zu ertragen. Es hat viel mit Victim Blaming zu tun, also denjenigen, die sowieso schon im Schlamassel sitzen, die Schuld daran zuzuschieben, dass ihre Situation so ist, wie sie ist. Das ist nicht in Ordnung. Entweder den Mund halten oder fragen, ob man helfen kann – beides sind adäquate Verhaltensweisen, wenn Sie mich fragen. Aber bitte, bitte, den Alleinerziehenden nicht auch noch Vorwürfe machen oder ihnen zu verstehen geben, sie seien schlecht organisiert beziehungsweise unfähig, um Hilfe zu bitten. Oft genug gibt es keine. Doch, das ist Fakt.

Putzen, Haushalt. Eine never ending Story

Die Zuständigkeit für alles zu Hause erstreckt sich natürlich auch auf den Haushalt. Die meisten Alleinerziehenden träumen davon, endlich mal wieder in Ruhe sauber machen zu können oder den Haushalt auch nur halbwegs im Griff zu haben. Zeit würde helfen. Die Wäsche muss erledigt werden, das Geschirr gespült oder die Maschine ausgeräumt, der Kühlschrank gefüllt werden.

Wenn man es nicht selbst macht, macht es keiner. Putzen mit Baby oder Kleinkind in der Nähe ist ein Ding der Unmöglichkeit, das wissen alle Eltern. Kinder schmeißen den Putzeimer um, setzen sich ins schmutzige Wasser, richten ungeheures Chaos und Zerstörung an, wenn Mama versucht, sauber zu machen. Das geht eigentlich nur, wenn Mama alleine ist – oder abends, falls das Kind da schon schläft. Abends aber ist die Alleinerziehende müde. Wer rafft sich noch auf, den Haushalt zu machen, wenn ihr schon fast die Augen zufallen? Und wie sinnvoll ist das?

Dann bleibt es halt schmutzig. Schön ist das nicht, aber eine Frage der Prioritäten. Mir fiel es ab einem gewissen Punkt leichter, mich damit abzufinden, als ich Berichte darüber gelesen hatte, was Sterbende am Ende ihres Lebens bereuen. Keiner von denen sagte, er wünschte, er hätte mehr geputzt. Ich machte daraus im Januar 2014 eine kurze Liste mit dem Titel »12 Gründe, warum Putzen keine gute Idee ist«[35], die viel Anklang unter meinen Lesern fand. Hier ist sie:

Ich sollte dringend mal wieder den Boden putzen. Die Kinder machen mich darauf aufmerksam, dass es krümelig sei, wenn sie barfuß in der Wohnung laufen. Und ich sehe auf dem holzgemaserten Linoleum, mit dem unsere Bleibe ausgelegt ist, dass bloßes Staubsaugen hier nicht mehr hilft. Aber ich mag nicht. Dabei dauert das doch nur zwei Stunden! Unter uns: Ich bin Meisterin darin, Gründe zu finden, nicht zu putzen.

Meine beliebtesten zwölf Gründe, warum Putzen keine gute Idee ist:

1. Das lohnt doch jetzt gar nicht, weil bald wieder eines meiner Kinder oder ich selbst Geburtstag habe (Januar, März, Juni, September).
2. Siehe oben, weil bald Weihnachten/Silvester/Fasnacht/Ostern/Halloween ist und hier sowieso alles vollgekrü-

melt wird (deckt die Monate Dezember, Februar, April, Oktober ab).

3. Vor dem Wochenende macht Putzen auch nicht wirklich Sinn, es bleibt ja keine zehn Minuten sauber.
4. In den Ferien *kann* ich gar nicht putzen, denn die Kinder müssen dafür aus dem Haus sein. Sonst stehen die im Weg rum und machen überall Tapser (speziell im Juli und August).
5. Der Mann zum Ablesen des Strom- und Wasserverbrauchs hat sich angekündigt. Und der zieht die Schuhe nicht aus. Es wäre blöd, vorher zu putzen.
6. Das Wetter ist viel zu schön, um die Zeit mit Putzen zu verschwenden!
7. Ich habe zu arbeiten. Ganz wichtige Aufträge warten im Home-Office.
8. Die Freundin, die ich zu selten sehe, fragt, ob wir mal wieder Kaffee trinken wollen. Das ist natürlich viel wichtiger als Putzen. Man muss auch Prioritäten setzen.
9. Sport oder Putzen? Keine Frage, es ist viel besser für alle, wenn ich schwimmen gehe und für meinen Körper und meine Seele etwas tue.
10. Ein bisschen Staub und Schmutz ist ja auch gesund. Sagen doch all diese Studien, dass zu viel Sauberkeit nicht gut fürs Immunsystem der Kinder ist!
11. Putzen macht asozial. Ist es erst einmal sauber, mag ich eigentlich gar keinen mehr in die Wohnung lassen. Weder Kinder, seien es eigene oder fremde, noch Freunde.
12. Wenn ich sterbe werde ich bestimmt nicht denken: »Hätte ich doch mehr geputzt.« Das ist DAS Totschlagargument. :)

Kapitel 6
»Ich will bei Papa wohnen!«
Bettnässen, Schreianfälle, Albträume und andere hässliche Nebenwirkungen bei Kindern

Dass die beiden jüngeren Kinder die ersten beiden Jahre nach der Trennung nur noch in Sichtweite von mir einschlafen wollten, damit konnte ich mich irgendwie abfinden. Es funktionierte ja halbwegs, selbst wenn sie nicht durchschliefen; zumindest blieb uns der Stress erspart, den Tag mit Streit und Geheule zu beenden, weil das Zubettgehen nach »Laissez Faire«-Methode diesen Punkt aushebelte.

Doch es gab reichlich andere Stolperfallen und pädagogische Fallstricke, und eigentlich ist das bis heute so geblieben, auch wenn sich die Lage über die Jahre wohltuend beruhigt hat.

Für die Kinder, speziell für meinen Sohn, brach die Welt zusammen. Die Jüngste war erst anderthalb, für sie verschwand einfach ein vertrauter Mensch aus dem Gesichtsfeld, was im ersten Moment nicht tragisch war. Die große Tochter mit ihren fast zehn Jahren konnte und wollte mit mir reden, was vieles abfederte. Doch mein Sohn, der einzige Mann im Haus mit drei Frauen, vermisste seinen geliebten Vater natürlich schmerzlich, und es gab nichts, was ich dem entgegensetzen konnte, außer möglichst viel Liebe und Geduld.

Was eine schwierige Sache ist, wenn man selbst angeschlagen ist, noch unter Albträumen leidet und sich Sorgen um die berufliche Zukunft macht. Ich habe oft mit mir gerungen, es hat unendlich viel Kraft gekostet, einem meiner Kinder, wenn es sich vor lauter Frust über den abwesenden Vater stellvertretend mit mir anlegte, nicht hin und wieder wütend entgegenzuschleudern: »Dein Vater ist ein Idiot! Der will sich nicht um dich kümmern, und egal, wie schlecht du dich benimmst, es ändert sich nix daran!«

Mehr als einmal dachte ich, dass die Kinder es durch grauenhaftes Benehmen und Aufsässigkeit insgeheim und unterbewusst darauf anlegen, beim Vater vor der Tür abgestellt zu werden. Psychologen sagen allerdings, dass Trennungskinder bei der Bezugsperson, die ihre verlässliche Stütze in der Welt ist, allen Frust abladen, und dass genau dies ein Zeichen guter Bindung ist. Mich tröstete das nur mäßig, denn frustriert war ich selbst. Aber ich hatte ja keine Wahl, niemand außer mir nahm die Kinder in den Arm, niemand sonst trocknete ihre Tränen, niemand anders als ich fing ihre Wut und Trauer auf. Es war mein Job. Ein Job, auf den ich mich so nicht beworben hatte. Irgendwie hatte sich die Stellenbeschreibung geändert. Und qualifiziert dafür fühlte ich mich auch nicht. Was folgte, war eine Menge Learning by Doing.

Fixierung auf den alleinerziehenden Elternteil

Morgens aus dem Haus zu gehen, um ganz normal zu meiner Arbeit in die Schweiz zu fahren, wurde zu einem täglichen Drama. Mein Au-pair, das vorher problemlos mit den Kindern am Küchenfenster gewinkt hatte, wenn ich um 8 Uhr das Haus verließ und ins Auto stieg, hatte alle Hände voll damit zu tun, heulende und protestierende Kinder im Zaum zu halten. Mir tat das furchtbar leid. Gleichzeitig war ich unglaublich froh, aus dem Haus zu kommen, und die Kinder spürten das natürlich. Wäre es nach ihnen gegangen, hätten sie rund um die Uhr an meinem Rockzipfel gehangen.

Ganz normal, sagen Psychologen, denn die Verlustangst hat die Regie übernommen. Ein Elternteil ist ausgezogen, da wird der andere, verbliebene Elternteil umso stärker in Beschlag genommen. Leider keine vorübergehende Erscheinung, sondern etwas, was ich auch bei befreundeten Alleinerziehenden beobachtete – auch sie durften den Kindern nicht aus den Augen gehen, und sei es nur, um rasch etwas aus dem Keller zu holen. Und wir reden hier nicht von Zweijährigen, sondern von Kindern, die bereits im Vorschul- und Grundschulalter waren. Auch mein nächstes Au-pair, das im September des Folgejahres zu uns kam, hatte es nicht viel leichter.

Ein weiteres Jahr später war ich wieder diejenige, die die Kinder ausschließlich in die Kita und Krippe brachte, denn ich war ja betriebsbedingt arbeitslos geworden und somit ganz alleine zuständig für die Kinderbetreuung. Nun ging's erst richtig los mit dem Stress für mich, es gab kein schönes ruhiges Büro mehr mit normalem Kollegenalltag, sondern Abschiedskämpfe im Kinderhaus. Zuerst oben, wo ich die Jüngste in die Krippe brachte, danach noch einen Stock tiefer in der Kita, wo der Sohn sich nicht verabschieden wollte und stattdessen mit mir heim zu kommen gedachte, wo ich von zu Hause aus arbeitete.

Ich hab's gehasst, immer wieder klammernde Kinder abzugeben, und hätte sonst was dafür getan, dass sie mir einfach fröhlich beim Abschied winkten, wie das andere Kinder täglich taten. Und wie es auch meine große Tochter immer gemacht hatte, wenn ich sie in ihren Kindergarten gebracht hatte. Sie hatte mich sogar oft schon an der Eingangstür zur Kita mit den Worten »Brauchst nicht mit reinkommen, Mama!« weggeschickt. Nun erlebte ich das Gegenteil: Oft mussten mir die Erzieher helfen, meine weinenden Kinder trösten, ihre kleinen klebrigen Arme von mir lösen. Mit der Jüngsten blieb das bis zum letzten Kindergartentag so. Und bei meinem Sohn hat sich diese Problematik auch erst mit dem Besuch der Grundschule gelegt, wo es dann doch irgendwie peinlich gewesen wäre, sich so zu verhalten.

Vier lange Jahre lang ging das so. Kein Reden, keine Versprechungen, keine Verhaltenstricks oder Anreize konnten daran etwas ändern. Mir war oft zum Heulen, wenn ich die Kita verließ. Ein grauenhafter Start in den Tag. Wobei der oft genug damit begonnen hatte, dass die Waschmaschine lief. Denn auch die Nächte waren nicht ohne.

Bettnässen

Fällt die elterliche Trennung in die Zeit des Trockenwerdens oder kurz danach, dann geht das oft mit Bergen von nachts zu wechselnder Bettwäsche einher, weil ein bereits trockenes Kind wieder einnässt.[36] Regression nennt man das, und es ist sehr, sehr nervig. »Nachts lassen die Kinder dann alles laufen«, sagte mir ein Kinderarzt, als ich Erkundungen zu diesem Phänomen einholte. Und dass man nicht viel tun könne – meistens gebe sich das bis zum Alter von sechs bis sieben Jahren.

Alleinerziehende, die ohnehin am Rande ihrer Belastungsgrenze sind, bringt ein nächtlicher Weckruf aus dem Kinderzimmer wegen Pipi-Überflutung im Bett (und das gerne zur eigentlichen Tiefschlafzeit zwischen 2 und 3 Uhr früh) an den Rand des Wahnsinns. Das Kind muss getröstet werden, das Bett neu bezogen, ein neuer Schlafanzug her. Außerdem müsste man das Kind eigentlich waschen, denn Pipi müffelt bekanntlich. Tut man das, wacht es aber richtig auf – das ist das Letzte, was frau mitten in der Nacht möchte. Am kommenden Morgen läuft dann (wieder einmal) die Waschmaschine, und zumindest ein kurzes Abduschen des Kindes ist angesagt. All das macht den Alltag nicht leichter.

Manche Trennungskinder koten auch ein, das ist dann die stinkigere Variante des Einnässens, aber sie ist seltener. Einige pinkeln bewusst oder unbewusst in Ecken statt ins Klo, andere machen auch tagsüber Pipi in die Hose, obwohl sie schon monatelang trocken waren. Und schämen sich dann.

»Und was würden Sie raten, wenn ein Kind ständig einpinkelt, obwohl es eigentlich zu alt dafür ist?«, wollte ich von einem Therapeuten wissen. »Nicht laut werden und schimpfen, aber dem Kind ruhig zu verstehen geben, dass Sie das nervt. Das ist in Ordnung, denn es nervt Sie ja tatsächlich. Und das darf das Kind wissen«, war die Antwort, und ich finde sie nach wie vor sehr stimmig.

Natürlich kann man auch älteren Kindern Windeln anziehen, die Frage ist aber, ob die das möchten. Denn im Vergleich zu vorher ist das ja ein Rückschritt. Und will man ein Bettnässerkind dazu zwingen, Windeln zu tragen, wenn es selbst jeden Abend der Meinung ist, heute klappe es aber bestimmt mit dem Trockenbleiben über Nacht? Wohl eher nicht. Dann ist die wasserdichte Moltonunterlage das Mittel der Wahl. Und viele Waschmaschinenladungen an sowieso übervollen Tagen.

Nächtliche Albträume und Kuschelbedürfnis

Auch wenn das Bett nicht nass wird, dann heißt das noch lange nicht, dass die Alleinerziehende mit ungestörter Nachtruhe rechnen darf. Denn die Nachwehen von Trennung und Streit beschäftigen oft nicht nur die Mutter, sondern auch die Kinder im Schlaf. Davon, dass die Abende einer Alleinerziehenden nicht unbedingt erholsam sind, sprachen wir ja schon. Da wäre es wünschenswert, dass wenigstens die Nächte ruhig sind, oder?

Gehen wir also davon aus, das Kind sei trocken, auch nachts, oder trage noch eine Windel. Es schläft. Die Mutter plumpst ins Bett und fällt in Tiefschlaf. Wobei ich mich oft gefragt habe, wie tief der Schlaf einer Alleinerziehenden wirklich ist. Studien darüber gibt es meines Wissens keine, aber zumindest für mich kann ich sagen, dass Schlafen ohne Verantwortung für Kinder (das kenne ich noch aus Zeiten mit Geschäftsreisen, auch als ich schon drei Kinder hatte) sich komplett anders anfühlt als Schlafen mit Rufbereitschaft, weil man weiß, dass irgendwas sein kann – sei es ein durch die Wohnung tapsendes Kind, ein Kind mit Albträumen oder das plötzliche Auftreten von Magen-Darm-Infekten, die besonders gerne nachts um drei ausbrechen. Der Schlaf von Alleinerziehenden ist leichter, da bin ich sicher.

Das gilt, und dazu gibt es Studien, natürlich auch für Mütter generell – es scheint Biologie im Spiel zu sein. »Mütterlichen Standby-Schlaf« nennt man das[37], und er ist hormonell bedingt. Ein evolutionärer Vorteil für den Menschen sei das, sagen Forscher. Für die Mütter ist es aber auf die Dauer sehr kraftraubend, nicht richtig tief zu schlafen. Wer zu wenige Tiefschlafphasen hat, fühlt sich müde und zermürbt. In den meisten »intakten« Familien mit klassischer Rollenverteilung erbarmt sich irgendwann auch mal der Partner und steht nachts auf oder übernimmt am Wochenende die Morgenschicht, damit die erschöpfte Mutter wenigstens mal ausschlafen kann.[38] Bei Alleinerziehenden aber ist das nie der Fall, höchstens am kinderfreien Umgangswochenende, so sie mit dem Exmann dieses Modell gewählt hat.

Meine Jüngste kam bis weit ins siebte Lebensjahr hinein mindestens jede zweite Nacht durch den Flur in mein Schlafzimmer gelaufen, weil sie im Schlaf hochschreckte und es mit der Angst zu tun bekam. Oft spürte ich schon, bevor sie in der Schlafzimmertür stand, dass sie im Anmarsch war. Und es blieb auch nicht bei einem nächtlichen Besuch, sondern ich wurde mehrfach geweckt. Immerhin, und da konnte ich mich glücklich schätzen, schlief sie ab dem fünften Geburtstag ziemlich konsequent in ihrem Bett oder auf dem Sofa.

Bei meinem Sohn war das anders: Er brauchte lange Zeit noch die nächtliche Nähe und schlief bevorzugt in meinem Bett ein. Solange ich ihn noch tragen konnte, hievte ich ihn dann spätabends ins Hochbett – aber als er 25 Kilo wog, war auch das vorbei. Wohl oder übel fand ich mich damit ab, dass ich mein Bett mit ihm teilte, obwohl ich am liebsten alleine schlafe. Dass er oft weinend aufwachte, weil er vom Papa und von Streit geträumt hatte, machte die Nächte nicht gemütlicher. Und ein Siebenjähriger kann ganz schön mit den Füßen treten, wenn er etwas Aufwühlendes träumt, das ist keine angenehme Gesellschaft!

Die beiden jüngeren Kinder brauchten viele Streicheleinheiten, und zum Glück ist mir das nicht lästig. Toben jedoch mag ich nicht, da haben sie ganz sicher ein Defizit, zumal es in unserem Leben keine männliche Bezugsperson gibt. Keine Onkels, Opas, nette Freunde in der Nähe, mit denen sie mal was unternehmen könnten, was dem natürlichen Bedürfnis nach draufgängerischen Aktionen entspricht. Dass wir in den Kitas und Grundschulen zu wenig männliches Personal haben, ist gerade auch deshalb doppelt schade.

Doch zurück zu den Albträumen: Alle Kinder haben gelegentlich welche. Aber Kinder von hoch zerstrittenen Eltern leiden besonders darunter. Mein Sohn träumte beispielsweise in Endlosschleife hässliche Situationen nach, die er miterlebt hatte, und es dauerte sehr lange, bis sich das legte. Und die jüngste Tochter fand nach den wenigen Tagesausflügen mit dem Vater kaum zur Ruhe. In dem Kind arbeitete es, die Eindrücke und Gefühle beschäftigten sie über Tage – und besonders auch nachts. Anstrengend für alle Beteiligten. Nur für den Vater nicht.

»Ich will bei Papa wohnen!«

Der Klassiker. Ich wette, jede alleinerziehende Mutter hat diesen Satz schon gehört. Bei uns zu Hause fiel er immer dann, wenn ich die »blöde Mama« war. Also besonders extrablöd, was so viel bedeutet wie streng und unnachgiebig. Zum Beispiel, wenn Aufräumen angesagt ist. Und das Kind nicht aufräumen möchte, sondern ferngucken. Oder wenn es etwas bekommen möchte, unbedingt, und die Mutter ihm diesen Wunsch verwehrt.

Die Krux ist, dass dieser Satz einen so trifft. Selbst wenn ich eigentlich weiß, dass er nur ein Zeichen von Ohnmacht und Wut ist, so gibt es kaum etwas Fieseres, das eins meiner Kinder zu mir sagen kann. Das mag an der besonderen Situation liegen, dass sich nämlich der Vater der Kinder nach der Trennung (bis auf kurze Intervalle) komplett verweigerte. Was mir wiederum wehtat, weil ich den Mann, den ich geheiratet hatte und mit dem ich voller Vertrauen drei Kinder in die Welt gesetzt hatte, niemals so eingeschätzt hätte, dass er seine Kinder im Stich lässt. Und daran erinnerte mich dieser Satz »Ich will bei Papa wohnen!« wie ein Stachel.

Denn »Papa will dich nicht!« oder »Dann geh doch zu deinem Papa!« als Antwort zu brüllen, geht pädagogisch gar nicht. Trotzdem ist mir genau das mehr als einmal passiert, als ich am Ende mit den Nerven war und ein tobendes Kind vor mir stand. Natürlich produzierte dieser Satz aus meinem Mund bittere Tränen beim Kind, und es tat mir schon leid, während ich mich ihn sagen hörte. Aber verdammt noch mal, was bildet das Kind sich denn ein, wie sehr es auf mir herumtrampeln darf? Hier war eine Grenze erreicht. Die Grenze meiner mühsam aufrechterhaltenen Neutralität, meines täglichen Versuchs, den Vater eben nicht schlechtzumachen und den Kindern zu vermitteln, dass ich ihn noch achtete. Was ich nicht tat, im Grunde meines Herzens. Keine gute Basis für ausgewogene Reaktionen.

Eine Umfrage unter meinen Leserinnen zeigt mir ein ganz ähnliches Bild: Dieser Satz fällt genau dann, wenn das Kind extrem wütend ist und seine Mutter verletzen will. »Was macht ihr dann?«, wollte ich wissen.

Leserin Jutta sagt stellvertretend für viele: »Habe schon mal den Koffer packen lassen und die nächste Zugverbindung rausgesucht. In aller Ruhe – das hat meinen Sohn (11) dann verwirrt, denn er hatte ja Aufregung provozieren wollen. Zugegeben war das ein bisschen auf Risiko gespielt – aber er reagierte wie erhofft entsetzt und hat seinen Wunsch sofort revidiert. Er hatte das in der Situation allerdings aus der Wut heraus gesagt, um mich zu ärgern. In einem ruhigen Moment habe ich dann allen erklärt, dass der Alltag beim Vater mit den gleichen Regeln verbunden wäre wie der Alltag bei mir. Und dann bei mir die Ferienatmosphäre wäre ohne Schule, Hausaufgaben und Alltagspflichten meinerseits. Und dass es mich verletzt, wenn sie das sagen.«

Meine Leserin Nadja bestätigt, was ich auch dachte: »Meistens fordern Kinder mit diesem Satz eine emotionale Reaktion ein. Deshalb wäre Souveränität definitiv von Vorteil.«

Vielleicht so, wie Jessica es bei ihrem sechsjährigen Sohn beschreibt. Sie nimmt das Ganze nicht so ernst. »Typische Situation: Streit um Fernsehen, Computerspiele oder Hausaufgaben. Er darf dann meist anrufen (Papa, Oma, Opa …) und sein Leid klagen. Das hilft in der Regel. Als er mal sein Rucksäckchen gepackt hatte, kam dann ein ›Ich geh jetzt … ich geh jetzt wirklich … ich bin schon an der Tür …‹. Ich habe mich kurz aufs Klo verzogen, um zu lachen, und dann mit ihm geredet.« Jessica schiebt noch einen wirklich hilfreichen Satz hinterher: »Ich kenne den Wunsch aber auch von mir früher. Das war eher immer ein ›Ich will hier weg‹ als ein ›Ich will da hin‹.« So betrachtet ist das Verhalten des Kindes nichts als ein Hilferuf, was irgendwie leichter zu ertragen ist als ein Angriff. Aber nur, wenn man selbst halbwegs stabil ist. Und da sind wir wieder bei der Frage der Überlastung. Die Katze beißt sich in den Schwanz.

Bauchschmerzen und Kopfschmerzen

»Ach, Sie sind getrennt? Ja dann …«, hier bedeutungsvolles Schweigen einfügen. Es ist eine Krux. Zum einen ist es so, dass Trennungskinder häufig unter Symptomen wie Bauch- und Kopfschmerzen leiden und dass das zur Verarbeitung der Familiensituation gehört. Andererseits gibt es selbstverständlich auch reichlich handfeste organische Gründe für diese Art von Schmerzen. Die Trennung beziehungsweise der Status alleinerziehend ist ein Handicap, wenn Kinder Symptome zeigen, die relativ diffus sind, also schwer einzuordnen und noch schwieriger zu diagnostizieren. Denn nicht nur die Mutter, auch die Kinder werden als instabil und überlastet angesehen. Sippenhaft, quasi.

Ich kenne mich damit aus, denn ich hatte ein Bauchwehkind (den Sohn, gerne am Montagmorgen vor der Schule) und ein Kopfwehkind: die große Tochter. Die Ärmste litt über Monate, fast ein Jahr lang, unter quälenden Stirnhöhlenschmerzen, die etliche Ärzte erst mal als psychosomatisch abtaten, ohne überhaupt eine Untersuchung zu machen. Aber speziell bei diesem großen Mädchen, das so gar nicht zimperlich und wehleidig ist, war ich mir ziemlich sicher, dass etwas anderes dahinterstecken musste. Und so zogen wir von Arzt zu Arzt, bis wir endlich einen kompetenten Hals-Nasen-Ohren-Spezialisten fanden, der auf dem Magnetresonanzbild entdeckte, was ihre Schmerzen verursachte: eine seltene Siebbeinverstopfung in der Nähe der Nasenwurzel. Meine Tochter wurde (mit Genehmigung ihres Vaters) operiert, hatte eine ziemlich harte Woche im Krankenhaus, weil das keine Spaziergang-OP ist, und war danach wieder wohlauf.

Das mit den Bauchschmerzen des Sohnes fand ich nicht so bedenklich, da diese vorwiegend dann auftraten, wenn er sich schulischen Druck aufbaute. Als er über Herzstechen klagte, führte ich das auf den Rücken und seine krumme Sitzhaltung zurück – aber so ganz genau kann man das alles nicht wissen. Gehe ich nun wegen jedem Symptom, das mein Kind zeigt, zum Arzt? Eher nicht, schon gar nicht als Alleinerziehende mit chronischem Zeitmangel. Es gibt schließlich genügend Routineuntersuchungen und Impfungen, die mit den Kindern erledigt werden müssen. Zum Zahnarzt müssen sie auch gelegentlich, da schiebt man alles bis auf die akuten Notfälle gerne etwas auf.

Ich muss gestehen, dass ich mich oft gestört gefühlt habe von dem Wehklagen der Kinder. Gefühlt tat ihnen ständig irgendetwas weh. Nur ich, so kam's mir vor, musste mich immer zusammenreißen, sogar wenn ich krank war. »Jetzt jammert der schon wieder!« und »Mann, was stellt sie sich so an« sind keine netten, aber durchaus vorkommende Gedanken in meinem Alltag. Ich glaube, die Kinder spüren, dass sie in einem höheren Maße funktionieren müssen als in anderen Familienkontexten, und sind da eine Art Sollbruchstelle. Gut wäre es wahrscheinlich, mit ganz viel Ruhe, Liebe und Zeit zu reagieren – aber welche Alleinerziehende hat die schon?

Fremde Väter anhimmeln und »Papa« nennen

Ein Verhalten, das ich von der großen Tochter überhaupt nicht kannte und das mir echt peinlich war, obwohl ich sonst recht unerschrocken bin, was vermeintliche Peinlichkeiten betrifft, durfte ich über Monate bei der Jüngsten feststellen. Sie war zwei bis drei Jahre alt und hatte offenbar gerade gelernt, dass es Männer und Frauen gibt. So weit, so gut. Aber dass sie jeden wildfremden oder auch bekannten Mann unter den Kindergartenvätern als »Papa!« titulierte, das ging mir dann doch ein bisschen weit. Den so Angesprochenen war es auch sichtlich unangenehm (ich nehme an, daher mein Unbehagen, sonst hätte ich es leichter gehabt, darüber zu lachen).

Gerne kombinierte meine Jüngste ihren freudigen »Papa!«-Schrei auch damit, mit ausgestreckten Armen auf einen beliebigen dunkelhaarigen Mann zuzulaufen und diesem ihre Zuneigung kundtun zu wollen. Puh, was tut frau da? Das Kind wegreißen ist ja ein bisschen übertrieben. Es zu maßregeln ist Quatsch. Also erklären, erklären, erklären – aber auch das ist bei Zweijährigen nur eingeschränkt möglich. Ich gewöhnte mir an, entschuldigende Scherze zu machen. Und war heilfroh, als diese Phase irgendwann endete.

Auch bei meinem Sohn beobachtete ich eine starke Anhänglichkeit gegenüber dem einen männlichen Erzieher, den es in seinem Kindergarten gab. Ein cooler Typ mit Piercings und optisch rein gar keiner Ähnlichkeit mit dem Vater der Kinder, und trotzdem erlebte ich mehr als ein Mal mit, wie mein Sohn den Erzieher festhielt und – scheinbar im Scherz – »Papa« nannte. Die anderen Kinder machten das nicht. Aber die anderen Kinder hatten ja auch Väter, die sie wenigstens ab und zu in die Kita brachten, abholten und regelmäßig sahen. Zum Glück konnte der junge Mann dieses Verhalten professionell deuten und damit umgehen. Peinlich war mir das nicht, mir tat nur mein Sohn so leid, weil da ganz offensichtlich ein Mangel war. Ein Papa-Mangel.

Als die älteste Tochter im Kindergartenalter und von der Reife her ähnlich weit gewesen war, hatte es solche Szenen nicht gegeben. Aber die hatte ja auch noch einen anwesenden und meist liebevollen Vater erlebt. Es macht schon einen deutlichen Unterschied, ob der Vater zugewandt ist oder nicht. Das sehe ich auch am zweieinhalbjährigen Kind einer Nachbarin, dessen Vater ebenfalls komplett aus dem Leben der beiden verschwunden ist: Genau wie meine Jüngste in dem Alter ruft sie gerne »Papa!«, wenn Bekannte oder einfach nur männliche Wesen in der Nähe sind. Und die gucken dann schon etwas verwundert drein.

Es wäre schon mehr als wünschenswert, wenn uns politische Maßnahmen einfielen, wie wir es schaffen, dass mehr Männer in den Erzieher- und den Grundschullehrerberuf finden. Das ist leider eins dieser Anliegen, die fast alle Parteien und Gesellschaftsschichten unterstützen, für das aber noch keiner eine funktionierende Lösung entwickelt hat.

Wut und Trauer bei den Kindern

Sie waren sauer auf mich, speziell die beiden Jüngeren. »Der Papa sagt, es liegt nur an dir, er wollte sich gar nicht trennen!«, und: »Papa sagt, er kommt zurück, aber du willst das nicht!«, musste ich mir nach den seltenen Besuchen beim Vater des Öfteren anhören. Das war natürlich nicht hilfreich, schon gar nicht für meinen Wuthaushalt. Ich fand diese Aussagen unerhört.

Egal, wie ich das fand, ich durfte zu Hause die Wut der Kinder abfedern. Es war ja nun klar, wer die Schuld daran hatte, dass ihr Vater nicht mehr bei ihnen war – die böse Mutter.

Wie fast alle Kinder wünschten sich auch meine Kinder viele Jahre lang, dass Mutter und Vater sich wieder vertragen und zusammenkommen würden. Gebetsmühlenartig wiederholte ich Hunderte Male, dass das nicht infrage komme und dass sie genau wüssten, wie viel Streit es gegeben habe. Ein Zusammenleben mit ihrem Vater war für mich undenkbar und würde es bleiben. Sogar die Jüngste, die das gemeinsame Familienleben nie bewusst erlebt hatte, äußerte hartnäckig den Wunsch, dass wir wieder ein Paar werden würden. Sie malte Berge von herzallerliebsten Familienbildern, auf denen wir Eltern als einträchtiges Paar abgebildet waren, lächelnd und Hand in Hand. Mir drehte sich bei jedem dieser Bilder der Magen um, und das Herz wurde schwer. Ich hatte dem Kind den Vater genommen. Aber eine andere Möglichkeit hatte es nicht gegeben. Wie erklärt man das einem Kindergartenkind? Es ist furchtbar schwierig.

Obendrein gab es Szenen handfester Wut. Wieder waren es die beiden jüngeren Kinder, die über lange Phasen damit zu kämpfen hatten. Attackiert wurde ich, die anwesende Mutter. Teils war die Wut bei der Jüngsten so stark, dass sie mich mit Fäusten traktierte und vehement auf mich einschlug. Die Anlässe? Nichtig. Aber ihre Wut ging weit über das normale Trotzen hinaus und dauerte die ganze Kindergartenzeit an, auch wenn nach dem Höhepunkt der Wüterei im Alter von etwa vier Jahren ein deutliches Abflauen zu bemerken war.

Der Sohn machte ebenfalls heftige Gefühlsumschwünge mit. Bei den seltenen Telefonaten mit dem Vater, der sich vielleicht einmal im Jahr meldete, wusste ich schon lange vor meinem Kind, dass es wieder in Tränen enden würde. Denn es ist logisch, dass ein Kind, das frisch die Stimme des Vaters im Ohr hat, die es sonst nie hört, von einem Gefühlstornado erfasst wird. Erst freudiges Erstaunen, nach dem Auflegen das große Elend, weil die Realität über das Kind hereinbricht und ihm wieder einfällt, wie mies die Situation ist.

Mir fiel dann die undankbare Aufgabe zu, ihn wieder aufzubauen. Oft genug gelang mir das nicht, und er fiel weinend ins Bett. Am nächsten Morgen war dann alles wieder in Ordnung – meistens. Gelegentlich litt aber auch er, ebenso wie seine kleine Schwester, unter richtigen Wutanfällen. Meist im Zusammenhang mit Freunden, die ihn ärgerten, oder mit Hausaufgaben. Da hätte ich mir sehr gewünscht, dass ein Vater für ihn dagewesen wäre und nicht nur ich. Und ich glaube, genau deswegen wurde er so wütend: weil er immer nur mit mir zu tun hatte. Er wollte mir gar nicht wehtun, sondern mich eher beschützen. Was wiederum nicht seine Aufgabe ist. Ich war oft traurig darüber, dass keine zweite Bezugsperson den jeweiligen Gefühlshaushalt der Kinder auf andere Art abfedern konnte, als ich das tue. Das hätte ihnen sicher gutgetan. Aber so war es nun einmal. Wir mussten alle damit klarkommen.

Last but not least: die Umgangs-Nebenwirkungen

Für meine Kinder war es immer ein Highlight, wenn ihr Vater sie abholte, sei es für einen Ausflug oder für einen Besuch in der jeweiligen Wohnung. Vor dem angekündigten Umgang waren sie aufgeregt, während der Zeit beim Vater ließen sie sich bespaßen und rissen sich zusammen. Und wenn sie dann zurückkamen, waren sie eigentlich immer völlig durch den Wind.

Beim Papa war nämlich alles anders, was im Grunde okay ist – aber wenn Kinder, die sonst um 21 Uhr todmüde ins Bett fallen, beim Vater bis weit nach Mitternacht Party machen, fernsehen oder Computerspiele spielen, dann sind sie naturgemäß am nächsten Tag extrem müde. Und dies oft in Kombination mit Übellaunigkeit oder Weinerlichkeit. Dieses Phänomen kennen viele alleinerziehende Mütter, und sie nehmen es hin, weil auch Konsens bei Gericht ist, dass solche Dinge den Kindern nicht schaden. Tun sie wahrscheinlich auch nicht. Aber wer achtet auf den Schutz der Mütter? Niemand, und das ist unser Grundproblem mit Müttern generell in Deutschland und Alleinerziehenden insbesondere. Die kommen schon irgendwie klar, die Mütter!

Die Wochenend- und Gelegenheitspapas aber können sich alles erlauben, das habe ich oft genug erlebt.

Die Kinder meiner Bekannten Corinna* kehren regelmäßig am Sonntag um 18 Uhr zu ihr zurück, ohne, wie mit dem Vater vereinbart, die Hausaufgaben gemacht zu haben. Dabei wäre zwischen Freitagabend und Sonntagspätnachmittag wirklich genügend Zeit, die zu erledigen. Zähneknirschend und fluchend sorgt also Corinna dafür, dass ihre Kinder die Hausis noch vor dem Montagmorgen machen, obwohl sie eigentlich müde sind von der Papazeit und Ruhe bräuchten. Immerhin sehen ihre Kinder den Vater regelmäßig, denkt sich Corinna. Sie hat aufgehört, mit ihrem Exmann deswegen zu streiten, es lohnt sich nicht. Und damit ist sie typisch, denn sie hat kapituliert: Alles, was Alltag, lästig und unspektakulär ist, bleibt an der alleinerziehenden Mutter hängen. Macht ja sonst keiner.

Mit dem Vater der Kinder über Dinge zu sprechen, die nicht so gut laufen, ist, auch was die Kinder betrifft, zweischneidig: Sie haben nämlich schnell das Gefühl, den Papa zu verraten, und wollen unbedingt vermeiden, dass es zu weiteren Missstimmigkeiten zwischen den getrennten Eltern kommt. Lieber erzählen sie gar nichts mehr vom Umgangswochenende als etwas, was die Mutter erzürnt. Und das ist eine schwierige Entwicklung – denn natürlich sollen die Kinder frei Schnauze erzählen können.

Nicht gemachte Hausaufgaben sind nur ein Ausschnitt aus der endlosen Liste der Sachen, die nicht so laufen, wie sie sollten. Manche Väter lassen ihre Grundschulkinder Bier probieren, andere gehen selbst aus und überlassen den eigenen Nachwuchs einem Babysitter oder den Großeltern. Es gibt sogar Väter, die sich während des Umgangs einfach gar nicht um ihre Kinder kümmern. Das ist alles rechtens. Aber nicht schön für die Kinder, und schon gar nicht beruhigend für die Alleinerziehende, der hinterher aus Kindersicht davon berichtet wird. Ein

Gespräch mit dem Jugendamt deswegen anzustreben, die Kraft haben die wenigsten. Auch, weil es leider sehr viele abschreckende und glaubhafte Geschichten gibt, in denen der besorgten Mutter dann der Versuch angedichtet wird, den Vater der Kinder schlechtzumachen, eine Helikoptermutter zu sein oder psychisch auffällig bzw. manipulativ.

Ich für meinen Teil war immer heilfroh, wenn ich meine Kinder wohlbehalten wiederhatte. Und es war für mich am einfachsten, den Vater einfach machen zu lassen, denn so war ich emotional aus dem Umgang »draußen«. Nur den Teil mit den hinterher sehr aufgewühlten Kindern fand ich stets extrem anstrengend, und das ist bis heute so geblieben, obwohl der Umgang sich auf zwei magere Wochen pro Jahr für die beiden älteren Kinder beläuft. Auch da ist im Nachgang immer noch Gesprächsbedarf und Grund zu trösten. Wer das macht? Na, was glauben Sie denn?

Kapitel 7
Von wegen »Ich bin unter der Woche auch alleinerziehend«

Viele Frauen stemmen den Alltag alleine. Ihre Männer, die Väter ihrer Kinder, sind ganztags in der Firma, und die Mütter selbst arbeiten höchstens Teilzeit, so ist es immer noch gang und gäbe in Deutschland. Jede fünfte Frau gibt nach der Geburt eines Kindes die Berufstätigkeit sogar ganz auf. Die Statistik sagt uns, dass Väter nach der Geburt ihre Stundenzahl erhöhen, statt sie zu reduzieren.[39] Ob's daran liegt, dass es zu Hause nicht mehr so ruhig und gemütlich ist, oder ob sie vom Pflichtbewusstsein und vom Drang getrieben sind, ein besonders guter »Versorger« zu sein, ist schwer festzumachen.

Der normale deutsche Familienvater kommt abends heim, isst vielleicht noch mit den Kindern zu Abend und verbringt seine Freizeit am Wochenende und in den Ferien mit ihnen. Tagsüber kümmert sich die Mutter. Immerhin sieht man mehr und mehr Väter, die ihre Kinder morgens in die Krippe oder die Kita bringen, das hat zumindest in meiner Umgebung in den vergangenen Jahren merklich zugenommen. Es ist ja nicht so, dass die Väter keine Zeit mit ihren Kindern verbringen wollten, wie auch Marc Brost und Heinrich Wefing in ihrem Buch *Geht alles gar nicht* über die Vereinbarkeit von Familie und Beruf schreiben.[40] Es ist halt nur verdammt schwierig einzurichten. Wenn Väter Elternzeit nehmen, aber am besten nur die üblichen zwei Monate, finden das die meisten Arbeitgeber in Ordnung. Aber der seitens vieler Väter bestehende Wunsch, die Arbeitszeit eine Zeitlang zu reduzieren und dabei die Familie nicht in den finanziellen Ruin zu treiben, ist und bleibt Zukunftsmusik.[41]

Dabei täte das allen so gut! Was Familien brauchen, ist hinreichend Zeit (bescheidener formuliert: etwas weniger Druck und Stress) und finanzielle Sicherheit (die Abwesenheit von ständigen Existenzsorgen). Alleinerziehende aber leiden unter beiden Faktoren doppelt und dreifach. Und sie haben keinen Erwachsenen an der Seite, der diese Sorgen mit ihnen teilt. Niemand, der einen in den Arm nimmt und sagt: »Das wird schon alles, wir schaffen das!« Keiner, der wenigstens am Telefon oder per WhatsApp Trost spendet und ansprechbar ist, wenn es zu Hause drunter und drüber geht.

Dabei ist es eigentlich egal, ob es Geldsorgen wegen der überraschend hoch ausgefallenen Nebenkostenabrechnung sind, zankende Kinder, ein trotzendes Kleinkind oder ob die Mutter gerade mit einem blutenden Kind im Taxi zur Notaufnahme sitzt. Es ist etwas total anderes, ob sich die Frau in dieser Situation ganz alleine fühlt oder ob da ein zweiter Erwachsener ist, der zumindest virtuell und freiwillig die Verantwortung mitträgt.

Denn natürlich haben auch alleinerziehende Mütter Freunde und Freundinnen, sobald sie es wieder schaffen, sich um soziale Netze vor Ort zu kümmern. Aber eine Freundin ist niemals dasselbe wie ein Partner, der auch noch Vater des gemeinsamen Kindes ist. Die Freundin kann einen auch in den Arm nehmen, sie kann am Telefon trösten: Verantwortung für fremde Kinder übernimmt sie nicht. Das kann und soll sie nicht, es gehört nicht zum Wesen von Freundschaft. Alleinerziehende mit Freundinnen, die gelegentlich beim Kindersitten einspringen, können sich schon sehr glücklich schätzen. Mehr ist unter normalen Umständen nicht drin.

Die Mutter mit Partner, und sei er auch hauptsächlich abwesend, hat es um vieles besser als die meisten Alleinerziehenden, und das in vielen Bereichen. Selbst wenn der Vater des gemeinsamen Kindes unter der Woche in einer anderen Stadt lebt, weil das tägliche Pendeln zu zeitaufwändig und anstrengend wäre. Und auch, wenn er monatelang im Auslandseinsatz für die Firma ist und nur zu Weihnachten, Feiertagen und besonderen Anlässen nach Hause kommen kann. Mir ist klar, dass sich das für die betroffenen Familien nicht gut anfühlt und dass die Abwesenheit eines Menschen, den man liebt, auch schmerzt. Aber es gibt ihn. Er ist moralisch an der Seite der Mutter, sie kann sich auf ihn verlassen, sie hat eine Stütze. Das macht einen Riesenunterschied, auch wenn die Frau tagtäglich mit dem Alltag alleine klarkommen muss.

Mütter-Bashing will ich hier nicht betreiben, aber eben dies klarstellen. Und gleich dazu sagen, dass auch ich selbstredend angestrengt und unglücklich wäre, wenn ich glücklich verheiratet wäre und mein Mann, der Vater meiner Kinder, wochen- und monatelang nicht zu Hause sein könnte. Unglück kann man schlecht vergleichen, das will ich auch nicht. Aber ich stelle fest, dass die Mütter, die von sich sagen, sie seien unter der Woche auch alleinerziehend, keine Ahnung haben, wovon sie reden.

Ganz besonders quer liegt mir diese Art von Gleichmacherei im Magen, wenn sie von einem Vater geäußert wird – meist mit aufrichtigem Seufzen und ausgesprochen gut gemeint: »Meine Frau ist unter der Woche auch alleinerziehend.« Das sagen sie gerne, die Karrieremänner, die durch die Welt jetten oder für die Firma am Zweitwohnsitz Großes vollbringen. Nein, mein Lieber, ist sie nicht, auch wenn sie dir das weismacht. Denn sie hat dich: Du bringst Geld nach Hause, du streichelst sie am Wochenende und hast wahrscheinlich sogar ein schlechtes Gewissen gegenüber Frau und Kind, weil du daheim so wenig anwesend bist.

Alleinerziehende aber haben nichts von alledem. Wenn meine

Kinder über Tage bockig sind, plötzlich krank werden, mir auf die Nerven gehen, krank sind oder einfach nur Sorgen haben, die ich mit ihnen besprechen muss, dann ist da niemand anders. Es landet alles bei mir. Und das ist noch nicht alles.

Querschüsse vom Ex

Was diejenigen nicht bedenken, die sich als »unter der Woche alleinerziehend« bezeichnen, ist, dass in ihrem Leben nicht noch zusätzlich ein feindselig gestimmter Exmann sein Unwesen treibt. So geht das nämlich einigen meiner Bekannten, die es als Alleinerziehende eigentlich schon schwer genug haben.

Halten wir vorerst fest: Auf der einen Seite haben wir Mütter, die zwar wochentags von früh bis spät alleine zuständig sind und das völlig berechtigtermaßen anstrengend finden. Das sind die selbsternannten »unter der Woche Alleinerziehenden«. Die aber am Wochenende, in den Ferien und auch zwischendurch moralische Unterstützung durch den Vater des Kindes erhalten. Quasi in der Mitte würde ich die Alleinerziehenden ansiedeln, die mit dem Kindsvater in friedlicher Koexistenz leben, Unterhalt beziehen und die regelmäßigen Umgang für die Kinder organisieren konnten. Und ganz am anderen Ende der Skala stehen diejenigen Alleinerziehenden, die nicht nur alles alleine wuppen, sondern auch keinen Unterhalt bekommen und einen Ex am Hals haben, der versucht, ihnen über die Kinder ins Leben zu pfuschen.

Davon kann die Bloggerin »Mama motzt« eine Menge erzählen.[42] Sie lebt mit ihren drei »Brillanten«, wie sie ihre Kinder nennt, schon seit mehreren Jahren getrennt vom Vater. Der wiederum nie Geld für die Kinder gezahlt hat, aber reichlich mitreden will, was die Kinder betrifft. Und der ehemaligen Familie das Leben durch totale Unzuverlässigkeit, Unberechenbarkeit und Verweigerungshaltung bei der Zustimmung von Therapien schwermacht.

Im Hause »Mama motzt« liegen die Nerven oft blank, denn der Expartner erscheint nicht zu Terminen vor dem Familiengericht, schreibt wirre Briefe ans Jugendamt und stört auch ansonsten, wo er kann. Dass die Mutter seiner Kinder nicht mehr mit ihm zusammenleben wollte und will, kann er nicht akzeptieren – und wenn das schon passiert, dann soll sie es wenigstens so schwer wie möglich haben, scheint er bewusst oder unterbewusst zu denken.

Leider ist das kein Einzelfall. Aus meiner Arbeit als Moderatorin und Mitglied des Leitungsteams eines großen Frauenforums kenne ich unzählige solche Geschichten von in ihrer Ehre gekränkten Männern. Manche stalken die ehemalige Frau, manche versuchen, ihr auf jede erdenkliche Art das Leben schwerzumachen, und manche sind einfach nur abwesend (was sich die bedrängten Frauen als himmlisch vorstellen).

Wenn man sich das vor Augen hält, dann ist eigentlich klar, dass die glücklich verheiratete »unter der Woche auch Alleinerziehende« weit von dem massiven Stress entfernt ist, dem Alleinerziehende mit feindlichem Ex ausgesetzt sind. Und auch die Alleinerziehende, die ich gedanklich in der Mitte ansiedele, also eine ohne feindlichen Ex, aber auch ohne Unterstützung, ist auf ganz andere Art belastet als eine Mutter, der ein Vater zur Seite steht. Es muss gar nicht unbedingt die praktische Unterstützung sein, finde ich – schon die Gewissheit, dass da jemand ist, der mit Liebe und Fürsorge für die Familie da ist, macht den Unterschied. Das kann auch ein getrennter Vater sein, wenn alles optimal läuft.

Es bleibt nicht aus, dass unkonstruktives, feindseliges Verhalten seitens des Kindsvaters Auswirkungen auf die Seele der Kinder hat. Das ist dann die dritte Baustelle für die Alleinerziehende, neben Finanzen und emotionaler Stabilität, für die Mutter, die eine »nicht nur unter der Woche«, sondern »immer Alleinerziehende« beackern darf. Das ist zu viel, und das müsste eigentlich auch jedem klar sein. Aber es ist so schwer vorstellbar, wenn man selbst in einer halbwegs glücklicheren Situation lebt. Die wenigsten Leute haben Lust, neben ihren eigenen Sorgen, die jeder im Gepäck hat, sich auch noch mit den Problemen von Alleinerziehenden zu beschäftigen. Schon das Nachdenken darüber, wie viel ärger die familiäre Situation sein könnte, ist belastend. So ähnlich wie bei Familien, in denen Kinder unheilbar krank sind oder Elternteile viel zu früh an Krebs sterben. Das Prinzip Selbstschutz greift hier sehr stark, und ich kann nur dazu aufrufen, ein bisschen mutiger zu sein und den Alleinerziehenden wenigstens mal zuzuhören oder sie offen zu fragen, wie es ihnen geht. Wem das zu anstrengend ist, weil es ja auch deprimierend sein kann, der möge einfach wohlwollend auf Alleinerziehende gucken und gelegentlich etwas Nettes sagen, das hilft auch schon. Alles, wirklich alles ist besser als das Gefühl, am Rand der Gesellschaft zu stehen und mit den eigenen Nöten nicht wahrgenommen zu werden.

Bei uns in der Familie lief es mehr als holprig. Unterstützung vom Exmann habe ich nie erfahren, dafür aber jede Menge unerfreulicher Querschüsse. Schauen wir nur in die jüngere Vergangenheit, als das Kriegsbeil zwischen uns schon fast begraben war, über viereinhalb Jahre nach der Trennung. Da waren die beiden großen Kinder bei ihm für eine Woche zu Besuch, so wie es das Familiengericht angeordnet hatte. Und ich hatte, weil sie mit dem Zug fuhren und umsteigen mussten, die Koffer per Paketversand vorab geschickt. Damit sie nicht so viel schleppen müssen und weil es im Zug auch oft schwierig ist, größeres Gepäck zu verstauen. Das kostete 35 Euro und war relativ unkompliziert zu organisieren (wahlweise Abgabe bei einer der vielen Annahmestellen oder Abholung zu Hause, dann aber mit längerem Wartezeitfenster). Alles prima, die Kinder reisten also ohne Koffer und kamen gut an. Was ich auch bedacht hatte: Der Exmann dachte gar nicht daran, sich um den Rücktransport der Koffer zu kümmern. Also schrieb ich eine höfliche, kurze Mail, in der ich ihn bat, die Koffer über den Paketservice wieder zurückzusenden. Als Antwort bekam ich eine Mail, in der zuerst behauptet wurde, sein Auto sei zu klein, um die Koffer zur dortigen Annahmestelle zu fahren. Gut, dachte ich mir, er will die Koffer nirgendwohin fahren. Organisiere ich also eine Abholung. Damit war er einverstanden.

Als ich die Abholung mit dem Paketservice perfekt getimt hatte und dem Vater der Kinder mitteilte, zu welchem Zeitfenster die Koffer abgeholt werden sollten und dass dies nur mit Barzahlung von 35 Euro gehe, schrieb er mir zurück, dass ich die Abholung sofort stornieren solle. Und dass er die Koffer nur hergebe, wenn ich sie mit Vorauszahlung per Überweisung an ihn abholen lasse. Das klingt alles völlig bekloppt, oder? Ich habe mich so geärgert, dass mein Blutdruck ins Unermessliche stieg. Und mein Bauch grummelte so sehr, dass ich fürchtete, ein Magengeschwür zu entwickeln.

Aber das Gute daran war (und darum erzähle ich diese Episode), dass ich mich danach nie wieder richtig über den Exmann geärgert habe. Weil ich das ganze Verhalten von ihm so unglaublich lächerlich fand. Es ging ihm nur um die Macht. Nicht um die Kinder und deren Wohlergehen, deutlicher konnte er mir das nicht vorführen. Die 35 Euro wären für ihn kein Problem gewesen, nein, er wollte, dass ich nach seiner Pfeife tanzte. Wenn es nicht so traurig gewesen wäre, hätte es das Potenzial für eine Posse gehabt.

Das Ende vom Lied war, dass die Koffer fast eine Woche nach der Rückkehr der Kinder wieder zu Hause ankamen, nachdem ich eine Vorabüberweisung getätigt hatte. Darüber waren die Kinder nicht sehr begeistert, denn sie hatten Spielsachen eingepackt und vermissten ihre Lieblingsklamotten. Da ich aber glaubhaft erklären konnte, dass das nicht an mir gelegen hatte, zuckten sie mit den Schultern und nahmen es hin. Dass ihr Vater gelegentlich Dinge tut, die sie nicht verstehen, das kennen sie mittlerweile schon.

Wie gesagt, das war viele Jahre nach der Trennung. Was vorher so alles passierte und wesentlich schädlicher und weniger lustig war, werde ich hier nicht ausbreiten. Aber glauben Sie mir, ich habe mir oft gewünscht, der Vater der Kinder wäre tot anstatt weit weg. Nur der Kinder wegen war ich froh, dass er noch lebt. Denn ein toter Vater ist für Kinder noch schwieriger als einer, der sich sonderbar benimmt. Und auch seinen Tod hätte ja wiederum ich auffangen müssen, die ganze Trauerarbeit mit den Kindern leisten, die noch größere Lücke irgendwie notdürftig stopfen. Aber dass ich mich überhaupt zu solchen Gedanken verstieg, zeigt wahrscheinlich meine große Not. Und deshalb will ich sie auch nicht verheimlichen.

Urlaub, Wochenende, Feiertage

Seitdem der Mann einer Verwandten für seine Firma unter der Woche in Süddeutschland arbeitet, während sie mit den beiden Kindern im gemeinsamen Haus wohnt und in normalem Umfang ihrer Arbeit nachgeht, bekommt sie viel Unterstützung und auch warme Worte. Sowohl von der Familie als auch von ihrer Umgebung. Das müsse ja alles sehr schwierig zu managen sein, und so kommt es meiner Verwandten auch vor. Ob ihr Mann dort, bei der Arbeit, auch erzählt, seine Frau sei »unter der Woche alleinerziehend«? Ich kann es mir gut vorstellen. Denn er ist ein netter Mann, einer der sich zu Hause durchaus einbringt, trotz Karriere, und der seine Frau und Kinder aufrichtig liebt.

Trotzdem ist ihre Situation ganz anders als die von Alleinerziehenden: Erstens haben sie genug Geld, nämlich zwei Einkommen. Sie lebt im eigenen Haus, hat ein eigenes Einkommen und arbeitet mit – wie vorher auch schon – reduzierter Stundenzahl, aber vollzeitnah. Die Kinder sind schon über zehn Jahre alt und somit leicht zu beaufsichtigen, sie können schon mal alleine bleiben, bei Freunden übernachten und mit dem Bus oder Fahrrad zu Verabredungen fahren. Der Alltag ist zwar voll und der Mann fern, aber wenn es etwas zu besprechen gibt, dann telefonieren die beiden Eltern miteinander, skypen oder mailen hin und her. Es sind sogar Großeltern in der Nähe, die gelegentlich abends zum Kinderhüten einspringen.

Die beiden haben es gut. Ich stelle das ohne Neid fest, denn ich gönne es ihnen. Aber ich wünsche mir sehr, dass sie sich überlegen, dass das, was ihnen wie eine schwierige familiäre Situation vorkommt, für die meisten Alleinerziehenden klingt wie das Paradies. Und dass sie ein wenig achtsamer wären, wenn sie es mit Alleinerziehenden zu tun haben. Bei mir zum Beispiel kommt es regelmäßig vor, dass ich trotz eines Geburtstagskalenders für alle Verwandtenkinder vergesse, Glückwünsche und Geschenke zu senden. Ich habe sogar zu viel zu tun, um an den Geburtstagskalender zu denken. Es tut mir leid, aber irgendwas fällt halt immer hinten runter in meinem Alltag. Ich bin froh, wenn ich jeden Morgen etwas im Kühlschrank habe, das zum Pausenbrot taugt, wenn ich immer im Blick habe, wo die drei Kinder gerade sind und was sie tun, und es gerade nirgendwo »brennt«.

Und dann wollen wir nicht vergessen, dass die beiden, also meine Verwandte und ihr Mann, auch viel gemeinsame Zeit miteinander haben. Sie wissen während der stressigen Woche, in der sie getrennte Leben führen, dass am Ende ein gemeinsames Familienwochenende steht. Dreißig Tage Jahresurlaub kommen noch dazu, etliche Feiertage ebenso. *So* schrecklich ist das alles gar nicht, wenn man mich fragt. Denn die Familie fährt regelmäßig gemeinsam in den Urlaub, verbringt wertvolle Freizeit miteinander und wird durch eine Putzfrau entlastet.

Nein, ich finde nicht, dass die »Unter der Woche alleinerziehenden«-Mütter, die eine glückliche Beziehung mit dem Vater ihrer Kinder führen, mit Alleinerziehenden vergleichbar sind. Und ich muss jedes Mal schwer schlucken, wenn das jemand so gedankenlos in den Raum wirft. »Du hast keine Ahnung!«, würde ich dann gern schreien und empört davon erzählen, wie echtes Alleinerziehendenleben aussieht. Aber damit wäre ja auch keinem geholfen. Ich habe bisher geschwiegen, im Real Life wie auch in den Social Media, weil dann eine riesige Empörungswelle über mich hereinschwappen würde, was mir denn einfallen würde, die anderen Mütter so abzuwerten. Und in der Tat, ich sehe es ein, der Grat zwischen »etwas klarstellen« und die Mühsal anderer Mütter kleinreden ist schmal. Vielleicht klappt es am ehesten, da eine gemeinsame Basis zu schaffen, wenn ich als Alleinerziehende diesen »unter der Woche auch Alleinerziehenden« sage, dass ich sie gut verstehe und auch sehe, wie schwierig das für sie ist, verglichen mit der gewohnten Familiensituation. Und dann zu hoffen, dass sie selbst anfangen, darüber nachzudenken, wie das für Mütter ist, die ganz alleine sind. Immer.

Und wenn der Mann länger im Ausland sein muss?

Ähnlich geht es mir bei den Frauen aus meiner direkten oder virtuellen Umgebung (Bloggerinnen und Mütter auf Twitter), die bei längeren Auslandsaufenthalten ihrer Ehemänner ins große Jammern verfallen. Einerseits habe ich großes Verständnis für sie. Es muss sich anfühlen wie die Vertreibung aus dem Paradies. Andererseits frage ich mich schon, ob die mal über ihren Tellerrand geguckt haben. Da müssen also Frauen für eine gewisse Zeit, seien es zwei bis drei Monate oder ein halbes Jahr, ohne den Partner auskommen. Und haben sofort das Gefühl, alles breche unter ihnen zusammen. Mag sein, dass aus mir der Neid spricht und ganz sicher auch die eigene Erfahrung, dass die letzten Ehejahre mit dem Mann eher eine Belastung als eine Hilfe waren (ein Erleben, das ich mit vielen Alleinerziehenden teile. Man trennt sich ja nicht grundlos).

Die Kinder der »Unter der Woche/über Monate Alleinerziehenden« vermissen ihren Vater, das ist logisch. Aber sie haben ihn noch. Er kommt wieder, er ruft an, er ist ein Fixpunkt in ihrem Leben. Das ist alles viel, viel besser als bei den meisten Alleinerziehenden, denen gerade in der ersten Zeit der Trennung noch Streitigkeiten mit oder ohne Familiengericht, Jugendamt und Anwälten das Leben schwermachen. Der Vater ist ein Held, der ausgezogen ist, für seine Firma etwas zu tun. Und keiner, der die Familie beziehungsweise die Kinder im Stich gelassen hat. Das ist eine gänzlich andere Situation.

Rollentausch: Wie ich einst unter der Woche woanders arbeitete

Sie mögen mich komisch finden, aber ich bin, als ich mit dem zweiten Kind schon ziemlich schwanger war, wegen eines Jobs in eine andere Stadt gegangen. Damals war ich noch glücklich verheiratet, hatte eine fünfjährige Tochter und war beim Vorstellungsgespräch im dritten Monat. Als ich dann für den befristeten Arbeitsvertrag als Schwangerschaftsvertretung (Ironie des Schicksals) an einem Schreibtisch in einer Freiburger Redaktion saß, war mein Bauch schon so rund, dass ich die Arme zum Tippen etwas ausstrecken musste – ich war im sechsten Monat.

Es war ein wunderbarer Job und eine tolle Chance, beruflich etwas zu lernen, Geld zu verdienen und Kontakte zu knüpfen. Und ich fand das Ganze rundum großartig. Mein Mann und ich hatten einmütig beschlossen, dass er sich unter der Woche um die Tochter kümmern würde, während er selbst voll arbeitete, und dass ich, so die Wetterlage es zulassen würde (es war Dezember), am Wochenende heimkehren würde. Ich hatte also einen Mann, der »unter der Woche alleinerziehend« war, zumindest für vier Wochen. Das hätten wir damals aber nie so formuliert. Ich war Pendlerin, die am Arbeitsort übernachtete, und er war Vater. Punkt.

Wobei ich hinterher, nach der Trennung, schon den Eindruck bekam, dass mein damaliger Mann gegenüber Bekannten ein bisschen gejammert haben muss. Siehe die Erfahrung mit meiner Bekannten im Drogeriemarkt, die mir ungefragt mitteilte, ich hätte meinen Mann zu oft alleine gelassen.

Auf Geschäftsreise für den nächsten Job, den ich ausübte, bevor, während und nachdem Kind drei zu uns gestoßen war, bin ich auch oft genug gegangen – das waren innerhalb von vier Jahren etwa zwanzig Mal jeweils eine knappe Woche. Trotzdem hatte ich weder ein schlechtes Gewissen, noch vermittelte mir mein Mann den Eindruck, er komme damit nicht klar. Im Gegenteil, er fand es toll, eine Frau zu haben, die beruflich etwas erreichte. Natürlich hatte er damals Unterstützung durch Kita und privat organisierte Kinderbetreuung (Au-pairs, Babysitter, Minijobber). Und er bekam eine Menge Anerkennung und Lob für sein »Engagement«, wie das eben so ist, wenn Väter sich mehr als minimal kümmern. Ich hielt das für selbstverständlich, er hingegen heimste reichlich Lob durch Kollegen, Nachbarn und Freunde ein, was mich aber nicht störte, denn für mich funktionierte das Konstrukt Familie so bestens.

Wenn ich so zurückdenke an die Zeit des Wochenendpendelns nach Freiburg und die Geschäftsreisen nach Norwegen, dann kann ich mich nicht erinnern, jemals gedacht zu haben, ich fehlte dort am anderen Ort, zu Hause. Mein Mann hatte doch alles im Griff. Er vermisste mich, das schon, aber es gab ja schließlich Telefon, Skype und Mails, und der Zeitrahmen war überschaubar.

Es hat mich auch in der Freiburger Redaktion niemand komisch angeschaut und gefragt, ob ich denn nicht lieber bei meiner Familie wäre (zumal in meinem dickbäuchigen Zustand!). Nur später, im sehr familienfreundlichen Norwegen, wo es normal ist, auch bei der Arbeit über die Kinder zu reden, da kam gelegentlich das Gespräch darauf, ob es mich nicht störe, dass ich so oft nach Skandinavien fliegen müsse – ich konnte das glaubhaft abstreiten, weil ich es liebte, dort zu sein und im Kinderbuchverlag zu arbeiten. Auf die Idee, dass ein Vater alleine zu Hause nicht zurechtkommen könnte, kamen die Norweger gar nicht. Das ist eine ziemlich deutsche Denkweise.

Wie sehen das meine alleinerziehenden Leserinnen?

Auf die Frage, was in ihnen vorgehe, wenn eine Frau sage, sie sei unter der Woche auch alleinerziehend, weil der Mann so viel arbeite oder pendele, antworten meine Leserinnen ziemlich einhellig so, wie ich das oben aus meiner Sicht beschrieben habe. Es sei nicht zu vergleichen mit der Situation der Alleinerziehenden, schreibt zum Beispiel Rona Duwe, die den Blog *phönix-frauen.de* betreibt. Rona hat beides erlebt, den Pendler als Partner und Vater eines gemeinsamen Kindes und das Leben als Alleinerziehende (zum zweiten Mal in ihrem Leben). Sie meint: »Vor der Trennung war mein Partner circa vier Jahre nur am Wochenende da. Es gab dann wenigstens am Wochenende ein wenig Entlastung (zumindest hoffte ich das; die Realität sah teilweise anders aus), und finanziell war die Situation auch anders. Es war vom Bewusstsein her noch jemand im Hintergrund, auf den man sich notfalls berufen konnte. *Das* ist für mich entscheidend. Als Alleinerziehende hast du oft niemanden im Hintergrund. Entsprechend höher ist das Verantwortungsgefühl und die dadurch entstehende innere Belastung.«

Katrin Anna differenziert je nach Situation: »Für mich macht es einen großen Unterschied, mit welcher Intention die Aussage kommt. Geht es um ein Herabwürdigen meiner Situation (›Jetzt hab dich mal nicht so, ich bin mindestens genau so arm dran!‹ und verwandte Sätze): Frust. Unendlicher. Geht es um ein eher solidarisches Nachvollziehenkönnen, dann ärgert es mich zwar, dass da so unterschiedliche Situationen unter einem Begriff subsumiert werden, aber wütend oder traurig macht es mich nicht. Dann kommt bei mir auch Solidarität auf. Denn bei allen (großen) Nachteilen, die meine Situation mit hundert Prozent abwesendem zweiten Elternteil fürs Kind und mich bringt, muss ich wenigstens nicht auch noch in der Partnerschaft kämpfen. Und es gibt weniger Erwartungen, die enttäuscht werden können.«

Ähnlich sauer wie ich reagiert Mone Hagen: »Da schwillt mir immer der Kamm, und ich muss an mich halten, um nicht zu sagen: Du hast ja keine Ahnung, wovon du redest. Denn was einen am meisten belastet und auch Kraft kostet, ist die Verantwortung. Und die wirst du nicht mal fünf Minuten los. Selbst wenn du dir einen Babysitter nimmst und dir eine Auszeit gönnst, liegt die Verantwortung weiterhin bei dir.« Und auch Anna Schäfer schreibt: »Oh, ich hasse diese Aussage! Erst mal haben sie im Ernstfall den zweiten Erziehungsberechtigten, mit dem sie sich austauschen können oder der für das Kind da ist, und jemanden der Geld mit verdient. Das eine ist mit dem anderen gar nicht zu vergleichen.« Patricia Schmitz wird auch wütend: »Da muss ich meine Fäuste tief in den Taschen vergraben.« Regelmäßig ausflippen, wenn sie so was hört, könnte Sarah Ahmad, die insgeheim denkt: »Sei leise, du weißt nicht mal ansatzweise, wie es ist, alleinerziehend zu sein. Du hast ihn im selben Boot, auch wenn er physisch nicht da ist, und trägst die Verantwortung nie alleine!« Steffi Sofia drückt es drastisch aus: »Könnte ich kotzen.«

Traurig findet solche Äußerungen Mone Gold, aber sie schluckt und schweigt: »In solchen Momenten würde ich gerne weinend meinen Kontostand bekanntgeben, meine Verantwortungslast darstellen und darauf hinweisen, dass ich niemanden habe, den ich abends anmotzen kann, weil ich tagsüber alleine war. Niemand, den ich um Rat fragen oder mit dem ich eine Entscheidung gemeinsam treffen kann – weil ich eben immer, rund um die Uhr, bis zur Volljährigkeit meines Kindes alleine erziehe. Stattdessen sage ich: ›Ja, so geht es wohl vielen.‹, und nicke freundlich.«

Die Stalking-Expertin Christine Doering steht über den Dingen und schweigt aus diesem Grund: »Ich finde das albern, und ich muss mir immer entsprechende Kommentare verkneifen. Als ob ein paar Tage alleine sein und alleinerziehend sein vergleichbar wären.«

Und Ulrike Ittner geht mit ihren Gedanken noch einen Schritt weiter, nämlich zu dem wundersamen Wandel der gesellschaftlichen Anerkennung. Scharfsinnig beobachtet sie folgendes Phänomen: »Als Alleinerziehende trägt man die gesamte Verantwortungs- und Entscheidungslast komplett alleine. Vor allem dann, wenn der Vater sich weder finanziell noch persönlich um die Kinder kümmert. Mir ist allerdings etwas aufgefallen, was ich schon verwunderlich fand und finde. Auch mein Exmann war mehrere Jahre auf Grund der Arbeit nur am Wochenende zu Hause. Da hieß es ganz oft von außen: ›Oje, du Ärmste ... da bist du ja ganz auf dich alleine gestellt und musst alles alleine machen‹ usw. Ich wurde richtiggehend bedauert. Seit ich alleinerziehend bin, habe ich solche Worte noch nie zu hören bekommen. Eher ist das Gegenteil der Fall.«

Das bringt die Situation auf den Punkt. Alleinerziehende Väter erhalten viel Anerkennung, obwohl sie sich meist um ältere Kinder kümmern und finanziell nicht so schlecht gestellt sind wie die alleinerziehenden Mütter. Die sogenannten »unter der Woche Alleinerziehenden« werden auch reichlich bedauert und können gleichzeitig auf Unterstützung durch den Vater des Kindes zählen. Sobald eine Frau aber alleinerziehend und getrennt ist, sieht die Sache auf einmal ganz anders aus. Da ist sie draußen. Irgendwas muss sie doch falsch gemacht haben. Die Ursache dafür sehe ich darin, dass die Verantwortung für ein funktionierendes, harmonisches Familienleben in Deutschland immer noch als Aufgabenbereich der Frau und Mutter gesehen wird. Daran müssten wir etwas ändern. Familie, so meine ich, funktioniert nur innerhalb des großen Ganzen, der Gesellschaft. Und genau deswegen bekommen wir in Deutschland rekordverdächtig wenige Kinder. Wir Alleinerziehenden sind nur die Spitze des Eisberges – an uns sieht man die Probleme bei der Vereinbarkeit von Familie und Beruf, die Burn-out-Gefahr durch Stress und Überlastung, die finanziellen Strapazen durch kinderfeindliche Besteuerung am deutlichsten.

Fazit: Alleinerziehende würden eine Frau, die sich unter der Woche oder während geschäftlicher Abwesenheit des Mannes eigenverantwortlich um ein oder mehrere Kinder kümmert, niemals »unter der Woche alleinerziehend« nennen. In meinen Augen ist das eine Strohwitwe, höchstens. Und sobald man dieses Thema öffentlich bespricht, geht sofort auch die Diskussion ums sogenannte Mütter-Bashing los. Ein Riesenfass ist das, aber es wird uns nicht helfen, wenn wir es nicht thematisieren. Deshalb ist dieses Kapitel auch Teil dieses Buchs, und ich weiß jetzt schon, dass ich dafür von vielen entweder missverstanden oder selbst gebasht werde. Nun, als Alleinerziehende kenne ich das ja schon. Reden wir drüber.

Und alle, die jetzt sauer auf mich sind, weil sie sich abgewertet fühlen, mögen bitte kurz innehalten. Denn mein Anliegen ist es, darauf aufmerksam zu machen, dass es zwar viele Eltern schwer haben, dass wir gestresst und am Rande unserer Kapazitäten sind, aber dass das, was die Alleinerziehenden leisten, wirklich noch mal eine ganz andere Hausnummer ist. Und dass es sehr gedankenlos und ignorant ist, sogenannte »unter der Woche Alleinerziehende« den faktisch Alleinerziehenden gegenüberzustellen, als könnte man das vergleichen. Es ist nicht wie der Vergleich von Äpfel und Birnen, wenn Sie mich fragen, sondern wie der von Knäckebrot und Marmorkuchen (»Wir haben beide keine Sahnetorte! Mist!«). Und mir tut das, ebenso wie meinen alleinerziehenden Leserinnen, ziemlich weh. Wir sind in einem Maße alleine mit der Verantwortung für unsere Kinder, das einfach unvorstellbar ist. Und da wir das wissen, erwarten wir gar nicht unbedingt volles Verständnis – aber das Unterlassen von gedankenlosen Vergleichen wäre schon ganz nett.

Kapitel 8
Na, habt ihr euch schön erholt? Das Kreuz mit den Ferien

Anfangs ging es ja noch. Da hatten die beiden jüngeren Kinder jeweils dreißig Tage Schließzeit in Kita und Krippe, die sogar zeitgleich lagen, weil die Kinder unterschiedliche Gruppen desselben Trägers besuchten. Die Große kam in die fünfte Klasse, als ihr Vater auszog, und damit fiel ihr Schülerhort weg, der nur Grundschulkinder aufnahm. Das war aber kein großes Problem, denn ich war ja noch voll berufstätig und hatte ein Au-pair, das bei uns lebte. Ich arbeitete die Hälfte der Zeit im Home-Office und die Hälfte vor Ort bei meinem Arbeitgeber in der Schweiz. Ferien fand ich nicht weiter bedrohlich, obwohl ich selbst nur fünfundzwanzig freie Tage im Jahr hatte – das klappte schon alles irgendwie.

Urlaub in Italien – auf dem Campingplatz

Im Sommer 2011 verstieg ich mich sogar zu der Idee, alleine mit drei kleinen Kindern nach Italien zu fahren. Die letzten Familienurlaube mit Kindern hatten wir an der Ostsee und auf Island verbracht. Mir war dort ständig kalt gewesen, und viel zu windig fand ich es auch.

Ich hatte im August 2011 gerade meinen Job verloren, aber noch keine akute Geldnot, weil mir ja zwölf Monate Arbeitslosengeld sicher waren. Und ich hatte Lust, nach Italien zu reisen, in das Land, in dem ich als Abiturientin und Studentin viele Wochen und Monate verbracht hatte. Mal wieder Italienisch sprechen, die italienische Küche beziehungsweise den Einkauf im Supermarkt genießen, Land und Leute atmen. Das war der Plan.

»Was macht man denn so mit Kindern?«, überlegte ich. Vielleicht so einen besseren Zelturlaub, in dem man einen kleinen Bungalow auf dem Campingplatz mietet? Da würden die Kinder reichlich Freunde zum Spielen finden, wir könnten zwischen diversen Swimmingpools und Baden im See wählen, und mit nur fünf bis sechs Stunden Fahrzeit zum Gardasee war die Strecke überschaubar. Ich buchte zehn Tage Bungalow auf dem Zeltplatz, gehobene Kategorie, überwies fast 2 000 Euro und war guter Dinge.

Autofahren stresst mich nicht, auch nicht in fremden Ländern. Und mein Kleinwagen war definitiv italientauglich. Den winzigen Kofferraum, in dem nicht einmal eine Getränkekiste Platz findet, lud ich mit einzelnen Plastiktüten voll, in denen sich unser Gepäck befand. In den Fußraum des Wagens kamen weitere unverzichtbare Utensilien wie das Schlauchboot, Bücher, Schuhe und Proviant. Was halt leider nicht mehr ins Auto passte, war ein Buggy, selbst zusammengeklappt nicht. Aber den würden wir ja auch nicht brauchen, schließlich war die Jüngste schon zweieinhalb Jahre alt und konnte bestens laufen!

Die Fahrt selbst klappte ganz gut, die Kinder aßen, zankten sich ein wenig, schauten aus dem Fenster in die schöne Schweiz, schliefen eine Stunde und fanden dann Italien sehr aufregend. Es war allerdings ziemlich heiß im Auto, und so blieb es auch. Wir hatten eine Ferienwoche erwischt, in der das Thermometer tagsüber gut 38 Grad erreichte und es auch nachts nicht wirklich abkühlte. Dass unser »Luxus-Bungalow« mit einer Klimaanlage ausgestattet war, half nicht viel, denn die kam gegen diese

Temperaturen nicht an. Und die Abteile darin, die sich Schlafzimmer nannten, waren unglaublich klein – eigentlich Betten mit dünnen Wänden ringsherum. Ich hatte einen Vier-Zimmer-Bungalow gebucht, damit sich die Kinder gut auf verschiedene Betten verteilen konnten. Bloß wollten die das leider gar nicht. Die Große nahm das Angebot, im eigenen Bett und Zimmer zu schlafen, gerne an, die anderen beiden fanden, es sei bei mir im Bett viel gemütlicher. Ich selbst fand das ganze Arrangement fürchterlich beengt. Aber hey, die Kinder würden doch viel Zeit draußen verbringen, mit neuen Freunden spielen, und außerdem gab's noch die Holzveranda, auf der wir uns aufhalten würden, dachte ich mir.

Doch auch für die Holzveranda war es viel zu heiß. Wir frühstückten dort, während es morgens noch halbwegs auszuhalten war, und saßen abends noch ein wenig draußen, bevor die Mücken über uns herfielen. Dazwischen lag sehr viel Tag. Zu viel, wenn frau mit drei Kindern bei 38 Grad alleine ist.

Es war das erste Mal, dass ich ganz alleine mit den Kindern wegfuhr, und ich bin selten so angestarrt worden wie in jenem Urlaub. Alle, wirklich alle anderen Familien schienen in kompletter Besetzung angetreten zu sein, ich sah überall nur Vater, Mutter, Kind(er). Viele hatten noch Großeltern und weiteren Familienanhang dabei. Und alle gafften uns an. Ich stellte mir vor, wie sie überlegten, ob der sichtbar abwesende Mann in meiner Familie wohl zu beschäftigt sei, um mit uns zu verreisen. Oder ob er verstorben war, oder ob ich etwa alleinerziehend sei. Gefragt hat keiner. Aber ich hatte das deutliche Gefühl, gemieden zu werden. Das war nicht schön, und ich war völlig unvorbereitet darauf.

Außerdem sprach kaum jemand Deutsch, dieser Campingplatz war fest in holländischer Hand. Die Vorstellung, dass Kinder sich mit Händen und Füßen verständigen und Sprachbarrieren keine Rolle spielen, konnten wir während des Urlaubs auch widerlegen – die holländischen Kinder blieben lieber unter sich. Die Annäherungsversuche meiner Kinder scheiterten kläglich. Also war ich, genauso wie zu Hause, wenn ich nicht arbeitete, den ganzen Tag mit den Kindern alleine. Nur dass ich keine Arbeit hatte, um mich zu sammeln beziehungsweise zu erholen.

Ich habe mich total fehl am Platz gefühlt, und es war neu für mich, mit meinen Kindern so ausgegrenzt zu werden. Normalerweise sind Kinder ja Türöffner und stellen rasch Kontakt zu anderen Leuten her. Zuerst überlegte ich, ob es an mir lag, ob ich vielleicht mürrisch wirkte oder so, als wollte ich mich auf keinen Fall unterhalten. Aber als grundlegend freundlicher und offener Mensch lächle ich gerne, auch wenn ich die Menschen nicht kenne. Und normalerweise komme ich sehr schnell auch mit Unbekannten ins Gespräch, es findet sich immer ein Thema. Auf unserer ersten Reise als Alleinerziehendenfamilie gelang es mir nicht, mit irgendjemandem außer mit dem Verkaufspersonal im Supermarkt ein paar Worte zu wechseln. Das war irgendwie unwirklich.

Erschwerend kam hinzu, dass meine Zweijährige bei den hohen Temperaturen gar nicht daran dachte, den weiten Weg zum Badestrand am See zu laufen. Unser Bungalow lag nämlich direkt neben den Parkplätzen des Campingplatzes, was einerseits ein Vorteil war, weil wir so wenigstens schnell beim Auto waren, andererseits aber über einen Kilometer Weg zum Wasser bedeutete. Mit Badetaschen und quengelnden Kindern kein echtes Vergnügen, wenn einem die Sonne auf die Haut brennt. Der Fünfjährige war auch noch nicht in dem Alter, in dem man zu einem Kind »Nun reiß dich mal zusammen!« sagt. Also schleppte ich mangels Buggy vier Mal täglich eine große Strandtasche mit Proviant und Badesachen auf dem rechten Arm und meine Jüngste auf dem linken Arm durch die Gegend, denn in der Mittagshitze konnte man es draußen wirklich nicht aushalten. Den kleinen Sonnenschirm nahm die Große, die selbstredend auch ihre eigene Badetasche und unsere Getränke trug.

Die Swimmingpools, die im Internet so vielversprechend ausgesehen hatten, waren heillos überfüllt, und eben weil sie so voll waren, sah das Wasser darin auch echt eklig aus. In diese Mischung aus Sonnencremeresten, Rotz und Pipi wollte ich nur höchst ungern steigen. Es war auch so voll in den Becken, dass zwei Nichtschwimmer zu beaufsichtigen ein ziemlicher Nervenkitzel für mich war, zumal im Wasser mächtig getobt, gespritzt und gerutscht wurde.

Uns war langweilig. Der Gardasee war warm wie das Meer vor Tunesien und bot keine Abkühlung, Einkaufen im Supermarkt im nächsten Ort machte schon Spaß, war aber mit einer Autofahrt verbunden, für die wir das kochend heiße Auto bemühen mussten, und außer Essen blieb uns nicht viel zu tun. Es ging auf die Dauer auch ziemlich ins Geld, täglich den Supermarkt aufzusuchen, denn dort gab es auch eine Spielzeugabteilung. Das haben die Kinder natürlich sofort rausbekommen und ständig neue Wünsche entwickelt, was man unbedingt haben müsse. Wir kamen so in den Besitz einer kleinen Luftmatratze und einer niedlichen Puppe, diverser Autos, Malstifte, Bälle und so weiter.

An Tag sechs des Aufenthalts fragte ich meine Kinder, ob sie noch unbedingt bis zum zehnten Tag bleiben wollten oder ob wir vielleicht einfach vorzeitig nach Hause fahren wollten. Der Sohn, der sowieso Heimweh nach seinen Freunden, seinem Spielzeug und seinem Zimmer hatte, stimmte sofort freudig zu. Die Jüngste hatte keine Meinung, und die Große war auch angetan von der Idee, den Urlaub abzubrechen. »Aber Mama, dann schenken wir denen ja ganz viel Geld?«, wandte der Sohn noch ein. Doch diese Bedenken konnte ich zerstreuen: »Das ist eh schon bezahlt. Ob wir nun hierbleiben oder nicht, das Geld ist weg. Und den Urlaub absitzen muss man nicht.«

Mit dem Gefühl, die Schule zu schwänzen, ohne dafür bestraft zu werden, packten wir unsere Sachen und reisten wieder heim. Das war der beste Moment des Urlaubs, vielleicht abgesehen von dem Tag, an dem ich mir ein Herz fasste und mit den drei Kindern spontan mit der Bahn vom nächsten größeren Ort aus ins nahe gelegene Verona reiste. Da hatten wir Spaß, und das entsprach auch mehr meiner Vorstellung von einem gelungenen Urlaub, obwohl es natürlich auch anstrengend war, bei der Hitze mit den Kindern durch die Stadt zu laufen. Immerhin war der Zug klimatisiert, wir haben die Stunde Zugfahrt sehr genossen. Aber erholsam war das nicht. Dumm gelaufen, kann man sagen, falsch gebucht, unpassendes Wetter. Beim nächsten Mal würde es sicher viel besser klappen mit dem Familienurlaub, davon war ich überzeugt.

Urlaub an der Ostsee

Die Ostsee also, da konnte doch wirklich nichts mehr schiefgehen – wir reisten für zehn Tage in die Lübecker Bucht, in einen Ort, der fest in der Hand von Familien ist. Das wusste ich nicht nur aus dem Katalog, sondern aus eigener Erfahrung (ich hatte meine alljährlich dort urlaubenden Eltern ebenda einmal besucht, als ich als Studentin in Berlin lebte, und war erschüttert über so viele Familien auf einem Haufen gewesen). Wir schreiben das Jahr 2012, und ich war gerade dabei, mich selbstständig zu machen. Das Geld wurde knapper, und um überhaupt in den Urlaub fahren zu können, streckten meine Eltern die 2 000 Euro, die auch dieser Urlaub kostete, für mich vor.

Wir waren in einer Ferienwohnung direkt am Strand untergebracht, beste Lage, tolle Aussicht – und meine Eltern nur eine Ferienwohnung entfernt. Zwischen Ferienwohnung und Strand war nur eine kleine Straße, die es aber in sich hatte. Denn meine Jüngste war natürlich noch nicht in der Lage, den Verkehr abzuschätzen. Es fuhren gar nicht so viele Autos dort, aber es gab Zulieferverkehr für die Hotels, und die Gäste bewegten ihre Autos. Um ein Kind zu überfahren, reicht bekanntlich ein einziges Auto aus. Ich litt tausend Qualen in diesen zehn Tagen, denn vom Balkon unserer Ferienwohnung aus sahen die Kinder jeden Morgen das verlockende Meer und wollten selbstredend sofort dorthin laufen. Der Sohn mit seinen sechs Jahren hätte das gekonnt, aber seine kleine Schwester sah überhaupt nicht ein, warum sie zu Hause bleiben sollte, wenn der große Bruder ans Wasser durfte. Und die Große fühlte sich nicht zuständig, die wollte am liebsten den ganzen Tag lesen (wofür ich großes Verständnis habe).

Ich musste also ständig auf der Hut sein, ob die Jüngste von der Wohnung zum Strand laufen wollte oder umgekehrt, vom Strand in die Wohnung.

So ein Strand mit vielen Strandkörben ist ziemlich unübersichtlich, wenn man drei Kinder dabeihat. Das war mir vorher nicht klar. Und dann wollten die beiden jüngeren Kinder ständig irgendetwas aus der Wohnung holen oder aufs Klo oder essen oder trinken (natürlich nicht das, was ich in die Strandtasche gepackt hatte). Gefühlt saßen wir nicht am Strand, sondern liefen andauernd hin und her.

Dass die beiden jüngeren Kinder noch nicht schwimmen konnten, machte die Situation für mich nicht entspannter. Man lässt ja Kinder nicht ganztägig mit Schwimmflügeln herumlaufen, das ist heiß und unbequem. Und meine Eltern, auf die ich irgendwie in meinen Urlaubsplänen gesetzt hatte, hatten ihre eigenen Vorstellungen davon, wie sie ihren Tag verbringen (ich sah wenig Grund, deswegen beleidigt zu sein, das war ihr gutes Recht), nämlich größtenteils ohne meine anstrengenden Kinder.

Und anstrengend waren sie. Morgens um sechs war die Nacht zu Ende, was eine echte Verschlechterung im Vergleich mit zu Hause bedeutete. Daheim schlief zumindest die Jüngste gerne mal bis 8 oder 9 Uhr. Im Urlaub wachte sie mit dem Sohn um 6 Uhr auf, weil wir ein Zwei-Zimmer-Apartment hatten, in dem es nur Gardinen gab, die nicht verdunkelten, also keine Rollläden. Und dann stand ein Fernseher direkt vor dem ausklappbaren Bett im Wohnzimmer, auf dem die beiden jüngeren Kinder schliefen. Den schalteten die beiden morgens gleich an, was ich im Nebenzimmer natürlich hörte, und begannen, um das Fernsehprogramm zu streiten. Dabei riss auch gerne mal ein Kind das andere an den Haaren, es gab Tritte, und sie schubsten sich.

Es ist nicht schön, im Urlaub so in aller Herrgottsfrüh geweckt zu werden. Ich hab's gehasst. Oft genug war auch die wasserdichte Moltonunterlage, die ich von zu Hause mitgebracht hatte, unter dem Bett mit Pipi durchnässt, sodass ich also anfing, das vollgepinkelte Klappbett abzuziehen, einen Stock weiter oben in der Ferienwohnungsanlage die Waschmaschine vollzuladen und Wäsche zu waschen. Ein Traum.

Manchmal legte ich mich wieder hin und versuchte, noch ein oder zwei Stunden Schlaf zu bekommen. Aber erholsam war das nicht. Und die Tage gestalteten sich ähnlich. Abgesehen von der potenziell mörderischen Straße direkt vor der Tür lauerten noch hässliche Momente beim Einkaufen der Lebensmittel, weil meine jüngste Tochter (im besten Trotzalter) sich gerne schreiend im Supermarkt fallen ließ, wenn ich nicht einwilligte, das gesamte Regal mit den Schokoladen leer zu kaufen und noch eine komplette Strandausrüstung mit Eimer und Schaufel in den Wagen zu packen.

Einkaufen mit Kindern ist ohnehin kein Vergnügen. Aber im Urlaub, in unbekannten Supermarktgängen, wo auch noch Zeit mit Suchen und Orientierung zwischen den Gängen draufgeht und wo die Kinder tausend tolle Spielsachen sehen, die sie gerne hätten, fühlte es sich an wie ein Spießrutenlauf. Ich versuchte, zumindest die Jüngste bei meinen Eltern zu lassen, damit ich halbwegs in Ruhe Lebensmittel besorgen konnte. Aber, siehe Anhänglichkeit von Trennungskindern und Schlafverhalten, sie wollte sich nicht darauf einlassen. Es ging nicht.

Einmal haben wir versucht, in einem Lokal essen zu gehen, mein Vater wollte uns einladen. Aber als ich der Jüngsten sagte, dass man kein Schokoladeneis als Hauptgericht bekommt, sondern erst hinterher (mit der Option, kein Hauptgericht essen zu müssen und einfach zu warten), flippte diese völlig aus. Die umliegenden Tische im Restaurant warfen mitleidige bis entsetzte Blicke zu meinem ungezogenen Kind, und ich packte nach etwa fünf Minuten Radau unter dem Tisch das tobende Kind und verließ mit ihm das Lokal, um draußen Platz zu nehmen, wo nur eine Handvoll Leute saßen. Mein Essen nahm ich mit, aber ich kam nicht dazu, viel davon zu verspeisen, denn auch hier gab es eine Straße in der Nähe und die realistische Gefahr, dass mein wütendes Kind irgendwo hinrennen würde, wo es in Gefahr geraten würde. Es war am Hafen, Stege und eine Mole zum Ertrinken hatten wir direkt vor der Nase.

In solchen Momenten wäre es wirklich schön, einen zweiten zuständigen Erwachsenen dabeizuhaben. Einen Vater. Der auch mal die Rolle des »Bad Cops« übernimmt, also streng und konsequent ist, oder einfach die Wut oder Unausgeglichenheit eines Kindes abfedert. Hatte ich aber nicht. Also war ich – wieder einmal – völlig alleine, obwohl ich Familie dabeihatte.

»Meine Güte, Christine, das tut mir so leid!«, sagte mein Vater hinterher und war total erschüttert. Solche Szenen kannte er von mir und meinem Bruder aus unserer Kindheit nicht. Meine Mutter hatte mit strenger Hand regiert, und wir hatten uns in Restaurants stets mustergültig benommen. Tja. Ich bin übrigens seitdem mit den Kindern nicht mehr essen gegangen, wir haben sowieso kein Geld für so was.

Klingt alles schon ziemlich doof? Sie wissen aber noch nicht, wie furchtbar die Fahrt selbst zur Ostsee war. Ich habe sie auf jeweils zwei Tage Hin- und Rückfahrt verteilt, denn mehr als acht Stunden pro Tag mag ich als alleinige Fahrerin nicht mit Kindern im Auto verbringen. Und selbst das war eigentlich zu viel. Denn natürlich kommen noch Staus dazu, so wie bei unserer Hinfahrt auf der zweiten Etappe, als wir für die Strecke von Braunschweig an den Ferienort sieben Stunden brauchten anstatt der geplanten dreieinhalb.

Im Auto zeigten die Kinder ihre schlechtesten Seiten. Und ich glaube nicht, dass es daran lag, dass unser Auto so klein ist. Es ist einfach schwierig, Kinder so lange ruhig zu halten und anzuschnallen. Nur wäre eine Reise mit dem Zug von Konstanz aus noch beschwerlicher gewesen, da hätten wir vier Mal umsteigen und das letzte Stück mit einem Überlandbus fahren müssen – wir wären sechzehn Stunden unterwegs gewesen. Das geht nicht mit so kleinen Kindern und Gepäck, also nahm ich das Auto und plante eine Übernachtung bei Verwandten im Raum Braunschweig ein, die sich auch freuten, uns zu sehen.

Jedenfalls gab es so ein fürchterliches Gezanke hinten auf den Rücksitzen, wo die beiden kleineren Kinder saßen, dass ich versucht war, sofort anzuhalten und sie auszusetzen. Stattdessen meckerte ich beständig nach hinten und versuchte, das Schlimmste zu verhindern. Aber meine Aufmerksamkeit hatte der Straße und dem Verkehr zu gelten, ich war wirklich extrem genervt. Da es sich auf der Rückfahrt genauso verhielt, kündigte ich an, dass wir nie wieder in den Urlaub fahren würden, wenn die Kinder sich nicht zusammenreißen würden. Das hatte aber keine besondere Wirkung. Wir reisten mehr schlecht als recht an und ab, und ich war fix und fertig mit den Nerven nach den insgesamt vier Tagen Autofahrt.

Dass die Kinder sich auch am Urlaubsort weiterstritten, und zwar alle drei, fand ich unglaublich belastend und gruselig. Waren das wirklich meine, größtenteils lieben und guten Kinder? Ich hatte den Eindruck, dass die fremde Umgebung sie total verunsicherte und Seiten an ihnen herauskitzelte, die sonst keinen Raum fanden. Sie stritten sogar mit fremden Kindern. Puh. Nach einer guten Woche legte sich der Stress etwas, da hatten sich die Kinder ein wenig eingewöhnt. Und wir verbrachten noch zwei Tage am Urlaubsort, die nicht ganz so schlimm waren. Aber dafür 2000 Euro ausgeben und tagelang im Auto sitzen, das konnte es ja wohl kaum sein, oder?

Im Sommer 2013 wagte ich einen weiteren, den letzten Versuch, mit den Kindern Urlaub zu machen. Wieder fuhren wir an die Ostsee. Und machten sehr ähnliche Erfahrungen. Ich hab's dann gelassen, meine finanzielle Situation ließ es auch gar nicht mehr zu. Und so geht es vielen Alleinerziehenden. Urlaub zu machen ist einfach zu teuer, wenn man schon im Alltag ständig aufs Geld gucken muss. »76 Prozent der Kinder, deren Eltern Sozialleistungen erhalten, können keinen Urlaub von mindestens einer Woche machen – gegenüber 21 Prozent der übrigen Kinder«, lesen wir auf ntv.de im April 2015 anlässlich einer Studie der Bertelsmann-Stiftung zu Armut und Kindern.[43] Alleinerziehende, das steht auch in dieser Studie, sind besonders häufig von Armut betroffen oder bedroht[44], wie wir schon im Kapitel über die Geldsorgen Alleinerziehender gesehen haben.

Meine Leserinnen sparen teilweise das gesamte Jahr, um für eine Woche Urlaub mit Kind 500 Euro aufbringen zu können –

das ist dann die günstigste denkbare Variante, entweder eine sehr einfache Ferienwohnung, Urlaub auf dem Bauernhof zur Nebensaison oder Camping. Aber viele berichten auch, dass Urlaub schlicht nicht drin ist, weil sie jeden laufenden Monat finanziell mit dem Rücken zur Wand stehen. Und darüber, wie erholsam so ein Urlaub ist, gehen die Meinungen auseinander, je nachdem, wie viele Kinder eine Alleinerziehende alleine betreut, in welchem Alter die Kinder sind und wie der finanzielle Rahmen aussieht. Wenn man sich im Urlaub nicht mal ein Eis leisten kann, dann macht das relativ wenig Freude. Grundsätzlich ist die Zeit bis zum Alter von fünf Jahren urlaubstechnisch nicht einfach, so der Tenor. Das berichten auch Eltern, die glücklich gemeinsam verreisen. Aber halten wir uns vor Augen, dass auch hier die alleinerziehende Mutter erheblich stärker belastet ist: Sie kann nicht mal kurz raus, am Strand joggen, alleine Brötchen holen, mal eben durchlüften und den Kopf freibekommen. Sie trägt weiterhin die Verantwortung völlig alleine, und sie hat keinen zweiten Erwachsenen dabei, der als Gesprächspartner und Entlastung dient. Die Alleinerziehende im Urlaub hat keinen Urlaub, sondern nur den Ort gewechselt. Im besten Fall reist sie gemeinsam mit anderen Familien oder Verwandten, was immerhin ein Minimum an Freiraum und Entlastung verspricht, vorausgesetzt, die Kinder klammern nicht allzu sehr. Bei mir war auch dieses Konzept nicht aufgegangen.

Wir blieben in den Ferien von nun an zu Hause. Und ich bemerkte, dass das viel erholsamer ist. Klar, manchmal überfällt mich das Fernweh, denn ich bin immer gerne gereist. Aber eben nicht mit zankenden Kindern und ganz ohne Geld. Das ist einfach eine schlechte Kombination. Das Thema Urlaub und schönes großes Auto hakte ich erst einmal ab. Auch die Vorstellung, dass für mich irgendwann mal Erholung drin sein würde, solange ich die Kinder rund ums Jahr alleine betreue, legte ich innerlich zu den Akten. Denn auch, wenn es erholsamer war, nicht zu verreisen, so waren die Ferien trotzdem wesentlich fordernder als mein Alltag mit Kita, Krippe und Hort.

Ferien ohne Wegfahren: Mama arbeitet durch

Wie luxuriös und riesig einem die eigene kleine Sozialwohnung erscheint, wenn man erst mal mit Kindern in einer nicht mal halb so großen Ferienwohnung oder in einem winzigen Campingbungalow gehaust hat! Vor allem aber gibt es zu Hause reichlich Spielkameraden und auch Spielsachen. Zuerst beschwerten sich meine Kinder, dass »alle anderen verreisen, nur wir nicht«, aber dann stellten sie fest, dass es sich zu Hause in den Ferien ziemlich gut aushalten ließ.

Je nach Kontostand genehmigten wir uns ab und zu einen Ausflug, besuchten das Freibad, und fuhren zum dreißig Minuten entfernten Indoorspielplatz. Allerdings wecken solche Unternehmungen auch Gelüste: Im Indoorspielplatz wie im Schwimmbad gibt es bunte, gefrorene Getränke, Eis und Pommes – es tat mir oft weh, den Kindern sagen zu müssen, dass wir uns das nicht leisten können. Kino mit zwei Kindern und einem Erwachsenen kostet auch ganz schnell 35 bis 40 Euro, wenn man sich Popcorn und eine Cola dazu gönnt, was für die Kinder einfach das Größte ist. Wir machten also in unseren Ferien zu Hause ziemlich viel nix. Es ließ sich aber ertragen, solange Spielkameraden da waren und es nicht tagelang regnete.

Die Einzige, die nicht nix machte, war ich: Meine junge Selbstständigkeit ließ es nicht zu, dass ich Kunden vergraulte. Ich hatte nach zwei Jahren einen kleinen, guten Kundenstamm, der eine gute Mischung meiner Lieblingsthemen bei mir bestellte, nämlich einen Verlag, für den ich Kinderbuchtexte schrieb, einen

Familiendienstleister, den ich mit PR-Texten belieferte, und immer wieder zwischendurch Anfragen von Zeitungen und Magazinen, die wollten, dass ich für sie einzelne Texte zu speziellen Themen schrieb. Dazu gesellte sich die Betreuung von Facebook-Seiten und Twitter, also Social Media, für zwei Firmenkunden, worauf ich mich ebenfalls spezialisiert hatte. Es gab immer genug zu tun, und ich war fest entschlossen, diesen Kunden zu zeigen, wie zuverlässig, gut und unverwechselbar meine Arbeit ist. Also legte ich mich ins Zeug, Ferien hin oder her. Vierzehn Wochen Schulferien, zweiundfünfzig Wochenenden und zwölf Feiertage hindurch die Freiberuflichkeit ruhen zu lassen, das konnte ich mir weder erlauben noch vorstellen.

Das Arbeiten im Home-Office war durch die ständige Anwesenheit der Kinder in den Ferien natürlich nicht einfach. Sie hatten Hunger, die Kleine brauchte Hilfe nach dem Gang zum Klo, sie fielen beim Spielen hin und mussten getröstet werden, sie stritten sich gelegentlich (aber nicht so schlimm wie an fremden Urlaubsorten!), ihnen war langweilig, sie bekamen Besuch von anderen Kindern, die weitere Unruhe in meine Wohnung brachten, und sowohl die Haustür als auch das Telefon klingelten wesentlich häufiger, als dies an einem normalen Werktag der Fall gewesen wäre. Dass ich meine Texte immer vor den Deadlines und in guter Qualität abgab, ist eigentlich ein Wunder. Aber es klappte.

Nur wenn mich dann nach den Ferien die freundlichen, kinderlosen Erzieherinnen in der Kita der Jüngsten mit den allerbesten Absichten fragten: »Und, haben Sie sich schön erholt?«, stand ich jedes Mal kurz vor einem hysterischen Lachkrampf. Aber was wussten diese jungen Frauen schon, wie sollten sie sich vorstellen können, dass ich nahezu die kompletten Ferien mit meinen Kindern in der Wohnung verbrachte, wenn zum Beispiel zehn Tage Weihnachtsferien waren?

In der Vorstellung von Erziehern und Grundschullehrern, so scheint es mir, unternehmen Eltern mit ihren Kindern in den Ferien die tollsten Dinge, man erhält Besuch von der Familie und amüsiert sich dabei, oder man reist an schöne Orte. An diesem Punkt fiel mir auf, wie stark der soziale Druck ist, dem die Kinder ausgesetzt sind: Wer nach den Ferien nichts zu erzählen hat, ist außen vor. Im Kleinen geht das schon nach den Wochenenden los, da waren meine Kinder am Montag auch oft traurig, weil Klassenkameraden oder Freunde im Kita-Stuhlkreis berichteten, was sie am Wochenende erlebt hatten. Und nach den Ferien hieß es in der Schule dann, Aufsätze über »Mein schönstes Ferienerlebnis« zu schreiben oder zu erzählen, was man in der Fremde erlebt hat. Dass ich meinen Kindern versicherte, es könnten nicht alle Familien in den Urlaub fahren und ganz sicher seien sie nicht die Einzigen, die nicht irgendwohin flogen, tröstete sie ein wenig. Aber es wird wenig darüber geredet, dass viele Kinder zu Hause bleiben und höchstens zu Oma und Opa fahren. Das ist nämlich uncool. Oder, wie Leserin Fee Linke schreibt: »Urlaub können wir uns nicht leisten. Das ist ein peinliches Thema im Bekanntenkreis. Auf die Frage ›Und wo fahrt ihr dieses Jahr hin?‹ konnte ich bisher immer ausweichen.« Ich bin irgendwann dazu übergegangen, in der Kita ehrlich zu antworten, auch wenn die Erzieher und die Mit-Eltern daraufhin entsetzt guckten. Dass Schließzeiten für mich Stresszeiten sind, wir kein Geld zum Wegfahren haben und dass ich die Tage rückwärts zähle, bis die Kinder wieder in Krippe, Kita, Hort und Schule waren. Nach einer Weile wurde ich dann nicht mehr gefragt, ob ich schöne Ferien gehabt hatte. Das war mir auch recht.

Ferienfreizeit/Ferienprogramme

»Es gibt doch so viele Ferienprogramme, sogar bezuschusste, warum meldest du deine Kinder denn da nicht an?«, habe ich oft gehört. »Ach, Leute«, dachte ich dann, »wenn ihr wüsstet, wie sehr sich meine Kinder dagegen sträuben, von meiner Seite zu weichen und neue Umgebungen und Leute kennenzulernen.« Zudem hatte ich selbst als Kind alljährlich einen Skikurs mitmachen müssen, den ich inbrünstig gehasst hatte. Das war zwar jeweils nur eine Woche im Winter gewesen, von 8 bis 15 Uhr, aber es kam mir vor wie eine Verschickung ins Straflager nach Sibirien, obwohl ich abends wieder zu Hause war und im eigenen Bett schlafen konnte. Ich verstehe also, dass meine Kinder nicht in irgendein »Ferienvergnügen« geschickt werden wollen, damit ich hier zu Hause meine Ruhe habe. Andere Eltern machen das, weil sie gar nicht die Wahl haben, wenn die Kinder noch im Grundschulalter sind und sie selbst als Krankenschwester im Schichtdienst arbeiten, wie meine alleinerziehende Bekannte Cordula*, die ebenfalls drei Kinder hat. Da wird der Sohn nicht gefragt, ob er zwei Wochen mit dem Pfadfindern oder der Jugendgruppe zelten gehen will, sondern einfach verschickt. Spaß mache ihm das keinen, berichtet mein Sohn, der mit dem anderen Jungen befreundet ist. Und dann ist er froh und dankbar, dass ich ihn nicht zwinge, in eine Ferienfreizeit zu gehen, obwohl das für mich einfacher wäre.

Die von der Stadt und gemeinnützigen Trägern angebotenen Tagesfreizeiten und Kinderprogramme sind sicher tolle Angebote, aber meine Kinder sind auch daran nicht interessiert. Lieber spielen sie zu Hause mit ihren Freunden den ganzen Tag Lego und Playmobil, schauen DVDs oder Kinderfernsehen oder beschäftigen sich im Hof mit Ballspielen und Malkreide. Ich hab's mittlerweile akzeptiert, auch wenn es eine Zeit gab, in der ich mir nichts sehnlicher wünschte, als dass zumindest eins meiner Kinder mal eine Woche irgendwo anders wäre, irgendwo, wo ich nicht zuständig bin, und mich auch mit Stirnrunzeln angucken lassen musste, weil andere Eltern teilweise den Ansatz gar nicht verstehen, die Kinder zu fragen, ob sie denn zu so einem Ferienprogramm überhaupt Lust haben. Die Freude daran komme schon, wenn sie erst mal dort seien, scheinen viele zu denken. Aber meine eigene Erfahrung mit den Skikursen sagt mir etwas anderes. Und deshalb habe ich weder versucht, die Kinder zu etwas zu überreden, noch sie jemals zwingen wollen, ihre Ferien an einem Ort zu verbringen, den sie sich nicht ausgesucht haben. Ich glaube auch, dass das richtig so war, denn neue Traumatisierungen und Wunden wollte ich nicht schaffen.

Jetzt, wo ich dieses Buch im Sommer 2015 schreibe, entspannt sich die Lage langsam. Es sind Sommerferien, wir fahren wie immer nirgendwohin, und ich habe heute erstmalig seit den Neunzigerjahren morgens nach dem Ausschlafen noch ein Buch lesen können, obwohl die Kinder zu Hause sind. Wir sind jetzt zwei Sommerferien in Folge nicht weggefahren, waren höchstens mal die Verwandten im Raum Braunschweig und die in der Gegend um Freiburg besuchen, und alleine durch die Tatsache, dass die Kinder älter werden, ist vieles einfacher geworden. Klar würden die Kinder gerne nach Italien, Kroatien oder in die USA reisen, wie es Klassenkameraden und Freunde machen, aber sie wissen, dass wir kein Geld dafür haben und dass ich erst wieder mit ihnen verreise, wenn das ohne Streit und Stress geht.

Zwei Mal im Jahr reisen die beiden älteren Kinder zu ihrem Vater ans andere Ende Deutschlands, die Kleine bleibt noch bei mir, weil sie den Mann kaum kennt und nicht bei ihm übernachten mag. Und diese beiden »Einzelkindwochen« mit der jüngsten Tochter kommen mir dann vor wie Urlaub, denn nur ein einzelnes fünfjähriges Kind zu betreuen, das ist fast ein Kinderspiel, wenn man drei gewohnt ist. Die ganze Geschwisterstreiterei fällt weg, das macht schon unglaublich viel aus. Absurd, aber wahr. Es kommt halt immer darauf an, wie man es gewohnt ist.

Wenn Sie mich fragen, wie und wo man ansetzen könnte, um die Ferien für Alleinerziehende erträglicher zu gestalten, dann fällt mir schon einiges ein: Mehr bezuschusste Ferienprogramme mitsamt Reise für die komplette Alleinerziehendenfamilie, wie es sie vereinzelt in Bundesländern und von gemeinnützigen Organisationen schon gibt, wären eine gute Sache. Aber bitte nicht lauter einzelne, schwer auffindbare Projekte, so wie das momentan der Fall ist. Da werden dann nur Bewerbungen von Frauen aus bestimmten Bundesländern angenommen, oder das Alter der Kinder ist zu einschränkend (speziell, wenn eine Frau mehrere Kinder hat), oder es passt halt zeitlich einfach nicht mit der Schließzeit von Kita/Schule. Eine bundesweite zentrale Anlaufstelle für Alleinerziehendenurlaub wäre klasse. Und die sollte dann auch Zuschüsse und Fördergelder vermitteln, natürlich auf Antrag, aber passgenau.

Ich kann mir auch bezuschusste Tagesmütter für die Ferien vorstellen, die, anders als Ferienprogramme von 9 bis 16 Uhr, zu denen ein Kind in eine fremde Umgebung muss, bei der Alleinerziehenden zu Hause das Kind betreuen. Oder überhaupt Angebote, die sich speziell an Alleinerziehende und ihre Kinder richten.

Noch ein Wort zu den Schließzeiten: Am besten wäre es in meinen Augen ohnehin, wenn viel mehr Kitas und Krippen ganzjährig geöffnet wären und die Eltern selbst aussuchen könnten, wann sie Urlaub machen. Denn oft sind genau diese drei Wochen Sommerferien und die zehn Tage Weihnachtsferien in der Kita in der Firma gar nicht so einfach als Urlaub durchzusetzen, und gerade mit kleineren Kindern kann man viel preisgünstiger außerhalb der Saison verreisen. Das käme dem schmalen Geldbeutel von Alleinerziehenden sehr zugute. Und dem anderer Eltern natürlich auch. Eventuell steigen dadurch die Betriebskosten der Kita, das sehe ich ein. Aber wenn jede Familie sagen wir zwanzig Tage »Urlaub« nehmen muss, diesen aber frei wählen kann, dann können ja auch die Erzieher passend eingeteilt werden. Und selbst in den Genuss von preisgünstigerem Urlaub außerhalb der Hauptsaison kommen. Da hätten wir doch alle etwas davon, oder?

Kapitel 9
Mama ist krank und andere Katastrophen

Jemanden zu kennen, der einem praktisch unter die Arme greift, wenn mal Not an der Frau ist – das wäre ein großes Plus für alle Familien. Für Alleinerziehende aber besonders. Das Land mit den glücklichsten Menschen und der höchsten Geburtenquote unter den ledigen Müttern, nämlich Island, macht es uns vor[45]: 96 Prozent der Isländer sagen, dass sie jemanden kennen, der ihnen in einer Notlage helfen würde. Damit ist Island das Land mit dem besten sozialen Netz unter den Ländern der OECD, was praktische Solidarität betrifft. Beneidenswert.

»Dass es in Island besonders viele ledige Mütter gibt, und auch die wenigen Frauen, die überhaupt heiraten, eine relativ hohe Scheidungsquote haben, führt aber nicht etwa zu Stigmatisierung und unglücklichen Kindern … Zusammenbleiben wegen der Kinder ist hier nicht üblich, gelebt wird die ›extended family‹«, schreibt das genderkritische Onlinemagazin *diestandard.at* im Juli 2015. Die alleinerziehende Mutter in Deutschland schluckt beim Lesen dieses Berichts neidisch. Ach, was wäre es schön, wenn wir auch in die Nähe solcher Lebensmodelle und gegenseitiger Akzeptanz von Familie kämen!

Hierzulande sind wir der beruflichen Mobilität wegen von der Ursprungsfamilie weggezogen, haben die Kinder rekordverdächtig spät bekommen, sodass unsere eigenen Eltern schon gesundheitlich angeschlagen oder aber, wenn es ihnen noch gut geht, als Rentner ständig verreist sind, und können uns nicht darauf verlassen, dass wir Hilfe bekommen, wenn wir alleine nicht klarkommen.

Besonders blöd ist das, wenn Frauen mit dem Partner in eine andere Stadt gezogen sind, damit dieser beruflich vorwärtskommen kann. Weil jede fünfte Mutter den Beruf nach der Geburt komplett aufgibt und die meisten anderen in Teilzeit arbeiten, ist diese Orientierung an der Karriere des Mannes leider völlig normal. Und dann kommt die Trennung. Die alleinerziehende Mutter und ihr(e) Kind(er) sitzen in einer fremden Stadt fest. Je nach Alter des Kindes kann die Frau nun darüber nachdenken, wieder zurück in die Gegend zu ziehen, aus der sie ursprünglich stammte, dies aber bei gemeinsamem Sorgerecht auch nur, wenn der Vater des Kindes diesem Vorhaben zustimmt. Aus beruflichen Gründen könnte sie den Umzug an einen anderen Ort durchsetzen, da sind die Familiengerichte kulant. Aber will die Alleinerziehende nur den Wohnort wechseln, damit die Mutter und ihr Kind sich wohler fühlen und besseren sozialen Rückhalt haben, hat sie oft schlechte Karten, diesen Plan gegen den Willen des Kindsvaters umzusetzen. Der Vater hingegen, falls er nicht derjenige ist, bei dem die Kinder hauptsächlich wohnen, darf wegziehen, behält sein Sorgerecht und ist fein raus. Gründe braucht er auch keine dafür.

So geschehen bei uns. Aber es hätte auch nicht geholfen, hätte der Vater der Kinder noch länger hier am Ort gewohnt, denn eingebracht in Notsituationen hat er sich nicht. Als die jüngste Tochter im Alter von zwei Jahren eine größere Operation im Krankenhaus hatte, die mit einer kompletten Woche Klinikaufenthalt verbunden war, war es selbstverständlich, dass ich während dieser Zeit mit dem Kind im Krankenhaus übernachtete und auch tagsüber blieb. So weit okay. Aber Hilfe vom Vater hatte ich keine, obwohl ich ihn darum bat. Ich will ihm nicht unrecht tun, eine Nacht nahm er den Sohn bei sich auf, dann fand er es zu anstrengend, sich um ihn zu kümmern. Die große Tochter hatte sowieso lieber bei einer Freundin übernachtet und aus der Not eine Tugend gemacht.

Neben den Sorgen um mein jüngstes Kind kam also das Problem der fehlenden Betreuung für meine anderen beiden Kinder dazu. Zum Glück konnte ich meine Eltern damals noch anrufen und um Hilfe bitten. Sie waren 2011 zwar über siebzig Jahre alt, aber gesundheitlich noch gut beieinander. Und so reisten sie kurzfristig bei mir an, um Kinder zu hüten.

Denn eine Familienhelferin bekommt man schlecht von jetzt auf gleich organisiert – ich habe erst einmal gehört, dass das geklappt hat, bei einer hochschwangeren Bekannten von mir, die das dritte Kind erwartete und sich das Bein brach. Allerdings ist die Frau auch Ärztin und kennt sich mit den entsprechenden Formularen, den Ansprechpartnern bei den Krankenkassen und den Dienstwegen aus, das hat sicher geholfen. Das Kontingent an Familienhelferinnen vor Ort ist begrenzt, und die Krankenkassen können auch keine Springer hervorzaubern, wenn alle hilfreichen Geister bereits im Einsatz sind, das ist einzusehen.

Die Gelegenheiten, bei denen ich eigentlich Hilfe gebraucht hätte, und zwar dringend, sind zahlreich. Es gab mehrere Krankenhausaufenthalte zu überstehen, bei denen ich jeweils gleichzeitig ein schwer erkranktes Kind begleiten sollte und mich um die anderen beiden Kinder kümmern musste. Und der Alltag für die Kinder, die nicht im Krankenhaus waren, sollte ja auch irgendwie weiterlaufen. Abgesehen davon blieb meine Arbeit liegen, aber das ist ein anderes Problem und gehört unter »Finanzen« und »Selbstständigkeit«.

Es war wirklich schwierig, für meine kranken Kinder zu sorgen und mich dabei halbwegs sinnvoll aufzuteilen. Die Kinder einfach in anderen Familien zu »parken« war auch nur für die älteste Tochter eine Option, denn die klammerte nie und ist sehr pflegeleicht. In allen anderen Fällen versetzten mich geplante oder ungeplante Krankenhausaufenthalte in leichte Panik. Und so gut man plant, es kann einem jederzeit etwas dazwischenkommen. So wie im Juni 2011, als die große Tochter eine geplante Mandeloperation hatte.

Die Große bekommt die Mandeln raus und die Jüngste zeitgleich Magen-Darm-Grippe

Von langer Hand geplant und gut organisiert – so hatte ich mir die Entfernung der Mandeln beim ältesten Kind vorgestellt. Eine Woche Krankenhaus würde nötig sein, das hatte mir der behandelnde Arzt gesagt. Das älteste Kind, zu diesem Zeitpunkt zehn Jahre alt, war morgens nüchtern, wie sich das gehörte. Wir hatten die Tasche fürs Krankenhaus gepackt, die vom Kindsvater unterschriebenen Papiere für die Operation ordnungsgemäß schon mit Vorlauf abgegeben, und als Betreuung für die beiden jüngeren Geschwister hatte sich mein Au-pair angeboten, das praktischerweise noch bei uns wohnte.

Um 8 Uhr früh wollten wir das Haus verlassen, um zur nahe gelegenen Klinik zu fahren. Gegen 10 oder 11 Uhr sollte dann der Eingriff stattfinden. Dann würde ich die ersten beiden Nächte nach der OP, die sehr unangenehm sein sollten, wie der Arzt uns vorgewarnt hatte, bei meiner großen Tochter bleiben, um sie zu trösten und einfach bei ihr zu sein. Super Plan. Ich musste nur noch kurz die Jüngste in die Krippe bringen, wo sie bis 17 Uhr bleiben konnte. Es war halb acht. Wir lagen gut in der Zeit.

Aber irgendwie ging es dem jüngsten Kind nicht gut. War das die Nervosität, die sich von mir auf die Kleine übertrug? Sie war weinerlich und quengelte. Nun, das würde sich schon geben, wenn sie erst mal in der Krippe war, dachte ich. Dort kamen wir allerdings nie an. Denn um 7:45 Uhr erbrach meine Jüngste in hohem Bogen aufs Parkett. Oha.

In meinem Kopf liefen gleich mehrere Filme ab. Die Operation absagen? Dann würden wir Monate auf einen neuen Termin warten müssen. Nein, das war die letzte Möglichkeit. Meine Eltern anrufen? Die waren zwar gerade nicht verreist, aber sie würden nicht rechtzeitig hier sein, um auf die Jüngste aufpassen zu können. Denn die konnte ja nun weder die Krippe besuchen, noch war es denkbar, sie mit ins Krankenhaus zu nehmen, immerhin war das eine ansteckende Krankheit, mal abgesehen davon, dass ich mich nicht gleichzeitig um ein spuckendes Kind kümmern konnte und um eines, das operiert wird.

Ob mein Au-pair wohl zu Hause war? Zum damaligen Zeitpunkt war sie schon neun Monate bei uns und gut integriert in der Stadt, sie hatte viele Freundinnen und schlief auch öfter woanders. Verabredet war gewesen, dass sie den Sohn und die Jüngste um 17 Uhr aus Kita und Krippe abholte, es war also nicht gesagt, dass sie zu Hause sein würde. Ich beschwor die Kinder, von der Jüngsten Abstand zu halten, denn eine Verbreitung der Spuckeritis innerhalb der Familie wollte ich unbedingt vermeiden, lief zum Zimmer der jungen Frau und klopfte an.

Das Schicksal meinte es gut mit mir, von drinnen rief ein verschlafenes Au-pair »Yes?« (sie sprach gut Deutsch, aber im Halbschlaf übernahm die zweite Muttersprache), woraufhin ich vorsichtig die Zimmertür öffnete und kurz erklärte, was los war. »Ich komme. Klar helfe ich dir!«, sagte sie, und mir fiel ein Stein vom Herzen. Wir konnten also doch den Weg in die Klinik antreten, die Große und ich. Den Sohn brachte ich noch in die Kita, die spuckende Jüngste ließ ich bei meiner lieben Mitbewohnerin aus Kenia, bei der ich sie in guten Händen wusste.

Die Operation verlief komplikationslos, ich übernachtete zwei Nächte auf einem Klappbett im Mehrbettzimmer, tagsüber leistete ich meiner Großen Gesellschaft im Krankenhaus, und nach einer guten Woche durfte ich sie wieder mit nach Hause nehmen.

Das Drama hatte aber noch ein Nachspiel. Denn der Magen-Darm-Virus, den die Jüngste uns ins Haus getragen hatte, begleitete uns weiter. Genauer gesagt, kam er über den Kindergarten ein zweites Mal ins Haus, so ist das ja oft, solche Krankheiten sind Bumerangs. Das war extrem ungünstig und auch gefährlich: Ein paar Tage, nachdem die älteste Tochter wieder im Haus war und sich noch ausruhen sollte, begab es sich, dass alle drei Kinder das große Spucken bekamen. Und zwar alle drei innerhalb von wenigen Stunden.

Ich war eine ganze Nacht pausenlos im Einsatz, um Erbrochenes aufzuwischen, Kinder zu trösten und Bettwäsche zu wechseln. Und ich hatte Angst um die Große, deren Mandeloperation erst zehn Tage her war. Dass Nachblutungen relativ häufig auftreten, oft auch gefährlich sind, und dass mehrfaches Erbrechen nicht hilfreich für die Wundheilung ist, wusste ich. Ich hatte große Angst, dass meiner ältesten Tochter eine heftige Nachblutung drohen würde.

Mein Au-pair war übers Wochenende verreist, das hatte sie sich auch wirklich verdient. Ich war also alleine. Am Morgen jenes Sonntags im Juni, zehn Tage nach der Mandeloperation, war ich fix und fertig. Die Waschmaschine lief zehn Mal an diesem Tag, und sie war voll beladen. Ich hatte seit Samstag früh kein Auge zugetan. Es gab niemanden, den ich um Hilfe hätte bitten können, denn die Spuckerei hatte bei Kind zwei abends um 22 Uhr begonnen, bei der Großen gegen 1 Uhr nachts und bei der Jüngsten morgens um 3 Uhr. Dafür weckt man weder Nachbarn, noch ruft man den Notdienst oder reißt die Großeltern in Freiburg aus dem Schlaf. Ich musste da alleine durch.

Am nächsten Vormittag um 11 Uhr hatte die Große eine Nachuntersuchung im Krankenhaus. Ich wusste nicht, wie ich sie dort hinbekommen sollte. Alleine Taxi fahren wollte sie nicht. Die beiden kleinen Kinder waren zu schwach, um mitzukommen. Und wenn sie im Krankenhaus in hohem Bogen spucken würden, würde das sicher auch nicht auf Begeisterung stoßen. Ich rief den behandelnden Arzt an, den ich schon länger gut kenne, und fragte, ob er auf dem Weg zur Sprechstunde eventuell die Große mitnehmen könnte, weil ich wegen spuckender Kinder ans Haus gefesselt sei. Klar, das mache er, willigte der Arzt ein. Die Große musste nun zwar alleine zur Nachuntersuchung, aber sie fuhr mit. Abgeholt aus der zehn Minuten Fußmarsch entfernten Klinik habe ich das große Kind dann wieder selbst, die kranke und immer noch würgende Jüngste im Kinderwagen transportierend, den Sohn ließ ich alleine zu Hause, obwohl mir dabei nicht wohl war. Der Arzt, der mich zwischen Tür und Angel kurz sah, meinte, ich sähe aus wie ein Schluck Wasser in der Kurve. Zeit, um in den Spiegel zu gucken, um seine Aussage zu überprüfen, hatte ich nicht. Die Kleinen spuckten ja noch gelegentlich weiter.

Alle meine Freundinnen hatten zum damaligen Zeitpunkt selbst kleine Kinder oder waren gerade schwanger, es kam für mich also auch nicht infrage, sie anzurufen und in meine Bakterienhölle zu bitten. Schon gar nicht an einem Sonntag, einem der wenigen Tage, an denen sie (selbst auch berufstätig) Zeit für ihre Familie hatten. Das ist irgendwie eine große Krux – als Alleinerziehende kannte ich nur noch Leute mit besonders vielen Kindern, viel Arbeit und wenig Zeit. Jeder guckt nur noch, dass er selbst mit seiner Familie über die Runden kommt, das ist schwierig genug. Zeit, sich um andere zu kümmern, und sei es im Ehrenamt oder um Freunde, bleibt kaum.

Als ich noch verheiratet war und wir nur ein Kind hatten, kannten wir noch viele Paare ohne Kinder. Manchmal hatte ich den Eindruck, die wollten bei uns »Familie schnuppern« oder ihre eigene gewollte und auch ungewollte Kinderlosigkeit ein wenig kompensieren. Mit der Trennung verschwanden sie alle komplett aus meinem Leben. Bei Alleinerziehenden Familie zu schnuppern ist wohl nicht so reizvoll.

Warum es für Alleinerziehende besonders belastend ist, wenn zu Hause jemand krank ist

Natürlich sind meine Kinder auch krank geworden, als meine Ehe noch bestand. Reichlich sogar. Und es war auch kein Zuckerschlecken, zumal der Mann Wert darauf legte, dass ich die kranken Kinder alleine versorgte, da er in der Firma unersetzlich sei (und es auch war). Trotzdem hatte ich jemanden, der mir Anerkennung zollte für das, was ich da leistete: einer, der wahrnahm, dass ich das fiebernde Kind zum Kinderarzt brachte, der froh war, nicht mit dem Kind im Krankenhaus übernachten und die langen, zähen Tage auf Station dort verbringen zu müssen, und der sich vor allem mit mir gemeinsam ums Kind sorgte, auch wenn er nicht praktisch half. Ich kann wirklich jede Menge Schlechtes über meinen Exmann und meine Ehe sagen, aber dass er nicht mitgelitten hätte bei kranken Kindern, das nicht. Das alles war kein Kinderspiel für uns, aber es war zu schaffen. Denn wir würden es gemeinsam schaffen.

Heute interessiert die Leute, so kommt es mir vor, eher all das, was ich als Alleinerziehende *nicht* schaffe. Die Krankenpfleger auf der Station runzeln die Stirn, weil die Mutter so viel Zeit fern des erkrankten Kindes verbringt oder versucht, neben dem Krankenbett am Computer etwas zu arbeiten. Sie haben wohl immer noch das Weltbild der Teilzeit-Mama im Kopf, die sich mit Leichtigkeit eine Woche ausschließlich um ein krankes Kind kümmern kann.

Mir tut das weh, denn ich gebe mein Bestes, damit es den Kindern gut geht. Und so erkläre ich in solch einer Situation, dass ich alleine bin mit drei Kindern und auch noch selbstständig. Meist ernte ich große Augen. Was das im Detail bedeutet, kann und will sich wohl niemand vorstellen. Ich bin nicht sicher, ob ich es den Leuten verdenken kann. Aber es wäre hilfreich, wenn sie mich nicht verurteilen würden fürs Nichtleisten von Dingen, die ich nicht leisten kann, selbst wenn ich mich auf den Kopf stelle.

Der Druck der Verantwortung, der bei Alleinerziehenden ohnehin höher ist als bei Paaren mit Kind, wächst in solchen Momenten ins Unermessliche. Sie ist alleine mit der Verantwortung über Leben und Tod. Auch wenn das überspitzt klingt – am Ende ist es genau das. Wann den Weg in die Notaufnahme antreten oder den Notarzt rufen, weil das Kind so sehr schwächelt, dass man es mit der Angst zu tun bekommt? Es gibt im Leben von Eltern öfter Situationen, in denen sie sich ernsthafte Sorgen um die Gesundheit ihres Nachwuchses machen. Magen-Darm-Grippe und die damit einhergehende Dehydrierung ist nur ein Beispiel. Gehirnerschütterungen können ernsthafte Folgen haben, man liest von Kindern, die in Lebensgefahr gerieten nach einem unglücklichen Sturz, hohes Fieber kann einen Fieberkrampf mit sich bringen, der zu Bewusstlosigkeit und einem blau anlaufenden Kind führt, Kinder schlucken Wasser im Schwimmbad, und man muss entscheiden, ob das harmlos war oder vielleicht Wasser in die Lunge geraten sein könnte, was wiederum gefährlich wäre, und so weiter und so fort. Und all das zu entscheiden, liegt alleine bei der Alleinerziehenden, die sich mit keinem zweiten Erwachsenen austauschen kann, die vielleicht auch einfach selbst Trost bräuchte in dieser für sie schwierigen Lage, und die stattdessen immer stark sein muss, der Kinder wegen.

Kranke Kinder, das kennen alle Eltern zur Genüge, sind weinerlich, quengeln, brauchen viel Pflege und Liebe und vor allem Zuversicht ausstrahlende Bezugspersonen. Jemanden, der ihnen vermittelt, dass alles wieder in Ordnung kommt, und dass sich jemand kümmert. Es ist keine leichte Aufgabe, das ganz alleine zu leisten. Vor allem, wenn nicht nur ein Kind krank ist, sondern mehrere. Oder gleich drei, wie bei mir im schlimmsten Fall. Und was auch eigentlich gar nicht geht, ist, dass Mama nicht funktioniert, weil sie selbst krank ist.

Mama kann nicht laufen und steht unter Drogen

Das ist der worst case. Bei mir so eingetroffen, als ich eine scheinbar kleine, ambulante Operation hinter mich bringen wollte. Es ging um einen verletzten Nerv am Fuß, den ich – im Haushalt passieren die schlimmsten Unfälle – mir im Dezember 2010 bei einer Kollision mit der geöffneten Geschirrspülmaschinentür zugezogen hatte. Eine Verletzung, an der ich noch einige Jahre herumdoktern sollte. Aber das wusste ich nicht, als ich Anfang Juni 2012 zum Chirurgen lief, der mich behandeln sollte. Hinterher schrieb ich in meinem Blog auf, wie ich beinahe kollabiert wäre und die Kinder sich derweil vollkommen alleine überlassen waren:

Auf meinem linken Fuß prangt seit Februar 2011 eine tolle Piratennarbe, die seit ein paar Tagen nicht mehr alleine ist. Die Kinder betrachten das mit leicht gruselndem Stolz, ich trag's mit Fassung, wünsche aber inständig, dass es sich damit nun hat.
Nach drei Geburten, von denen eine ein Notkaiserschnitt und eine eingeleitet war (also besonders schmerzhaft), darf ich mit Fug und Recht sagen, Schmerz einschätzen zu können, und auf der offiziellen Skala von 1 bis 10 war die erste Geburt eine 11, die zweite eine 9, und die dritte Geburt eine 7. Mein Fuß am Donnerstag, als die

Wirkung des Lokalanästhetikums nachließ, ist mit einer 8 sicher nicht überbewertet.
Leider hatte der Arzt mir vorher nicht sagen können, wie schlimm es werden würde, weil er selbst davon überrascht war, dass ich ein Narbenneurom hatte (zum Glück musste ich nicht zugucken, ich hatte einen Sichtschutz ausgehandelt), und er sprach frohgemut nach 20 Minuten des Gemetzels: »Ach, ich versuche mal, da was zu basteln.« Nach der OP nahm ich ein Taxi heim und wurde kalt erwischt von der Vehemenz des Schmerzes, der pochte, brannte, stach und sich ausbreitete. Es war wie der Ursprungsschmerz direkt nach der Verletzung, nur länger anhaltend und rhythmischer. Eine Nacht verbrachte ich fast ohne Schlaf, dann kümmerte ich mich um stärkere Medizin (Anruf in der Praxis), denn das Paracetamol tat rein gar nix. Mit dem Opioid, das mir die Tochter dann mittels Rezept aus der Apotheke holte, wurde das besser – aber wenn ich meine Große nicht gehabt hätte, ich hätte wohl einen Krankenwagen rufen müssen, um in die Praxis zu kommen, denn ich konnte vier geschlagene Tage nicht laufen, kein bisschen. Speziell meine jüngste Tochter, die erst drei Jahre alt ist, hatte dafür naturgemäß wenig Verständnis. Im Gegenteil, ihr tat nun auch der Fuß ganz fürchterlich weh, aus reiner Sympathie, und sie wollte bedauert werden. Das ist wenig hilfreich.
Ich überlegte, ob ich nun noch eine Haushaltshilfe über die Krankenkasse organisieren kann, hatte dann aber Freitag nachmittags voller Schmerzen nicht die Nerven dazu, mich durchzutelefonieren. Was, zum Teufel, ist in so einem Fall vorgesehen? Simple Dinge wie kurz aufs Klo gehen brachten meinen Kreislauf an die Grenze, und ich hatte ein paar Mal Angst, einfach umzufallen. Also sagte ich der Großen, wenn das passiere, solle sie die unter Arztnotruf gespeicherte Nummer des Rettungswagens wählen. Sie guckte beunruhigt, war aber auch froh über eine Anweisung für den Fall der Fälle.
Und dann wurde ich ungefragt aus dieser heiklen Situation erlöst,

als, während ich im Dämmerschlaf auf dem Sofa lag, die Türklingel ging und ich die Stimmen meiner Eltern hörte. Sie hatten sich Sorgen gemacht und den für über Siebzigjährige weiten Weg von Freiburg über den Schwarzwald auf sich genommen, um nach dem Rechten zu sehen. Meine Mutter reiste mit ihrer Bettwäsche an und bot an zu bleiben, was ich sehr dankbar annahm. Ich weiß wirklich nicht, was ich ohne sie getan hätte, ich wäre mit den Kindern in meinem Zustand nicht klargekommen.
Und besser planen hätte ich das Ganze auch nicht können, denn der Arzt hatte bis vor der OP gedacht, es sei eine kleinere Sache anstatt einer Operation am offenen Muskel [am Ende war es ja sogar der Nerv!]. Ich hoffe, das kommt nicht wieder vor. Denn meine Eltern werden das nicht ewig machen können, und einen Ritter auf einem weißen Pferd erwarte ich vorerst nicht. Diesmal ist es noch mal gut gegangen. Und seit gestern kann ich wieder humpeln. Die Oma reist also heute ab. Danke, Oma Sigi!

Heute finde ich, dass der Arzt komplett verantwortungslos gehandelt hat. Ich hatte ihm klipp und klar vor dem Eingriff gesagt, dass ich alleinerziehend mit drei Kindern bin und keine Hilfe habe. Er hätte mich darauf aufmerksam machen müssen, dass ich nach der OP eventuell nicht in der Lage sein würde, mich um die Kinder zu kümmern. Obendrein hätte er mir raten müssen, mir eine Haushaltshilfe zu organisieren, wie mir eine befreundete Krankenpflegerin sagte. Nichts davon tat er, sogar das Taxi für den Rückweg musste ich mir selbst herbeitelefonieren. Dabei hätte mir ein Krankentransport zugestanden, aber das wusste ich nicht. Das Ganze war großer Mist. Ich hatte den Eindruck, der Chirurg ginge davon aus, dass mich ein netter Partner im Auto abholen und umsorgen würde. Er sah meine Notlage überhaupt nicht. Dass eine Frau mit drei Kindern tatsächlich mutterseelenalleine ist, konnte er sich nicht vorstellen.

Mama hat normale Sommergrippe, Grippe, Magen-Darm und andere Kleinigkeiten

Was ich jetzt beschreibe, ist in der Rückschau absurd entspannt im Vergleich mit den ernsthaften Erkrankungen der Kinder. Denn die normalen Krankheiten, so weh sie auch tun und so unangenehm das Ganze ist, verursachen wenigstens keine Ängste ums Überleben. Dass eine Mutter mal zwei Tage lang über dem Klo hängt und kotzt, kann vorkommen. Wenn sie alleinerziehend ist, ist das blöd, weil sie in der Zeit wahrscheinlich zu schwach ist, um irgendetwas zu erledigen. Vielleicht kann sie sich dazu aufraffen, die Kinder in die Schule, Kita, Krippe oder den Hort zu bringen. Wenn das mit Autofahren verbunden ist, muss sie überlegen, ob sie fit genug ist, um dieses Wagnis einzugehen. Am Steuer zu kollabieren ist ja auch keine Option. Wenn umzugsbedingt niemand in der Nähe wohnt, der die Kinder auf dem Weg zu den jeweiligen Institutionen mitnehmen kann, dann hilft auch Herumtelefonieren und um Hilfe bitten nicht viel – welche Eltern haben morgens schon zwanzig bis dreißig Minuten übrig, um noch einen Umweg zu fahren und fremde Kinder ins Auto einzuladen? Die meisten, die ich kannte, fuhren sowieso Fahrrad. Und wir wohnten halt weitab vom Schuss. Pech gehabt.

In die Verlegenheit, in der Schule anzurufen und zu sagen, mein Kind könne nicht kommen, weil ich es nicht aus dem Bett schaffe, kam ich nie. Ich weiß nicht, ob das ein akzeptabler Grund gewesen wäre. Wahrscheinlich nicht – ich würde jedenfalls mit Vorwürfen rechnen, falls das jemals passiert.

Als wir noch in der Nähe des Kindergartens und Horts wohnten, wurde ich zwei Mal so krank, dass ich kaum noch laufen konnte. Ich schleppte mich mit allerletzter Mühe die 100 Meter zur Kita, wankte die hohe Altbautreppe hoch und gab meine

Kinder ab. Mir wurde schwarz vor Augen, ich hielt mich auf dem Weg am Kinderwagen für die Jüngste fest, den wir damals noch besaßen. Dann legte ich mich ins Bett und schlief bis kurz vor fünf, um dann den gleichen Weg erneut anzutreten und die Kinder abzuholen. Abends musste ich dann irgendwie durchhalten und für die Kinder halbwegs gut sorgen. Die Zeit verging wie in Trance zäh und grausam. Zwei Tage lang schleppte ich mich so durch den Alltag, dann ging es mir wieder besser. Dass ich nebenbei noch die Verantwortung trug, lastete schwer auf mir. Die älteste Tochter schaute nach ihren Geschwistern, so gut sie konnte. Aber sie war ja selbst erst zehn Jahre alt. Wohl war mir dabei nicht.

Glück im Unglück: Die Jüngste muss eine Woche in die Klinik, die Geschwister sind gerade beim Vater

Wenn die Alleinerziehende mal richtig Glück hat, dann wird in der Woche, in der die beiden älteren Kinder den vor dem Familiengericht ausgehandelten Umgang beim Vater haben, die jüngste Tochter schwer krank. So geschehen Ostern 2014, als ich eine ganze Woche in der Kinderklinik verbrachte, anstatt dem Kind eine besonders gute Zeit zu bescheren. Sie hatte sich den Rotavirus eingefangen und war nach ein paar Tagen ernsthaft dehydriert – ich jedoch war froh, dass ich mich in dieser Zeit einfach nur auf mein krankes Kind konzentrieren konnte, sie rund um die Uhr im Krankenhaus begleiten konnte und nicht auch noch an die beiden Geschwister denken musste. Die waren betreut, beim Vater. Das war also ein fast entspannter Krankenhausaufenthalt, nachdem ich die konkrete Angst, dass mein Kind sterben würde, hinter mir lassen konnte. Eigentlich schlimm, dass ich so eine Wendung des Schicksals auch noch als gute Fügung betrachten muss. Aber so war es.

Fazit: Alleinerziehende Mütter dürfen nicht krank werden

»Krank sein ist nicht erlaubt. Bisher waren es zum Glück nur Infekte, die ich alleine mit drei Kindern überstehen muss. Neulich erst Magen-Darm. Ist nicht witzig. Wenn was Ernsthaftes wäre, würden die Omas die Fahrt von 300 beziehungsweise 350 Kilometern auf sich nehmen. Hoffentlich passiert das nie!«, schreibt meine Leserin Sabine Peiler mir auf Facebook auf meine Frage hin, was ist, wenn alleinerziehende Mütter mal krank werden.

Vanessa Volmert hat nicht viel Positiveres zu berichten: »Das ist mein größter Albtraum. Bisher hatte ich das Glück (wie vor zwei Wochen mit Gastritis), dass ich dann gerade eh bei meiner Familie war. Toi, toi, toi! Im allerschlimmsten Notfall würde meine Familie (300 Kilometer weit weg) freinehmen und helfen. Aber alles andere: Pech gehabt!«

Und Dayna Kriebel erzählt: »Ich bin dann völlig auf mich gestellt. Keine Oma oder Ähnliches. Mäusken letztes Jahr fünf Wochen am Stück krank – Autsch, geht ins Geld … Vor einiger Zeit hatte ich 'ne Grippe mit Fieber und einer beginnenden Lungenentzündung – Mäusken morgens irgendwie in den Kiga gebracht und dann wieder nach Hause. Meine Bandscheiben-OP – ambulant – es geht irgendwie, weil es gehen muss.« Die Stimmen ähneln sich: »Ich bin auch alleine mit meiner Maus (2 1/2) und darf auch nicht wirklich krank werden, da ich keine Familie habe, die helfen könnte«, so ist das bei Nadine Rademacher. Und auch bei Susan Emmerich ist es nicht besser: »Ich bin nie krank! Nur einmal hatte ich Hexenschuss, meine liebe Nachbarin hat den Notarzt gerufen und die Tochter über Nacht betreut, da ich nicht aus dem Bett kam. Ansonsten bin ich im Grunde aufgeschmissen, also gilt: Ich bin nie krank!«

Krank werden ist nicht drin. Sich in Ruhe auskurieren wäre ein Traum, stattdessen stellen die Kinder in der Zeit, in der die Mama nicht funktioniert, die Wohnung auf den Kopf oder laufen, wie meine Jüngste, als sie fünf Jahre alt war und ich mit Grippe von jetzt auf gleich fast umgefallen wäre, in kurzen Hosen zum Spielen in den Hof, obwohl es bitterkalt ist.

Eigentlich ist es oft an der Grenze des Legalen, was passiert, wenn Alleinerziehende wegen Krankheit ausfallen. Geschieht einem Kind etwas Schlimmes, weil die Mutter nicht ordentlich aufpassen konnte, dann hat sie ihre Aufsichtspflicht vernachlässigt und ist haftbar (mal abgesehen davon, dass sie sich fürchterliche Vorwürfe machen würde). Das ist eine Scheiß-Situation. Anders kann ich es nicht sagen.

Es ist, halten wir das ganz deutlich fest, eben nicht so, dass einem jemand liebevoll einen Tee ans Bett bringt, für Essen sorgt oder gar die Kinder betreut. Nein, auch noch wenn sie schwer krank ist, muss die Alleinerziehende notdürftig funktionieren. Ohne Trost. Mit schlechtem Gewissen den Kindern gegenüber als extra Erschwernis.

Und wenn ich dann lese, was Madita Völz mir erzählt, dann werde ich sehr, sehr wütend. »Ich musste spontan stationär ins Krankenhaus, als mein Großer 5 Monate alt war. Lange Diskussionen, weil die der Meinung waren, dass ich doch einen Notfallplan haben müsse. Den gab es aber nicht. Ich habe ihnen deutlich zu verstehen gegeben, dass sie mir ein Bett fürs Baby besorgen sollen, sonst würde ich gehen. Ich war zum Glück überzeugend genug. Denn zu gehen wäre echt gefährlich gewesen. Somit bekam ich ein Einzelzimmer mit Kinderbett. Zwei Tage später wurde ich noch operiert. Ohne Beruhigungsmittel direkt in die Narkose, damit ich nach dem Aufwachen wieder ansprechbar bin. Während der OP war er dann bei einer Freundin. Gerade aus dem Aufwachraum raus, hab ich da angerufen. Sie kamen ins Krankenhaus, ich hab ihn gefüttert und durfte dann noch zwei Stunden schlafen. In der Zeit sind sie noch mal spazieren gegangen. Danach war ich wieder rund um die Uhr für ihn alleine zuständig. Das Krankenhaus haben wir nach weiteren fünf Tagen gemeinsam verlassen.«

Das kann doch wohl nicht wahr sein! Ist unsere Gesellschaft denn überhaupt nicht darauf vorbereitet, dass Alleinerziehende mal in eine Notlage geraten? Hallo? Leserin Kim Ribery bringt es auf den Punkt: »Krank sein? Was ist das? Kenne ich nicht. Das Wort und Urlaub auch nicht.« Und Kerstin Dietz sagt stellvertretend für viele: »Ich muss alleine klarkommen. Alternative gibt's keine.«

»Mir hilft keiner.« – »Ich muss klarkommen«, so geht das in einer Tour auf meiner Facebook-Seite, als ich den Erfahrungsschatz der Alleinerziehenden anzapfe. Und das sind nicht alles verbitterte, einsame Frauen, die nicht um Hilfe bitten können. Auf andere Fragen reagierten sie weitaus positiver. Aber krank sein, das ist die Hölle.

Das Wohl der Kinder hat dabei scheinbar niemand im Blick. Ich finde, es ist nicht zu viel verlangt, hier den Vater der Kinder in die Pflicht zu nehmen. Und wenn dieser sich entzieht oder kurzfristig nicht verfügbar ist, dann muss verdammt noch mal der Staat Hilfe leisten. Und zwar in Form von Angeboten, die der Alleinerziehenden auch bekannt sind. Das jetzige System der Hilfe durch Familienpflegerinnen oder die Notfallunterbringung in einer Pflegefamilie jedenfalls reicht nicht aus. Mütternotdienste kennen nur die wenigsten, der Zugriff darauf ist ein Glücksfall, der vom behandelnden Arzt abhängt. Es bräuchte Notfallmütter oder Notfall-Alleinerziehenden-Betreuerinnen. An manchen Orten gibt es so was sogar, wie mir eine Leserin aus Hessen schreibt. Nur nützt das wenig, wenn die Alleinerziehenden darüber nicht informiert sind!

Im geschäftlichen Umfeld machen die »Notfallmamas« aus Hamburg vor, wie man Eltern mit kranken Kindern hilft, wenn sie arbeiten wollen oder müssen. Da kommen ausgebildete Krankenschwestern und Pflegerinnen ins Haus, um sich um kranke Kinder zu kümmern, wenn die Eltern arbeiten müssen – bezahlt wird das meist von Firmen, die einen Vertrag mit diesem Dienstleister haben. Es ist nicht billig, aber bezahlbar mit etwa 30 Euro die Stunde. Sollten uns das die Kinder von Alleinerziehenden nicht wert sein? Oder provokant gefragt: Sind die Kinder von Alleinerziehenden weniger wert als solche von Anwälten, Steuerberatern und Mitarbeitern großer Banken? Offenbar ja.

Und auf die Väter, die außen vor sind, bin ich richtig sauer. Es ist schlimm genug, dass es in unserem Land ein Kavaliersdelikt ist, möglichst wenig Unterhalt für die eigenen Kinder zu zahlen. Aber sich nicht um sie zu kümmern, wenn die Mutter in Not ist, das ist moralisch mies. Ich habe mehrfach von alleinerziehenden Frauen gehört, dass der Exmann, anstatt in so einer Notlage einzuspringen, die »Du hast es doch so gewollt!«-Schiene fuhr. Dass er genüsslich zuzusehen schien, wie die Frau sich abstrampelte. Er war ja nicht mehr zuständig. Falls er zu den 50 Prozent der Väter gehört, die überhaupt regelmäßig Unterhalt zahlen, hält er sich wahrscheinlich schon für einen richtig fairen Typen. Von den anderen 50 Prozent erwarten die Exfrauen vielleicht sowieso überhaupt nichts mehr. Traurig ist das, vor allem für die Kinder. Und für eine Gesellschaft, in der jede fünfte Familie eine Einelternfamilie ist. Wir können nicht länger so tun, als kämen diese Alleinerziehenden alle alleine zurecht. Es geht nicht.

Das Schlusswort in diesem Kapitel will ich Leserin Anna Petri geben, die es perfekt zusammenfasst: »Krank werden: Jedesmal eine kleine Katastrophe. Der Kindsvater, der zwar überall, bevorzugt vor Gericht, die Klappe aufreißt, wie toll er sich kümmern würde, ist nämlich grundsätzlich nicht zu haben, wenn so was passiert. Ich hab dann auch öfters schon selbst hoch fiebernd mein Kind in die Kita/Schule gebracht beziehungsweise abgeholt. Manchmal klappt es dann, dass mein Sohn nachmittags noch zu Schulfreunden mit kann und die ihn abends bringen. Damit rechnen kann ich aber nicht, und meistens muss ich sehen, wie ich mich halt in der Zeit ausruhe, während er in der Schule ist. Kranksein als AE ist schlicht und ergreifend absolut beschissen.«

Kapitel 10

Hier müsste mal jemand putzen. Oder: Haushaltshilfe statt Mutter-Kind-Kuren!

»Du hast vor fünf Monaten zum letzten Mal den Boden gewischt!? Das hätte ich nicht gedacht«, sah mich meine Nachbarin mit großen Augen an, als ich sie fragte, ob ihr aufgefallen sei, wie sauber es gerade in meiner Wohnung war. Es war ihr nicht aufgefallen, und ich war erstaunt. Denn nur weil es halbwegs ordentlich bei mir zu Hause ist, ist es noch lange nicht sauber. Das täuscht. Und ich weiß, dass es schmutzig ist. Damit meine ich nicht, dass Hotelstandards nicht eingehalten werden, sondern dass, egal, wo ich anfange, zu putzen, zu saugen oder zu wischen, ich niemals auch nur in die Nähe des Sauberkeitsstandards kommen werde, den ich hatte, bevor ich alleinerziehend wurde.

Es ist natürlich eine Frage der Prioritäten: Wenn ich täglich auf zwei Stunden Schlaf verzichten würde und entweder morgens um fünf oder abends nach 22 Uhr zusätzlich noch im Haushalt tätig wäre, dann sähe die Sache anders aus. Aber meine Priorität ist die Erhaltung meiner körperlichen und geistigen Gesundheit, damit ich für die Kinder als Mutter da sein kann. Und dafür muss ich ausreichend schlafen, gut kochen und essen und nehme in Kauf, dass meine Wohnung weit von dem Zustand entfernt ist, in dem ich sie gerne hätte.

Nein, ich bin keine sauberkeitsverliebte schwäbische Hausfrau, schon als Studentin reichte es mir, alle drei bis vier Wochen den Boden feucht aufzuwischen, und das Bad putzte ich damals nur, wenn ich Verschmutzung sah oder es irgendwie müffelte. Vielleicht alle zwei Monate. Aber obwohl ich damals eine Katze besaß, die mächtig haarte, war es halbwegs sauber. Ich fühlte mich wohl. Das alleine sollte eigentlich der Maßstab dafür sein, wie viel Putzeifer nötig ist, oder?

Wenn ich diesen Maßstab allerdings auf mein heutiges Leben anwende, dann gehört viel Wegsehen dazu. Ich übersehe die Staubränder auf den Hängeleuchten, die vor vier Jahren anlässlich des Umzugs aufgehängt und dabei letztmalig abgestaubt wurden. An ihrem oberen Ende hängt eine dicke Schicht Flusen, die Lampen sehen aus wie satiniert. Ich weiß aber, dass das da oben Schmutz ist. Und wenn ich den zu entfernen versuche, rieselt er mir aufs Bett, den Teppich und den Fußboden, und ich löse eine Lawine aus. Manche Dinge lässt man besser unberührt.

Und meine Ölbilder, meine Drucke, meine gerahmten Kunstwerke – sie alle sind staubig, der obere Rand besonders, da schaue ich so selten hin. Meine Designerleuchte mit dem roten Kabel, das um das Leuchtmittel gewickelt ist wie ein kunstvoller Turban, hat auf der oberen Hälfte ebenfalls einen Grauschleier aus Staub. (Den ich übrigens noch während des Schreibens dieses Kapitels entfernte. Und eine komplette Putzorgie habe ich auch hingelegt. Denn Wegsehen klappt nicht gut, wenn man erst mal hinsieht.)

Auf die Oberseite der Küchenschränke habe ich noch nie geschaut. Meine Mutter legte dort in ihrer Einbauküche im Reihenhaus Geschenkpapier aus, damit sie nicht so einfetten. Aber sie war Hausfrau, ganztags. Sie hätte sogar Zeit gehabt, dort oben zu putzen. Auf meinen anderen Schränken sieht es sicher auch nicht gut aus.

Ich habe noch nie, ich wiederhole, noch nie, die Fronten meiner Einbauküche geputzt, obwohl diese knallrot und hochglanzlackiert ist. Eigentlich, so sagten mir Freunde, als ich die Küchenfarbe aussuchte, sei dies eine sehr arbeitsintensive Küchenfrontenfarbe. Täglich müsse man die abwischen, vor allem, wenn man Kinder habe. Ich lebe damit, dass sie voller Spritzer und Tapsen ist – weil ich Kinder habe und wirklich keine Zeit für solche Dinge.

Immerhin behalte ich die Staub- und Verdreckungslage unter den Schränken, unter und hinter dem Sofa und den nie enden wollenden Wäschestapel im Auge. Fürs Fensterputzen nehme ich mir ein bis zwei Mal im Jahr Zeit und bin dann immer bass erstaunt, wie viel man von innen sieht, wenn die Scheiben sauber sind. Meine Gardinen habe ich seit dem Umzug nicht mehr gewaschen, sie hätten es sicher bitter nötig. Aber nach dem Motto *first things first* konzentriere ich meine Kräfte aufs Bad, wo eigentlich immer das Klo müffelt und optisch zeigt, dass hier viele Kinder ihre Hinterlassenschaften deponieren, auf die Dusche, die in einem Zustand sein sollte, in dem ich sie betreten möchte, und die Waschbecken und Badewanne, in denen reichlich Kinderzahnpasta, Kinderhaare und Schmutzränder landen.

Manchmal schaue ich erschrocken nach oben, in die Ecken der Zimmer, und sehe staubige Spinnweben. Da bräuchte ich wohl einen dieser bunten Staubwedel, die es im Supermarkt zu kaufen gibt. Daran, dass die einst weißen Raufasertapeten von kleinen schmutzigen Kinderhänden betapst wurden und in meinem Schlafzimmer, neben dem Bett, auch Abdrücke von Kinderfüßen auf der Wand sind, habe ich mich gewöhnt.

Mein Kühlschrank ist noch nie ordentlich abgetaut und geputzt worden, obwohl ich weiß, dass man das machen soll, der Hygiene wegen. Er ist vier Jahre alt, wie unsere Einbauküche, und seit dem Einzug sind dort oft Vanillesoßen umgekippt, hat Saft gekleckert, ist Milch ausgelaufen. All dies habe ich notdürftig mit Küchenkrepp und Wischtüchern gesäubert und mir vorgenommen, bald mal eine ordentliche Grundreinigung vorzunehmen. Dazu ist es bisher nicht gekommen.

Die Dunstabzugshaube strotzt schnell vor Dreck, da sammelt sich Fett, auf dem sich Staub in feinen Flusen absetzt. Da sie sich auf Augenhöhe in der Küche befindet und ich oft am Herd stehe, reinige ich sie halbwegs regelmäßig – damit meine ich etwa alle zwei Monate. Menschen, die ihre Küche lieben und pflegen, schütteln sich wahrscheinlich vor Ekel, wenn sie das lesen. Und auch dass ich die Mikrowelle viel zu selten von innen auswische oder von oben abwische, ist Tatsache. Zu den Fußbodenleisten schaue ich lieber nicht herunter, sonst sehe ich nämlich dort ebenfalls reichlich Staubflusen.

Sogar bis in meine Bettkästen unter dem Bett ist der Staub schon vorgedrungen. Mich stört das, da liegt meine Unterwäsche. Aber ich hatte noch keine Zeit, sie komplett auszuräumen und die Bettkästen auszuwischen. Immerhin habe ich einmal die Lücke zwischen dem Bett und der Wand ordentlich gesaugt, und mich dabei ziemlich gegruselt, wie viel Staub und Dreck ich dort hervorholte. Dass es hinter meinen Schränken und den anderen Betten in dieser Wohnung genauso aussieht, kann ich mir denken. Und ich weiß, dass hinter meiner Waschmaschine im Badezimmer dunkle Staubflusen lauern, weil ich sie sehe, wenn ich dort gelegentlich eine Kindersocke suche, die aus dem Wäschekorb gefallen ist.

In meinen beiden offenen Schuhregalen im Flur stehen nicht nur alle unsere Schuhe, sondern sammeln sich auch Haare, Staub und Schmutz, es ist unübersehbar. Genauso staubig ist meine Rollgarderobe, die ich anstatt eines Kleiderschrankes besitze. Kleider, die ich länger nicht getragen habe, weisen am oberen Rand, also dort, wo der Kleiderbügel herausragt, einen grauen Schleier auf. Das ist eklig.

Die Lampenfüße der Stehlampen, die Blumentöpfe, die Gardinenstangen, die Fensterbretter, überall ist Staub. Sogar meine Bücher stauben ein. All das verdränge ich, so gut ich kann. Das klappt ganz gut, denn ich habe andere Sorgen. Aber eigentlich hätte ich es auch gerne sauber. Wenn die Kinder schwarze Füße nicht vom Draußen-Herumlaufen bekommen, sondern in der Wohnung, dann fühle ich mich schlecht. Klar sauge ich regelmäßig Staub, sonst würden wir hier von Krümeln panierte Füße bekommen, und dann sieht es auch optisch ganz passabel aus in der Wohnung.

Aber ich müsste den Holztisch im Wohnzimmer und die dazugehörigen Holzbänke, auf denen ich sitze und arbeite, wenn wir nicht gerade am Tisch essen, dringend mal ölen oder mit einem Pflegemittel behandeln. Wann ich das zum letzten Mal getan habe, daran kann ich mich nicht erinnern. Mein Fahrrad gehört mal wieder geputzt, es müsste auch zur Inspektion. Der Wagen ist eigentlich immer voller Krümel und Kram, eine Innenreinigung gibt's nur zwei Mal im Jahr, wenn ich in die Waschanlage fahre. Das Armaturenbrett meines Autos ist von einem hässlichen Grauschleier aus Staub überzogen, und die Fensterscheiben des Wagens sollte ich von innen mal mit Glasreiniger sauber machen, denn da kommt die Waschanlage nicht hin. Der nächste Ölwechsel steht an, im Frühling ist wieder TÜV, eine Inspektion fürs Auto wäre sicher auch eine gute Idee. Mache ich bald, denn wenn ich das versäume, wird es hinterher eventuell teuer. Und das kann ich mir nicht leisten.

Aber ich schaffe es, meine Blumen zu gießen. Die wachsen und gedeihen, genauso wie meine Kinder. Für die muss ich Essen einkaufen, viel Essen, je mehr sie wachsen, desto mehr. Wir verbrauchen zwei Liter Milch am Tag, wir trinken Mineralwasser, Saft, brauchen Nudeln, Soßen, Obst, Gemüse, Klopapier und Shampoo, es gibt unglaublich viel einzukaufen für einen Vierpersonenhaushalt. Das kostet nicht nur viel Geld, selbst wenn man auf Sonderangebote achtet und beim Discounter einkauft, sondern auch viel Zeit.

Damit ich nicht so viel auf einmal tragen muss (nicht mehr als etwa 30 Kilo pro Einkaufstour mit meinem Kleinwagen), fahre ich alle drei bis vier Tage los, Lebensmittel holen. Der Weg von meinem Parkplatz bis zu meiner Küche beträgt etwa 200 Meter, und ich fluche oft, wenn ich Milch, Mineralwasser, Saft und schwere Dinge trage. Das macht keinen Spaß. Wenn die Kinder mit mir einkaufen gehen, helfen sie beim Tragen, logisch. Aber da ich am liebsten ohne Kinder einkaufen gehe, kommt das selten vor. Das ist übrigens einer der wenigen Momente in meinem Leben als Alleinerziehende, in denen ich einen Mann schmerzlich vermisse. Beim Putzen fehlt er mir weniger, denn mein Ehemann war zwar sehr engagiert und gründlich beim Putzen, wenn er Zeit dazu fand, aber ebenso hart waren seine Standards – Tapser von Kinderhänden auf den zahlreichen Gegenständen aus Edelstahl und Glas, die wir damals in der Wohnung hatten, störten sein Sauberkeitsempfinden sehr. Das wiederum stresste mich, denn jeder Mensch mit Kindern weiß, wie schwierig bis unmöglich es ist, sie davon abzuhalten, Tapser zu machen. Heute leben wir eher nach dem Motto »Es gibt keine bösen Krümel oder Tapser, nur unrealistische Sauberkeitsstandards«. Das ist entspannter, aber oft geht mir das Gefühl, in der eigenen Wohnung langsam, aber sicher einzustauben, auch auf den Geist.

Der Blick von außen stört mich dabei weniger, denn die Leute, die meine Wohnung betreten, halten sie offenbar für sauber. Wenn ich sage, »Lass ruhig die Schuhe an, hier ist es nicht sonderlich sauber!«, dann ernte ich ungläubige Blicke. Aber auch, wenn es oberflächlich okay aussieht, so weiß ich doch genau, dass ich hier eigentlich nur Mängel verwalte. Ich habe mich daran leidlich gewöhnt. Und je nach Tagesverfassung kann ich mal besser, mal schlechter damit leben.

Manchmal ereilt mich dann, wenn das Chaos in der Bude mir über den Kopf wächst, stellvertretend für den Putzwahn eine Aufräumattacke. Denn in den Schränken und Schubladen im Kinderzimmer stapeln sich Kleidungsstücke, die die Kinder schon lange nicht mehr tragen, die zu klein geworden sind, die Löcher und hartnäckige Flecken haben, die aber die Schränke verstopfen. Weil die voll sind, ziehen die Kinder an den Klamotten, und dabei entsteht schönstes Durcheinander. Hier für Ordnung zu sorgen, schaffe ich immerhin zwei Mal im Jahr, im Frühling und im Herbst, wenn ein Wetterwechsel ansteht und meist auch die Kleidungsgrößen wechseln.

Dann fahre ich mit großen Säcken zu den Altkleidercontainern und fühle mich einen Tag lang als Herrin der Lage. Lange währt dieses Gefühl aber nicht. Vor allem nicht, wenn ich meinen vollgestopften Keller betrete und feststelle, dass der wirklich dringend mal entrümpelt werden müsste.

Unfassbar, was sich auf zehn Quadratmetern Keller alles ansammeln kann in vier Jahren! Gut, das liegt daran, dass die Kinder partout nichts wegwerfen wollen, was wir aus dem Kinderzimmer aussortieren. Und Andenken vom Vater wie ein großes Motorbootspielzeug müssen natürlich auch in Ehren bewahrt werden. Ebenso wie die defekte Carrerabahn und die Helme fürs Mitfahren auf der Vespa, die meine Kinder noch besitzen aus der Zeit, in der der Vater sie gelegentlich hinten auf dem motorisierten Untersatz mitnahm, und die sie als glücklich in Erinnerung haben. Ich sehe das ein.

Und so bleibt der Keller, wie er ist. Vorläufig. Ich hätte sowieso keinen ganzen Tag Zeit, dort gründlich aufzuräumen und das Aussortierte zum Wertstoffhof zu bringen. Das müsste ich ja tun, während die Kinder nicht im Haus sind, sonst wäre mein Kleinstwagen hoffnungslos überfüllt – ich kann nur entweder Kinder oder Sperrmüll transportieren. Und mitkommen zum

Wertstoffhof wollten sie bisher immer, das ist einfach zu verlockend für Kinder, es sieht für sie dort aus wie im Bilderbuch.

Haushaltshilfe: die bessere Präventionsmaßnahme?

Neid auf ihre Situation liegt mir fern, aber wie meine berufstätige Nachbarin mit den zwei Kindern und dem schwer erkrankten Mann über die Pflegeversicherung vom Staat eine Putzhilfe finanziert zu bekommen, das wäre schon eine feine Sache. Wir könnten so viele unsinnige Familienleistungen einstampfen, allen voran das Ehegattensplitting, und endlich mal eine sinnvolle Präventionsmaßnahme gegen Burn-out bei Alleinerziehenden schaffen und damit gleichzeitig Wertschätzung und praktische Entlastung im Alltag herstellen, wenn wir hier ansetzen. Vier Stunden Putzfrau für Alleinerziehende pro Monat, das wäre ein Traum.

Klingt das wie Luxusdenken? Ich finde nicht. Auch ab und zu mal einen Babysitter bezahlt zu bekommen oder über ehrenamtliche Dienste von einem besucht zu werden, wäre sehr hilfreich. Und kommen Sie mir jetzt nicht mit Leihomas, denn die sind rar wie Sechser im Lotto. Oder kennen Sie eine ältere Dame, die vor lauter Langeweile und Sehnsucht nach Kindern freiwillig mit welchen spielt, sie bespaßt und versorgt? Die wenigen Rentner, die darauf Lust haben, verdienen heutzutage Geld damit, denn als Leihoma kann man ebenso wie als Babysitterin darauf vertrauen, gut gebucht zu werden. Die wachsende Altersarmut unter weiblichen Rentnern trägt ihren Teil zu dieser Entwicklung bei und wird die Situation sicher noch verschärfen.

Ich glaube, wir könnten uns viele Mutter-Kind-Kuren sparen, wenn die Alleinerziehenden im Alltag besser entlastet würden.

Das würde sich rechnen und wäre viel sinnvoller, als die Frauen als Präventionsmaßnahme alle zwei Jahre für drei Wochen samt Kindern zu verschicken in eins der Häuser aus der Kurindustrie! Zumal ja bei Weitem nicht jede Frau von solch einer Kur erholt zurückkehrt, für manche ist sie eine große Enttäuschung und damit nicht nur rausgeworfenes Geld, sondern eine zusätzliche Belastung. Viele Frauen finden solch eine Mutter-Kind-Kur toll und wollen sie nicht missen. Das ist ihnen zu gönnen und wunderbar. Aber für manche Mütter scheint sie nicht geeignet, oder das geeignete Angebot ist nicht vorhanden, oder es ist einfach zu schwierig, passende Konzepte anzubieten.

Wenn ich wählen könnte zwischen regelmäßiger Haushaltshilfe und Kur, ich wüsste genau, wofür ich mich entscheide. Warum überlassen wir diese Entscheidung nicht einfach den Müttern, alleinerziehend oder nicht? Ich weiß schon, warum – weil wieder Lobbygruppen dahinterstecken und Arbeitsplätze an den Kurhäusern hängen. Das sollte uns aber nicht davon abhalten, dieses System zu hinterfragen.

Eine Mutter-Kind-Kur kostet im Schnitt 3 800 Euro, schreibt mir die Pressestelle der Barmer Ersatzkasse. Die TKK liefert Zahlen von 2013, wonach für die Kuren 2 800 Euro ausgegeben werden. Die Kosten für An- und Abreise trägt die Krankenkasse auch, die können wir noch obendrauf rechnen. Sagen wir, es sind 100 bis 200 Euro per Bahn oder als Kilometergeld (das ist frei wählbar).

Rechnen wir die 210 Euro Eigenbeteiligung (10 Euro pro Tag), die der/die Versicherte leisten muss, mit drauf, sind wir bei einer Summe von 4 200 Euro pro Kur. Ein Recht auf die Mutter-Kind-Kur haben Mütter grundsätzlich alle vier Jahre, Alleinerziehende alle zwei Jahre.

Natürlich ist eine Kur mit drei Kindern teurer als eine mit einem Kind, denn da fällt mehr Geld für Essen, Kinderbetreuung und Nebenkosten an. Insofern könnte man einer Mutter mit mehreren Kindern noch einen kleinen Aufschlag gönnen. Den setze ich mal niedrig mit zehn Prozent je Kind an und vertiefe das hier nicht weiter. Wenn wir in dieses Gedankenspiel noch einbeziehen, dass die Kasse auch gegenüber dem Arbeitgeber den Verdienstausfall für die dreiwöchige Kur erstattet, steht hier eine ziemlich hohe Summe zur Disposition. Aber da nicht alle Alleinerziehenden voll berufstätig und die Einkommensverhältnisse meist niedrig sind, überlasse ich das Nachdenken über die Dimensionen des zur Verfügung stehenden Geldes lieber anderen.

Bevor ich mich hier in Rechenspiele versteige – die Größenordnung ist klar: Eine Mutter mit einem Kind, die alle zwei Jahre Anspruch auf eine Kur als Alleinerziehende hat, könnte also, wenn das von den Rahmenbedingungen her möglich wäre, 4 200 Euro innerhalb von zwei Jahren für eine Haushaltshilfe ausgeben. Macht 280 Stunden à 15 Euro.

Damit wären jeden Monat etwa zwölf Stunden Putzkraft drin, wenn man das mit einer Kur aufrechnet. Drei Stunden pro Woche. Das ist doch ideal! Wenn ich mir überlege, wie erholt ich wäre, wenn hier gelegentlich jemand anders als ich sauber machen würde oder ich nicht ständig Staubflusen ausblenden müsste, dann wird mir ganz leicht ums Herz.

Das ist nun natürlich nur ein Gedankenspiel. Aber eines, das mir und einigen Leserinnen durchaus gefällt. Die Krankenkassen und die Allgemeinheit müssten auch nicht befürchten, dass nun niemand mehr eine Kur antreten will und alle als Präventionsmaßnahme lieber eine Putzhilfe hätten: Von den gut sechzig Leserinnen, die mir Feedback auf Facebook zu meiner Idee gaben, war nur etwa jede Fünfte davon begeistert. Der Rest sagte, die Kur sei ihnen viel lieber, weil das Rauskommen aus dem Zuhause wichtig sei und Putzen zweitrangig oder kein so großes Problem.

Verena Schäfer drückt es sehr treffend aus: »Als Mama von Zwillingen und nicht ganz zwei Jahre älterem Geschwisterkind war ich zeitweise sehr kurreif, aber hätte mir eine Kur mit zwei Babys und einem Kleinkind etwas gebracht? Ich hätte die Haushaltshilfe gewählt. Den ganzen Tag in seinem Dreck sitzen und nichts machen können außer Kinder betreuen, stresst sehr.«

Ähnlich sieht das Petra Hagenkötter, die von ihrer Kur Folgendes erzählt: »Die Kur war laut, stressig und nicht erholsam. Ich hätte das nie wieder gemacht. Aber so eine Art Bon-System wäre toll: Ich kann im Jahr soundsoviel Euro eintauschen gegen Putzfrau, Kinderbetreuung zu Spätdienstzeiten, Einkaufsservice ... Eigentlich gibt es da 'ne Marktlücke.«

Grundsätzlich wäre Wahlfreiheit zwischen Kur und Putzhilfe als Präventionsmaßnahme schön, kommentiert Leserin Anna Wardega: »Für mich wäre die Putzfrau toll, da ich zwei Mal ein totales Desaster bei Mu-Ki-Kur erlebt habe. Da hätte ich viel Zeit für mein Kind und mich, wäre weniger gestresst und hätte alles, was ich brauche. Ein Wahlsystem für alle wäre unter dem Strich bestimmt das Beste, also entweder Haushaltshilfe oder Kur. Übrigens hat die Entscheidung für eine Haushaltshilfe nichts mit verdreckter Wohnung zu tun, sondern damit, von der zeitintensiven Haushaltsführung entlastet zu werden, um sich entspannen zu können.«

Und Maike Elpunkt verfolgt eine ähnliche Idee wie Petra, mit flexibler Entlastung: »Oder tauschen wir Putzfrau gegen Babysitterin. Damit Eltern auch mal Zeit für sich haben bzw. ich als Mutter in der Woche mal zum Sport gehen kann! Wenn man sonst niemanden hat, wäre das echt toll.«

»Ja, aber das weckt doch Begehrlichkeiten!«, höre ich die Republik schon aufschreien. Und: »Warum sollten es Alleinerziehende besser haben als gemeinsam erziehende, zusammenlebende Eltern?« Nun, sie haben es um ein Vielfaches schwerer. Dass fast alle Eltern gestresst sind, besonders die Mütter, streite ich ja gar nicht ab. Nicht umsonst steht auch nicht-alleinerziehenden Müttern eine Kur zu, dies aber nur alle vier Jahre. Und da könnten wir genauso verfahren, Wahlfreiheit zwischen Kur und Haushaltshilfe anbieten. Wenn ich überlege, wie viele Formulare ich damals ausfüllen musste, als ich eine Mutter-Kind-Kur für mich beantragt habe, im Jahr 2010, und wenn wir den Papierkrieg genauso aufwändig gestalten für die Beantragung der Haushaltshilfe, dann machen das sowieso die wenigsten Mütter. Wetten?

Und wo wir gerade beim Wetten sind, könnte ich gleich noch eine zweite Wette anbieten: Wetten, dass die Geburtenquote durch solche Maßnahmen spürbar ansteigt? Weil wir hier nämlich Wertschätzung und praktische Entlastung für Eltern anbieten. Viele (Alleinerziehende wie gemeinsam lebende Eltern) hätten gerne noch ein zweites oder drittes Kind, trauen sich das aber auch mit neuem Partner nicht zu. Wenn der Staat aber zeigt, dass er bereit ist, Unterstützung zu leisten, dann sähe die Sache schon anders aus. Da bin ich sicher.

Wo wir schon dabei sind, erzähle ich Ihnen noch kurz von meiner Mutter-Kind-Kur, damit Sie verstehen, wie ich auf die Idee komme, dass eine Haushaltshilfe für die gesundheitliche Prävention wesentlich hilfreicher sein könnte. Denn meine Kur war ein Reinfall, und so geht es einigen Frauen, die sich dort Erholung erhoffen. Bedauerliche Einzelfälle, mag sein – aber durch das Feedback auf meine Texte im Blog, in denen ich die Kur reflektierte, weiß ich, dass ich mit so einer schlechten Erfahrung nicht ganz alleine bin. Sollte ich schätzen, würde ich denken, dass etwa zehn Prozent der Mütter ihre Kur als Reinfall empfanden.

Meine Mutter-Kind-Kur – ein Desaster

Im November 2011 kam die Zusage von der Krankenkasse. Der Tag, an dem sie bei mir im Briefkasten landete, ist mir noch genau in Erinnerung, denn damals war ich krank, und es ging mir ziemlich übel.

Aber nun schöpfte ich Hoffnung, denn die Post brachte mir einen dicken Brief, in dem stand, dass und wo genau wir unsere Kur antreten würden. Gut, ich hatte schon damit gerechnet, dass mir die Kur bewilligt werden würde, denn ich wusste ja, dass mir als Alleinerziehender, die noch nie eine Kur gemacht hatte, so eine Maßnahme zustand.

Die viele Arbeit, die die Beantragung der Kur gemacht hatte, hatte sich also gelohnt! Es ist nämlich nicht so, dass einem die Krankenkasse so eine Mutter-Kind-Kur hinterherschmeißt. Zuerst musste ich, da ich die zu kurende Person sein sollte und die Kinder als Begleitpersonen mitreisen sollten, sehr viele Papiere ausfüllen. Insgesamt etwa vier Mal dreißig Seiten. Dann brauchte ich noch ein Attest eines Arztes über meine eigene Kurbedürftigkeit und für die Kinder drei Stellungnahmen der Kinderärztin, alles unterschrieben und gestempelt. All dies bekommt man nicht per Anruf, sondern muss Termine für die Sprechstunde ausmachen, die Situation zu Hause schildern und erzählen, wo der Schuh drückt. Nun, das störte mich nicht. Ich hatte alle Formulare sorgfältig ausgefüllt, und das war, obwohl ich keine Angst vor Formularen habe, schon etwas aufwändig.

Um ganz sicherzugehen, hatte ich mich sogar beim Roten Kreuz beraten lassen, weil diese Stelle speziell für die Beantragung von Mutter-Kind-Kuren eine Sprechstunde anbot. Dafür war ich in die Nachbarstadt gefahren und hatte mir einen Vormittag Zeit genommen. Da konnte doch eigentlich nichts mehr schiefgehen, oder?

Ich freute mich also über die Zusage zur Kur, die wir kurz nach den Weihnachtsfeiertagen antreten sollten. Da ich bereits arbeitslos war, musste ich auch nicht mit irgendeinem Arbeitgeber darüber sprechen, sondern mich nur beim Arbeitsamt abmelden, was kein Problem war.

Dass mir meine damalige Vermieterin an diesem Tag, als ich die Zusage zur Kur erhielt, noch abends um 21 Uhr telefonisch mitteilte, sie müsse mir leider eine Eigenbedarfskündigung schicken und schon zum 1. März des Folgejahres dringend selbst mit ihren drei Kindern in ihr Haus ziehen, haute mich dann allerdings erst noch mal um. Ich trat diese Kur also mit dem Damoklesschwert der Obdachlosigkeit über dem Kopf an. Wie sollte ich innerhalb von drei Monaten für mich, die drei Kinder und die Katze eine geeignete Bleibe im teuren Konstanz finden, jetzt, wo ich arbeitslos und alleinerziehend war? Ich zog mir die Decke über den Kopf und hatte das Gefühl, dass mein komplettes Leben zusammengebrochen war.

Da mich diese Eigenbedarfskündigung nicht ganz unvorbereitet traf, hatte ich mich allerdings bereits beim Mieterverein schlaugemacht und wusste, dass ich nicht wirklich am 1. März auf der Straße stehen würde. Meine Vermieterin war selbst in einer Notlage, sie war frisch verwitwet und hatte ebenfalls drei Kinder. Wir mochten uns, und ich wollte genauso wie sie, dass wir zum Wohle der Kinder rasch für eine gute Lösung sorgen. Das gelang uns auch, aber das ist eine andere Geschichte. Doch als ich die Kur antrat, war all dies noch nicht geregelt. Das war sicher nicht hilfreich für meine seelische Stabilität.

Auch, dass der Sohn sich am Vormittag des Heiligabend noch das Bein im Indoorspielplatz bei einem Sturz von einer Hüpfburg anbrach, war unglücklich. Denn nun trug er einen Gips und humpelte ungelenk auf zwei Krücken herum. Die bereits gebuchte und geplante Zugfahrt zu unserer Kurklinik konnte ich also vergessen. Mit drei Kindern, Koffern und Krücken sah ich mich nicht zwei Mal auf Bahnhöfen umsteigen, geschweige denn überhaupt zum Bahnhof kommen. Es wäre mit meiner quirligen Jüngsten sowieso schon eine Herausforderung gewesen, selbst ohne Gips tragenden Sohn!

Unser Abreisetag und auch der erste Tag vor Ort bei der Kur sollte der 28.12. sein. Blieb mir also noch der 27.12., um mit der Kasse zu sprechen, ob wir mit einem begipsten Sohn überhaupt die Kur antreten könnten und ob ich die Bahnfahrkarten zurückgebe könnte. Um das noch organisieren zu können, suchten wir am Tag vor Kurantritt die Niederlassung der Kasse in der Innenstadt auf, wo die freundlichen Mitarbeiter aus allen Wolken fielen über so viel Pech. Doch, die Kur könnten wir antreten, solange der Sohn mobil sei. Wir müssten dann halt dort vor Ort eventuell zur Nachuntersuchung. Und das mit dem Autofahren und dem Umtausch der Bahnfahrkarten sei in Ordnung. Fein.

Das große Gepäck hatte ich per Paketdienst verschickt, denn im Winter braucht man mit drei Kindern jede Menge Schneeanzüge, Jacken, Hosen, Mützen, Handschuhe, diverse Schuhe, Schlafanzüge usw. Das alles hätte ich sowieso nicht auf einer Bahnfahrt mitschleppen können. Wir packten also unser kleines Auto mit einigen Dingen des täglichen Bedarfs voll und machten uns am Morgen des 28.12. auf die Reise nach Bayern. Die Fahrt war lang, wir brauchten gut sieben Stunden bis zum Ziel, denn die Kurklinik lag ganz am anderen Ende Deutschlands, weit hinter München.

Ich war genervt und wirklich erholungsbedürftig, als ich in unserem Kurort ankam. Aber nun würde ich mich verwöhnen lassen, man würde mir helfen, alles würde besser werden. Dachte ich.

Wir bezogen unser Zimmer. Besonders heimelig war es nicht, aber vielleicht wäre Gemütlichkeit in einer Kurklinik auch zu viel erwartet gewesen? Immerhin gab es einen Fernseher, das versprach einen Draht zur Welt (WLAN gab's nämlich keins) und Ablenkung für die Kinder am Abend. Wir wohnten in zwei Zimmern, eines davon mit vier Betten, zwei einzelnen und einem Hochbett, in dem anderen war ein kleiner Tisch, der Fernseher, eine Kochnische samt Kühlschrank, ein großer Kleiderschrank und ein Sofa. Eine eigene Dusche und ein WC hatten wir auch, alles nicht besonders schön, aber in Ordnung. Wie in einem Krankenhaus halt. Aber wir würden uns ja ohnehin nicht viel im Zimmer aufhalten, sondern Zeit bei Anwendungen, in Gemeinschaftsräumen und im Freien verbringen. Wenn dann bald der Schnee fallen würde, denn hier konnte man toll Schlitten fahren, hatte im Prospekt gestanden.

Unser Ankunftstag war ein Mittwoch, wir hatten unsere wenigen Taschen bald ausgepackt und erkundeten das weiträumige Haus. Es gab eine Einführungsveranstaltung am nächsten Morgen, an dem ich erfuhr, dass bis zum Montag erst mal gar nichts passieren würde, denn nun würde erst mal der Kurplan erstellt, und wir würden gewogen und vermessen. Oh. Das fand ich weniger erquicklich. Was zum Teufel sollte ich denn vier Tage lang mit den Kindern machen? Ich empfand das als reine Zeitverschwendung, denn schließlich war ich sehr weit mit dem Auto gefahren, um diese Klinik zu erreichen. Und dann sollte ich erst mal vier Tage herumsitzen? Nun war ich sehr froh, dass ich unser Auto dabeihatte, so waren wir wenigstens mobil.

Das mit dem Auto erwies sich auch als praktisch, um zum Augenarzt in der benachbarten größeren Stadt zu fahren, als sich sowohl die Jüngste als auch ich mit einer Bindehautentzündung angesteckt hatten, die in der Kurklinik nicht behandelt werden konnte. Und dass ich zum Supermarkt im Ort fahren konnte, um uns zusätzlich zum Klinikessen leckere Dinge und Zeitschriften zu kaufen, war auch ein kleiner Rettungsanker. Denn mir war unglaublich langweilig. Ich habe sehr viel Geld für Zeitschriften ausgegeben in diesen drei Wochen. Und ich kaufte viel Essen dazu. Verhungert wären wir in der Klinik zwar nicht, aber ich fand das Essen entsetzlich eintönig und vor allem die Uhrzeiten für mich total daneben.

Man speiste dort nämlich in Schichten. Ich war um 11:15 Uhr mit Mittagessen dran, das ist eine Uhrzeit, zu der ich sonst ein belegtes Brötchen frühstücke. Da meine Jüngste die ersten zwei Wochen der Kur noch zwei Jahre alt war, musste sie mit mir im Speisesaal essen und ich sie frühzeitig aus der Kinderbetreuung dafür abholen. Dabei hatte sie dort eh nicht gerne bleiben wollen, und es war jeden Tag schwierig, sie um 9 Uhr dort abzuliefern.

Das Essen mit Zweijährigen am Tisch ist eher nicht so entspannt, wie Eltern wissen. Es geht hauptsächlich darum, das Kind zu füttern und daran zu hindern, fürchterlich herumzusauen. Wenn man selbst dann noch ein paar Bissen herunterbekommt, bevor das Kind satt ist und nicht mehr stillsitzen mag, sondern fröhlich durch den Raum rennt, kann man froh sein. Zu Hause zog ich es damals immer vor, in Ruhe alleine zu essen. In der Kur ging das nicht.

Abends gab es dann, ebenfalls in zwei Schichten, ein kaltes Buffet. Und zwar um 17:15 Uhr. Das ist sehr gewöhnungsbedürftig, wenn man sonst, nach mediterraner Art, nicht vor 20 Uhr speist, und zwar warm in Form von Fleisch mit Soße oder so. Außerdem waren in dieser Klinik sehr viele übergewichtige Frauen, und der Schwerpunkt von Ernährung und Kursen schien darauf zu liegen, Gewichtsabnahme und gesunde Lebensweise zu trainieren. Von daher gab es Brotscheiben zu Abend, die etwa ein Drittel so dünn waren wie die, die ich mir sonst vom Laib schneide, fettarmen Aufschnitt, fettarmen Käse, sehr viel Rohkost (mit fettarmer Salatsoße) und gelegentlich Grießbrei, auf den sich die Kinder stets stürzten, weil er das einzige war, was sie wirklich mochten (ich selbst finde Grießbrei als Abendessen nicht so prickelnd). Wenn man am Buffet nicht früh anstand oder ein bisschen drängelte, war am Schluss nur noch der fettarme Käseaufschnitt und das dünne Graubrot übrig. Für jemanden wie mich, der die Schlacht am kalten Buffet verachtet, kein schönes Szenario. Aber für die Kinder stürzte ich mich hinein, denn die wollten Wurst. Und Frikadellen, falls es welche gab.

Das Ergebnis dieser Verpflegung war, dass ich nicht wirklich satt war, wenn ich ins Bett ging, und nachts gegen 2 Uhr mit einem knurrenden Magen aufwachte. Da ich sowieso schon ziemlich dünn bin, ging mir das rasch an die Substanz. Ich suchte bereits nach zwei Tagen das Gespräch mit der Klinikleitung und bekam für Montag einen Termin bei einer Ansprechpartnerin. Zu diesem Zeitpunkt bekam ich auch – endlich! – den Plan mit meinen Kuranwendungen. Der war eine bittere Enttäuschung. Ich konnte zwei bis drei Mal einen Gesprächstermin bei einer Psychologin vereinbaren, falls ich das wollte, sollte Tai-Chi und Walking machen, die Rückenschule besuchen und zwei Mal pro Woche ein zehnminütiges Bad sowie einmal pro Woche eine Massage, die mit zwanzig Minuten veranschlagt war, bekommen. Es gab Tage, da war das Zehn-Minuten-Bad mein einziger Programmpunkt. Das war doch absurd, dafür sollte ich so weit reisen?

Die Ansprechpartnerin der Klinik war sehr verständnisvoll und erklärte mir, es stehe mir selbstverständlich frei, wieder abzureisen, und das ergäbe auch keine Nachteile für mich. Man könne mir doppelte und fettreichere Portionen Essen anbieten, das ich auch gerne für den späteren Verzehr mit aufs Zimmer nehmen könne (das tat ich dann auch), aber kein besseres Programm, und speziell in meinem Fall wisse sie auch nicht, warum die Kasse mich ausgerechnet in ihr Haus geschickt habe. Manchmal, so sagte sie, habe sie den Eindruck, dass zu kurende Personen einfach irgendwohin geschickt würden, wo gerade noch Platz ist. Schließlich müssen sich diese Häuser rechnen.

Ja, das ergab Sinn. Ich dankte der Dame und sagte, ich würde mir das überlegen und mit den Kindern über eine Abreise sprechen. Ich jedenfalls wollte nach Hause. Aber meine Kinder nicht. Sie beknieten mich zu bleiben. Die Große hatte extra eine Woche schulfrei bekommen nach den Weihnachtsferien, darauf wollte sie natürlich nicht gerne verzichten. Und der Sohn hatte sich nach den vier Tagen, die wir in der Kurklinik waren, bereits mit zwei anderen Jungs in seinem Alter angefreundet. Die Jüngste mit ihren zwei Jahren fragte ich nicht, aber so ungern, wie sie in die dortige Kinderbetreuung ging (obwohl dort hervorragende Kräfte arbeiteten, daran lag es nicht!), bin ich sicher, sie wäre auch zu Hause besser aufgehoben gewesen. Aber so, wie damals die Abstimmungsverhältnisse lagen, stand es drei zu eins für »dableiben«. Der Kinder zuliebe willigte ich ein. Das war ein Fehler, wie ich heute weiß.

Bei Tai-Chi, das ich gehorsam ausprobierte, wurde mir schlecht, und ich bemerkte aufsteigende Aggressionen. Also ließ ich das bleiben. Walking finde ich grässlich, und Rückenschule hatte ich bereits als Studentin gemacht, das war auch wirklich nicht mein Problem. Blieben also nur die medizinischen Bäder und die Massage, die mir wirklich etwas brachten. Es gab zwar ein Schwimmbad in diesem Haus, aber das war winzig klein und für mich als ehemalige Leistungsschwimmerin eher ein Witz. Zudem durften wir es mit Bindehautentzündung nicht besuchen. Es gab einen Gesprächskreis zum Thema Stress, an dem zwanzig bis dreißig Frauen teilnahmen und bei dem wir Entspannungsübungen machten – ich hasse Entspannungsübungen. Trommeln, Kurse im Schreien, irgendwas Lautes, das wäre eher mein Ding gewesen, aber so etwas war nicht vorgesehen.

Mir war schrecklich langweilig. Es fiel auch kein Schnee, die Programmpunkte Schlittenfahren und Schneeballschlachten fielen also aus. Und dann kamen zu den Wochenenden, an denen kein Programm war, auch noch zusätzliche Feiertage erschwerend hinzu. Am Silvestertag und am 1. Januar lief naturgemäß nichts, der 6. Januar war ebenfalls ein Feiertag, und die letzten zwei Tage vor Ende der Kur hatten wir kein Programm mehr, da wurde nur noch gewogen und erneut vermessen. Ich hatte übrigens kein Gramm zu- oder abgenommen.

Die tatsächlichen Tage mit Kurelementen konnte ich an einer Hand abzählen, was auch daran lag, dass wir mit der Bindehautentzündung einige Tage lang im Zimmer in Quarantäne bleiben mussten und nicht einmal im Speisesaal essen konnten. Ich fühlte mich sehr isoliert und einsam. Der Tiefpunkt dieser Kur war der dritte Geburtstag der Jüngsten, zu dem man uns zwar liebevoll einen Kuchen gebacken hatte, wir aber wegen der Quarantäne ganz alleine im Zimmer saßen. Ich weinte. Und meine Jüngste, die diesen Anblick nicht gewohnt war, war ganz erschüttert. »Weinst du, Mama?«, fragte sie mich mitleidig. Ach Gott, das tat mir so leid. Ich heulte dem Kind an seinem Geburtstag etwas vor. Nein, so sollte das alles nicht sein.

Als wir abreisten, war ich unheimlich froh, wieder wegzukönnen aus diesem Kurhaus. Wir fuhren einen Tag früher ab, ich meldete uns ordnungsgemäß ab und erhielt einen Begleitbrief, in dem stand, dass zu einer erneuten Kur vor Ablauf der Zwei-Jahres-Frist dringend geraten würde seitens der Klinik, denn dass ich mich nicht erholt hatte, war eindeutig.

Ich habe mich aber nie wieder getraut, noch einen Kurantrag zu stellen. Zu groß war meine Angst, dass ich mich für so etwas grundsätzlich nicht eigne oder dass ich wieder reinfalle. Und einen Zusammenbruch kann ich mir wirklich nicht erlauben. Von daher, und deswegen erzähle ich in dieser Ausführlichkeit von der missglückten Kur, wäre eine Haushaltshilfe für jemanden wie mich ideal. Da ist Entspannung und Prävention garantiert. Das Geld wäre hier sehr sinnvoll angelegt.

Kapitel 11
Unter der Woche: alleinerziehend. Samstags: am alleinerziehendsten

Draußen tobt das Leben, drinnen hocke ich mit den Kindern. Es ist Samstag. Vor dem Samstag lag schon der Freitag, unausweichlich, aber der gehört noch zur Woche, da ist wenigstens noch Kindergarten und Schule, wenn auch kürzer als an den anderen vier Werktagen. Seitdem ich alleinerziehend bin, habe ich dreihundertzwölf Wochenenden alleine verbracht (Stand Dezember 2015). Sechshundertvierundzwanzig Tage. Das sind zusammengenommen zwei ganze Jahre.

Am Sonntag ist schon fast wieder Montag, das geht irgendwie. Aber der Samstag ist mein Hasslingswochentag, seitdem ich mit den Kindern alleine lebe. Vielleicht ist das auch deshalb so, weil ich den Samstag früher so liebte, als ich noch Single war. Es war der Tag des Ausschlafens, dann konnte ich bummeln, mich mit Freundinnen treffen, und es gab verheißungsvolle Unternehmungen. Partyvorbereitungen, Sport, stundenlang lesen, auf Vernissagen interessante Leute kennenlernen und Kunst atmen, Theater und politisches Kabarett besuchen, sich treiben lassen, das war ganz früher der Samstag.

Dann kamen Samstage, an denen ich Teil einer jungen Familie war und wir erst ein, später zwei Kinder hatten. Diese Samstage waren auch noch ganz passabel. Wir machten Familienausflüge zu Verwandten, trafen uns mit kinderlosen Freunden, fuhren gemeinsam Lebensmittel einkaufen, verschönerten unser

Heim oder den Garten. Als mein Mann viele Jahre lang samstags arbeitete, weil das in seinem Job dazugehörte, genoss ich die Zeit zu Hause mit den Kindern und freute mich auf den Sonntag. Das kann man heute nicht mehr sagen.

Ich fühle mich eingesperrt und ausgeschlossen. »Selbst schuld, du kannst doch rausgehen, nimm die Kinder einfach mit!«, ist eine typische Reaktion, falls ich mich mal traue, diesen Samstagsfrust zu artikulieren. Oder »Lad dir doch Leute ein!« – »Du musst nur Kontakt zu anderen Alleinerziehenden suchen!« und »Sei froh, dass du den Exmann los bist«. Bin ich auch, und in meinen dunkelsten Momenten hilft mir das. Aber am Samstag fällt mir mit unschöner Regelmäßigkeit die Decke auf den Kopf.

Es ist eine sehr einsame Sache, von Freitagnachmittag (Kitaschluss) bis zum Montagmorgen seine Zeit nur mit Kindern zu verbringen, besonders, wenn diese noch klein sind. Wir haben ja gesehen, dass die alleinerziehenden Mütter sich meist um jüngere Kinder kümmern, während die wenigen alleinerziehenden Väter zum Großteil Kinder betreuen, die wenigstens im Grundschulalter sind.[46] Mit einem Baby kann man spazieren gehen, Familie und Freunde besuchen geht auch, aber ansonsten richtet sich der Tagesrhythmus fast ausschließlich nach den Bedürfnissen des Säuglings. Bei Kleinkindern ist es ähnlich: Manche gehen gerne mit zu anderen Leuten, schlafen gut im Buggy oder auf fremden Sofas, fahren gerne Auto – andere nicht.

Mit den größeren Kindern, für die die alleinerziehenden Väter meist zuständig sind, kann man schon viel mehr Sachen machen. Und vor allem können die auch mal bei Freunden übernachten, ohne dass man sie mitten in der Nacht abholen muss, weil sie Angst bekommen. Mit meinem Neunjährigen habe ich ganz andere Freizeitmöglichkeiten. Da ich alle Altersstufen mehrfach erlebt habe, kann ich da wirklich fachfrauisch mitreden.

Wenn man Glück hat, ist ein Kind am Samstag auf einem Geburtstag eingeladen und bleibt auch tatsächlich dort, was nicht selbstverständlich ist. Dann ist der Nachwuchs für ein paar Stunden aus dem Haus, zufrieden und beschäftigt, und falls die Alleinerziehende nur ein Kind hat, freut sie sich in solchen Momenten sehr. Ich habe, ohne Scherz, schon Mütter gesehen, die beim Verlassen von Kindergeburtstagspartys Luftsprünge machten, weil das Kind dort geblieben war und sie nun zwei bis drei Stunden frei hatten.

Dinge, die ich in unserer Freizeit, am Wochenende, mit meinen Kindern machen kann, machen mir nur mäßig Spaß. Vielleicht bin ich da auch komisch, eine Intellektuelle mit fehlenden Muttergenen, aber ich habe weder Freude am gemeinsamen Kuchenbacken noch am stundenlangen Aufenthalt im Schwimmbad, bei dem ich alles machen kann außer schwimmen (konkret bin ich ständig als Lifeguard im Einsatz, damit kein Kind ertrinkt), noch an Kinobesuchen mit Kindern, weil ich Trickfilme schon als Kind grauenhaft fand und heute als Folter empfinde. Ich verstehe nicht, wie man gemeinsame Laufrad- oder Fahrradtouren als Freizeitvergnügen empfinden kann, das ist für mich purer Stress. Auf großen, öffentlichen Kinderfesten ist es laut und wimmelig, meine Kinder sind nach wenigen Minuten völlig überdreht, Gleiches gilt für Flohmärkte und andere Veranstaltungen. Samstags mit einem Kleinkind durch die Stadt zu bummeln ist ungefähr so entspannend wie Spießrutenlaufen. Entweder das Kind verschwindet aus dem Blickfeld, weil man es mal kurz nicht an der Hand hatte, oder es sieht überall Dinge, die es gerne kaufen/anfassen/essen möchte. An Straßenkünstlern und Musikanten kommt man mit Kleinkind überhaupt nicht mehr vorbei, und wenn irgendwo so ein Luftballon-Verknote-Künstler steht, dann rührt das Kind sich nicht vom Fleck, bis man dort gegen Spende einen Luftballon erstanden hat. Nein, in die Stadt mit Kindern, das ist kein Vergnügen.

Spazierengehen ist super, kostet nichts und ist eine tolle Sache, das geht eigentlich immer – wenn es einen nicht stört, dass man auf dem Weg jeden Grashalm bewundern muss, ständig die Richtung wechselt und keine Zeit hat, die Gegend zu bestaunen, sondern immer ein Auge darauf haben muss, ob das Kind sich gerade in Gefahr begibt. Die möglichen Todesarten sind vielfältig: Fahrradfahrer, Autoverkehr, Verschwinden im Wald, Treppen oder Absätze hochklettern und kopfüber hinunterstürzen, giftige Beeren in den Mund stecken, Hunden an den Schwänzen ziehen.

Ich spiele auch nicht gerne, höchstens Scrabble, und das geht mit kleinen Kindern nicht. All dies fällt mir am Samstag besonders auf, während ich unter der Woche zu beschäftigt bin, mir mein eigenes »Versagen« vor Augen zu halten. »Was stimmt mit mir nicht, dass ich es nicht fertigbringe, die Zeit mit meinen Kindern zu genießen?«, frage ich mich Wochenende für Wochenende, und gelegentlich schreibe ich mir diese Frage von der Seele. Dann antworten mir Leserinnen im Internet, und ich merke, dass ich damit gar nicht alleine bin. Texte über Alleinerziehende in meinem Blog, in denen ich die Zustände beklage, laufen gerade am Samstagabend besonders gut, werden also viel geklickt und geteilt. Weil die anderen alleinerziehenden Mütter auch größtenteils alleine zu Hause sitzen und gefrustet sind. Immerhin gibt es das Internet, da ist man weniger alleine. Aber das tröstet nur ein bisschen.

Sich fast drei Tage lang nur mit Kindern zu beschäftigen, ihre Geschichten anzuhören, ihr Gebrabbel, wenn sie noch klein sind, ihnen den Po abzuwischen und die Windeln zu wechseln, Essen zuzubereiten und für den Hausfrieden zu sorgen, all das kann schon mal einen Lagerkoller auslösen.

Im Sommer finde ich die Wochenenden erträglicher als im Winter, denn unsere Wohnung ist – wie die vieler Alleinerziehender, die wenig Geld haben – klein. Und unser Budget für Unternehmungen auch, da schlägt schon mal ein ganz normaler Schwimmbadbesuch selbst ohne Eis und Pommes stark zu Buche, speziell am Monatsende oder wenn gerade Nebenkostennachzahlungen zu leisten waren.

Die Zeit zieht sich zäh vom Freitagnachmittag bis zum Beginn der Arbeitswoche am Montag, wenn wieder Alltag einkehrt. Es gab Zeiten, da habe ich wirklich die Stunden rückwärts gezählt, bis endlich wieder Kita und Schule aufmachten. Die Nächte mit Baby und Kleinkindern sind nur mäßig ruhig und erholsam, wie alle Eltern wissen, die kann man also nicht einfach mit drei Mal acht Stunden abziehen, das wäre illusorisch.

Und die Tage, die ich mit den Kindern alleine verbrachte, kamen mir speziell am Wochenende oft vor wie Haft mit Ausgang. Ich hatte und habe Fesseln, ich konnte nicht mehr tun und lassen, was ich wollte, nicht einmal stundenweise, nein, nicht einmal für fünf Minuten, solange die Kinder klein waren. Fernsehen ging nicht, denn die Kinder wollen keine Dokumentationen über fremde Länder schauen, und meine geliebten Krimis kann und konnte ich ihnen nicht zumuten. Außerdem mögen sie nicht so lange stillsitzen, wie ein Film dauert. Telefonieren kann ich auch nicht, denn alle Eltern wissen, dass so ein Telefon magisch auf Kinder wirkt. Sie versuchen wirklich alles, um zu verhindern, dass sich Erwachsene in Ruhe unterhalten können. Das fängt schon bei Babys an, ich habe keine Ahnung, wieso das so ist, und gibt sich erst dann, wenn die Kinder selbst ins Teenageralter kommen und das Telefon in Beschlag nehmen.

Mir fehlt ein zweiter Erwachsener, jemand, mit dem ich reden kann. Und zwar einer aus Fleisch und Blut, keiner aus irgendeinem Internetforum oder den Social Media. Es müsste kein Partner sein, überhaupt nicht, sondern einfach ein Freund, eine Freundin, jemand mit Herz und Verstand. Aber meine Freunde haben alle selbst Familie, und wenn wir alle aufeinanderhocken, dann bleibt auch kein Raum für Gespräche, weil die Kinder ständig irgendwas wollen oder brauchen. So ist das nun mal.

Echte Gespräche unter Erwachsenen sind nur unter erschwerten Bedingungen möglich, wenn Kleinkinder anwesend sind. Auch dieses Phänomen kennen nicht nur Alleinerziehende: Kaum wechselt man mehr als drei Sätze mit der Nachbarin, Freundin oder Bekannten, beginnt der Nachwuchs, zeternd an den Hosenbeinen oder dem Rockzipfel zu ziehen und fordert Aufmerksamkeit. Nach wenigen Minuten geht diese Forderung in ohrenbetäubendes Geschrei über, und das hat nichts mit schlechter Erziehung zu tun, man beobachtet es wirklich allerorten – es scheint ein Phänomen der Zeit zu sein. Früher hätte ich mir das nie erlaubt, aber als ich Kind war, gab es auch noch Ohrfeigen und Klapse auf den Po. Das war also auch kein erstrebenswerter Zustand.

Und genau deshalb nützt es mir auch nicht viel, andere Alleinerziehende einzuladen oder auf irgendwelche Feste zu gehen. Denn unterhalten kann ich mich da nicht, wenn ich ein Kleinkind dabeihabe. Außer, falls das Kind gerade schläft, und es ist halt nicht jederkinds Sache, überall gut und fest zu schlafen.

Im Übrigen finde ich den Vorschlag, mir gezielt andere Alleinerziehende als Gesellschaft zu suchen, ziemlich absurd. Soll ich nur, weil wir zufällig den Familienstatus gemeinsam haben, mit diesen Frauen Zeit verbringen? Die Gemeinsamkeiten müssten für mich schon weit über diese Basis hinausgehen. Ich war schon immer wählerisch, was meine Freundinnen betrifft, und Gesellschaft nur um des Nicht-allein-Seins ist überhaupt nicht mein Ding. Ich bin nämlich im Prinzip sehr gerne alleine. Deshalb ist die Idee, meine Misere an den Wochenenden durch zusätzlichen Kontakt mit noch mehr Menschen aufzulösen, für mich eher absurd.

Meine guten Freundinnen vor Ort haben Mann und Kinder, die unternehmen am Wochenende etwas gemeinsam mit anderen Familien, damit der Mann auch jemanden zum Reden hat. Manchmal bin ich auch eingeladen, aber dann sind die anderen, »intakten« Familien nicht dabei. Am wohlsten fühle ich mich, das gebe ich offen zu, wenn ich mit einer Freundin alleine reden kann und ganz ohne Kinder und Männer etwas unternehme. Aber das ist so selten möglich, dass ich kaum Freundschaften aufrechterhalten kann. Dafür braucht man nämlich Zeit und Geld: Geld für einen Babysitter, den ich abends bräuchte, wenn die Freundinnen mal Zeit haben, weil da ihr Mann sich um die Kinder kümmern kann. Tagsüber arbeiten wir, da ist es ohnehin schwierig, Zeit füreinander zu finden. Beide Freundinnen, Sie ahnen es, sehe ich nur sehr gelegentlich. Eine ist nun nach München gezogen, die andere treffe ich eher zufällig in der Stadt als bei einer tatsächlichen Verabredung.

Seitdem ich Kinder habe, und das sind nun fünfzehn Jahre, war kaum Zeit für Freundinnen. Das kennen viele Eltern, aber als Alleinerziehende leide ich noch mehr darunter als während meiner Ehe. Da hatte ich wenigstens einen schlauen und witzigen Mann, mit dem ich mich austauschen konnte. Und ganz, ganz selten konnte ich auch ausgehen, obwohl mein Mann das Beaufsichtigen der eigenen Kinder stets als schwere Arbeit empfand und mir vermittelte, es sei eine Zumutung, wenn ich ohne ihn das Haus verließ, um mich mit jemandem zu treffen. Irgendwie bin ich aus dem goldenen Käfig der Ehe in den Alleinerziehenden-Knast mit Ausgang zu Kitazeiten geraten. Es ist mir trotzdem lieber so.

Aber wenn ich daran denke, dass mein Exmann, der Vater der Kinder, seit Jahren nicht nur seine Wochenenden, sondern auch täglich seinen Feierabend genießen kann, sinkt meine Laune in den Keller. Partys, Reisen, Kino, alle Arten von Events – das sind

Dinge, die mir verwehrt sind. Ich weiß gar nicht, wann ich das letzte Mal auf einer Party war, die kein Kindergeburtstag gewesen ist.

Und dass mir am Wochenende, wo ich so viel Zeit zu Hause verbringe, während der ich nicht arbeite, dann noch ins Auge fällt, wie schmutzig meine Wohnung ist, macht mich zusätzlich unfroh. Typischerweise bekomme ich am Sonntag dann einen Rappel, weil ich sehe, wie furchtbar staubig das Bad ist und dass eine halbwegs saubere Wohnung wirklich anders aussieht.

Weil meine Kinder am Wochenende gerne Besuch von Nachbarskindern und Freunden haben, was ich sehr begrüße, da sie dann wenigstens fröhlich spielen und gut beschäftigt sind, sieht es in meiner Wohnung am Sonntagnachmittag auch so aus wie in einer Kita: Überall liegen Spielsachen, für jedes eigene Kind ist mindestens ein Besuchskind zu Gast, und die Spüle steht voller benutzter Trinkbecher. Das ist in Ordnung, weil es für uns funktioniert, und manchmal komme ich nebenbei sogar zum Arbeiten am Computer. Insofern mache ich wohl aus der Not eine Tugend.

Und falls Sie jetzt denken, die gute Frau müsste sich doch nur die dazugehörigen Mütter zu diesen Besuchskindern einladen, dann hätte sie jemanden zum Reden: Nein. Diese Mütter sind froh, wenn sie mal alleine sind oder den Haushalt erledigen können. Mit manchen mag ich auch gar nicht mehr Zeit verbringen, als nachbarschaftlich freundlich zu grüßen, und es wäre mir wirklich zu viel Radau in der Bude, wenn hier neben sechs bis acht Kindern auch noch zwei bis drei Mütter sitzen. Ich bin doch kein Kindercafé!

Wie lange bleiben Alleinerziehende alleine?

Die Statistik sagt uns, es »haben etwa zwei Drittel der alleinerziehenden Mütter aktuell keinen Partner und sind damit tatsächlich alleinerziehend. Ungefähr ein Drittel der alleinerziehenden Mütter befindet sich dagegen in einer Partnerschaft, lebt mit diesem Partner aber nicht in einem gemeinsamen Haushalt« (neueste Zahlen von 2012).[47]

Ob eine Frau, nur weil sie einen Partner hat, nicht mehr de facto alleinerziehend ist, darüber gehen die Meinungen naturgemäß auseinander. Denn eigentlich müsste man an dieser Stelle ja fragen, ob der neue Partner Verantwortung fürs Kind übernimmt. Aber das scheint statistisch nicht nachweisbar. Was statistisch aber nachvollziehbar ist: wie lange Alleinerziehende durchschnittlich ohne Partner bleiben, also ohne Gesprächspartner und Gefährten, der sie in den Arm nimmt.

Je jünger die Alleinerziehende, desto schneller findet sie wieder einen Partner – wobei hier nicht ganz klar ist, ob der neue Partner vielleicht schon »in den Startlöchern stand« und der Grund für eine Trennung vom Vater des Kindes war. Viele Alleinerziehende unter fünfundzwanzig Jahren mit nur einem Kind bleiben keine zwei Jahre alleine, die Mehrheit der Alleinerziehenden unter dreißig gibt an, einen Partner zu haben. Aber nur jede vierte alleinerziehende Mutter über vierzig Jahren befindet sich in einer Beziehung.

Ob sie weniger bereit sind, eine Beziehung einzugehen, weil die Ansprüche höher sind als bei jungen Frauen, oder ob sie der Männerwelt als weniger attraktiv erscheinen, darüber gibt die Statistik keine Auskunft, obwohl der Familienmonitor diese Frage ausdrücklich thematisiert.

Wer eine desillusionierende Sicht des Marktwerts der alleinerziehenden Mutter unter Männern lesen will, muss nur in

Maike von Wegens Buch *Mutterseelenalleinerziehend. Ein Kind und weg vom Fenster?*[48] nachlesen, wo sie die Alleinerziehende als MILF zeigt.[49] Für alle, die nicht wissen, was eine MILF ist – das ist eine »Mother I'd like to fuck«, ja genau, es geht um Sex beziehungsweise die Frau als sexuelles Objekt. Wer MILF sagt, ist in der Regel kein Feminist und auch kein Intellektueller, sagen wir mal so.

Maike hat einen Mann interviewt, der sich auf sexuelle Bekanntschaften mit alleinerziehenden Müttern spezialisiert hat und den sie über ein Online-Datingportal aufgetrieben hat. Im Gespräch an Maikes Küchentisch berichtet dieser Mann, dass Alleinerziehende super praktisch als Geschlechtspartnerinnen seien, weil die ja immer zu Hause hocken müssten, um auf ihre Kinder aufzupassen. Falls er nachts in den Clubs leer ausgegangen sei, könne er jederzeit hinterher noch bei einer der Mütter vorbeischauen und werde freudig reingelassen. Und dankbar im Bett seien die alleinerziehenden Frauen obendrein, wie ausgehungert. Maike fand den Typen sehr eklig, und jede Frau mit Grips kann sich denken, dass ein Typ, der nachts um 3 vor ihrer Tür steht, das nicht aus romantischer Sehnsucht tut – kein Wunder, dass viele Frauen lieber alleine bleiben. So nötig hat frau es dann doch nicht.

Sex, Liebe und Partnerschaft in einen Topf zu werfen, ist sowieso gerade für die Alleinerziehenden kein vielversprechender Ansatz. Es gibt genügend Männer, schreibt Maike, die meinen, »alleinerziehende Mütter können glücklich sein, überhaupt irgendwas abzubekommen«.[50] Und es gibt genügend Frauen, denen diese Einstellung sonnenklar ist und die deswegen darauf verzichten, sich überhaupt umzugucken. So sehen das wohl viele Frauen über vierzig, ich auch. Das habe ich nicht nötig, da bleibe ich lieber alleine.

Das Statistische Bundesamt schreibt im Monitor Familienforschung Nr. 28, dass innerhalb des Beobachtungszeitraums von zweiundzwanzig Jahren etwa die Hälfte der alleinerziehenden Mütter wieder einen neuen Lebenspartner habe. Ein Viertel davon findet innerhalb der ersten drei Jahre nach der Trennung einen neuen Partner, ein weiteres Viertel nach fünf Jahren. »Dies bedeutet jedoch umgekehrt auch, dass die Hälfte der alleinerziehenden Mütter keinen neuen Partner hat und ein Viertel sogar mindestens dreizehn Jahre lang alleinerziehend ist.« Dreizehn Jahre!

Dann habe ich ja bald die Hälfte meiner Zeit abgesessen. Aber um ganz ehrlich zu sein, ich war die ersten Jahre meines Alleinerziehendendaseins überhaupt nicht daran interessiert, jemanden kennenzulernen. Im Gegenteil, wenn mir ein Mann gefiel, suchte ich panisch das Weite. Das war ein Reflex, der sogar vor dem Supermarktregal griff, wo ich mehrfach bemerkte, dass ich mit dem Einkaufswagen weglief, weil mir ein gut aussehender Mensch mehr oder weniger unauffällig folgte. Und diese Phase hielt mindestens drei Jahre an. Erst vier bis fünf Jahre nach meiner Trennung begann ich wieder, vorsichtig nach Männern zu schauen. Aber so dringend, dass ich Online-Dating ausprobiert hätte oder mich auf irgendwelche Strategien außer dem Zufall hätte verlassen wollen, war mir die Sache mit dem Kennenlernen bisher nicht. Ich habe gar keine Zeit für einen Partner.

Was sagen meine Leserinnen? Fällt ihnen samstags auch die Decke auf den Kopf?

In einer Facebook-Gruppe für Alleinerziehende schreibt eine Frau namens Sabs Harli auf meine Frage in die Runde, ob den anderen Alleinerziehenden samstagabends auch regelmäßig die

Decke auf den Kopf falle, sehr ehrlich: »Und ob, ich stelle mir immer die anderen vor, die sich einen Kinoabend gönnen, oder die Single-Freundinnen, die gar nicht zu schätzen wissen, wie frei sie sind. Die aber dann unsereins anjammern, wie gestresst sie sind und dass sie deshalb nicht zu Besuch kommen können. Da könnte ich im Strahl kotzen. An die denke ich, wenn ich abends um halb neun mit 38 Grad Fieber die Küche sauber mache, um dann, wieder einmal, alleine auf dem Balkon ein Bier zu trinken und danach, ebenfalls alleine, ins Bett zu gehen.«

Meist äußern sich die Alleinerziehenden weniger drastisch und speziell diejenigen, die mit echtem Profil posten, deutlich moderater – ich vermute, das hat, wie immer bei Facebook-Beiträgen, auch viel mit dem Selbstbild zu tun, das man nach außen transportieren möchte. Aber das ist ein weites Feld. Nehmen wir also die Antworten der Alleinerziehenden auf meine Frage nach ihrem Seelenzustand am Samstagabend einfach mal so hin, wie sie niedergeschrieben wurden.

Wir haben es hier mit einer relativ großen Vielfalt zu tun, denn etwa ein Drittel der Frauen ist weder unglücklich noch einsam, denen geht es gut als Alleinerziehende am Wochenende. Ein weiteres Drittel fühlt sich manchmal einsam, oft müde, leidet aber nicht sehr unter der Situation. Und das restliche Drittel, zu dem ich mich zähle, ist jedes Mal froh, wenn das Wochenende vorbei ist. So zum Beispiel Elisa Lehnert, die unumwunden zugibt: »Einsam am Freitagabend, einsam am Samstag- und Sonntagabend. Tagsüber beschäftigt man sich irgendwie, abends geht die Grübelmaschine wieder an, und Sehnsüchte kommen auf.«

Auch Stephanie Be schreibt: »Ich fand damals als Alleinerziehende die Sonntage am schlimmsten. Den ganzen Tag, und der Rest der Welt ist anderweitig beschäftigt. Samstagabende waren auch oft schlimm, aber da war man wenigstens erschöpft vom Tag.« Ähnliches lesen wir von Viola Schwarz: »Oft bin ich einfach platt und froh, meine Ruhe zu haben am Abend. Aber es ist schon auch nervig auf die Dauer.«

Die typische Mischung im Leben von Alleinerziehenden, bestehend aus Erschöpfung und sozialer Isolation, sorgt dafür, dass Sabs Harli kaum noch aus dem Haus geht. Was sie aber kaum bedauert, weil sie ohnehin keine Energie mehr hätte, um unter die Leute zu gehen: »Ich bin von der Arbeitswoche meist so geschafft, dass ich, selbst wenn Babysitter verfügbar wären (mittlerweile macht das meine Große für ihren Bruder gelegentlich), kaum den Allerwertesten hochbekomme. Hab mich wegen der Auslastung im Alltag und meinem Rheuma (was mich oft zusätzlich schlaucht) sozial ziemlich isoliert. Besuch kommt höchst selten, da Freunde meist mit Familie unterwegs sind. Wir haben hier keine Familie.«

Ähnlich wie mir geht es Silke Nenzel, die aber immerhin gelegentlich ausgeht: »Mich nervt dieses ständige Zuhausesein schon sehr. Ab und zu gehe ich abends schon mal weg. Könnte mehr sein. Immer zu Haus sein ist mir zu langweilig. Vor allem, wenn man nur eine kleine Wohnung hat.«

In einer Art Zwischenstadium befindet sich Petra Blecher: »Fast vier Jahre lang bin ich nun alleine, es ist auf die Dauer echt nervig, wenn man dann wochenends alleine da sitzt und die tausendste Wiederholung ansieht. Jedes zweite Wochenende hab ich frei, aber dann wird das gemacht, was liegen geblieben ist, und alleine ausgehen … nein, das möcht ich auch nicht … allmählich hab ich es dann auch ein klein wenig satt.« Und auch Sarah Heun sagt über ihre Wochenenden und das Gefühl der Einsamkeit: »Mal so, mal so. Oft bin ich einfach nur einsam.«

Rein pragmatisch sieht Kathleen Eckhardt das Alleinsein am Wochenende: »Ich finde es okay, so wie es ist! Natürlich ist es manchmal langweilig, aber oft bin ich auch sowieso zu kaputt, um mir darüber Gedanken zu machen.«

Viele Mütter genießen die kinderfreien Wochenenden, an denen die Sprösslinge beim Kindsvater sind, einige vermissen die Kinder dann jedoch – auch keine schöne Situation. Christine Lohr erzählt: »Ich genieße die Zeit ohne Kind ganz bewusst und schaffe mir meine kleinen Nischen. Wenn sie nicht da ist, dann vermisse ich sie doch arg. Aber meine Zeit mit mir alleine, in der ich ausgehe, ist mir sehr, sehr wichtig. Sonst versuche ich, Menschen zu mir einzuladen.«

Und dann gibt's noch diejenigen, die rundum zufrieden damit sind, wie es ist: »Mir fällt nix auf den Kopf!«, schreibt Chia Rena. »Bin aber auch aus dem Feier-Alter raus und vermisse nix. Wir genießen die gemeinsamen Abende, wo meine Tochter nicht früh ins Bett muss, und suchen uns das Fernseh- oder Filmprogramm gemeinsam aus. Und dann wird ausgiebig ausgeschlafen und gekuschelt. Wenn ich doch mal rauswill, findet sich immer eine Möglichkeit! Es ist bei uns alles perfekt, so wie es ist!«

Auch kein Einzelfall ist Henriette von Lenthe, die sich rundum wohlfühlt: »Also, die Decke ist mir in den anderthalb Jahren alleine noch nicht auf den Kopf gefallen, wenn ich alleine war. Wenn ich alleine bin an den kinderfreien WE, gehe ich ganz oft ins Kino, das konnte ich zwölf Jahre nicht. Ich bin auch viel verabredet mit Freundinnen. Ich bin nicht einsam, weder mit noch ohne Kids.«

Und meine Leserin Cindy Weidner beneide ich ein bisschen: »Ich finde die Wochenenden mit den Kindern (3 und 5 Jahre) toll, und mir fehlt nichts. Verbringe gerne Zeit mit den beiden, und wir sind uns selbst genug (war aber auch in der Vor-Kinder-Zeit schon kein Gesellschafts-Mensch). Wir sind ganz alleine, zum Papa besteht kein Kontakt.«

Grundsätzlich scheinen diejenigen Alleinerziehenden, die zumindest jedes zweite Wochenende kinderfrei haben, jedoch deutlich zufriedener mit ihrer Situation als jene, die überhaupt keine kinderfreie Zeit haben, und das verwundert nicht. Sei es also Entlastung durch eine Umgangsregelung, sei es durch Oma/Opa, die das Kind regelmäßig zu sich nehmen: Dies alles schafft Raum und sorgt für mehr Zufriedenheit. Nach einem Partner sehnen sich die Alleinerziehenden nicht unbedingt, eher nach netter Gesellschaft und etwas mehr Freiheit.

Das Internet als Draht zur Welt spielt eine wichtige Rolle, um Einsamkeit und soziale Isolation zu bekämpfen, wie stellvertretend für viele Liane Engel schreibt: »Am Anfang hab ich mich abends alleine gefühlt, eingesperrt in der Wohnung. Eigentlich hätte ich in der Zeit etwas für mich machen können, aber ich war an die Wohnung gefesselt. Inzwischen fühle ich mich ab und zu einsam und finde es schade, dann wieder genieße ich die Ruhe. Ich habe ein Hobby gefunden, das mich erfüllt. Austausch mit anderen findet dann eher übers Netz statt.«

Allerdings ist die starke Bindung ans Internet auch eine zweischneidige Sache, wie manche Alleinerziehende erschrocken feststellen muss. Eine Leserin berichtet, dass ihr das Internet wichtiger geworden ist als echte Kontakte: »Ich kenne kein kinderfreies Wochenende. Hocke seit Jahren abends auf dem Sofa alleine, beame mich weg ins Internet. Bin da leider schon ein Suchti geworden. Einmal hatte ich abends Besuch und konnte kaum erwarten, dass der endlich geht, damit ich ins Facebook kann. Klarer Fall von Sucht. Ich flüchte aus der Realität, sobald Mini pennt.«

Ich kann mir das gut vorstellen, denn ich bewege mich auch viel im Internet. Wenn ich keines habe, werde ich allerdings nicht nervös (so zum Beispiel wenn ich meine Eltern oder die Schwiegereltern besuche), solange ich ein gutes Buch zum Lesen dabeihabe. Ganz ohne Lesestoff fühle ich mich verloren, aber das hat weniger mit dem Internet zu tun – das war schon immer so, seitdem ich lesen kann. Trotzdem wäre eine Studie über den

Zusammenhang zwischen Internetsucht und der Isolation von Alleinerziehenden eine interessante Sache. Denn wie alle Süchte produziert auch eine Internetsucht Folgekosten für die Allgemeinheit. Ich denke gerade an meine Rechnung mit der Haushaltshilfe, die ich gerne statt des Rechts auf eine Mutter-Kind-Kur als Option hätte. Wenn wir dem Vorschlag der einen Leserin folgen, die sich wünschte, in einer Art Punktesystem wahlweise auch einen Babysitter aussuchen zu können, dann könnte so manche Internetsucht vielleicht verhindert werden.

Was genau ist noch mal so schlimm daran, das ganze Wochenende mit den eigenen Kindern alleine zu sein?

Es ist Sonntagabend, während ich dieses Kapitel beende. Ich habe mich bewusst an einem Wochenende hingesetzt und dieses Kapitel geschrieben, und ähnlich wie bei dem Kapitel über das unbefriedigende Sauberkeitsniveau meiner Wohnung tut es mir ein bisschen weh, darüber im Detail zu schreiben, weil ein großer Teil meines Funktionierens davon abhängt, dass ich gewisse Dinge einfach verdränge. Nach dem Schreiben des Kapitels über die verstaubte Wohnung ereilte mich ein Putzanfall, der erst nach zwei Tagen richtig vorbei war, denn wer den Schmutz sieht und benennt, kann ihn nicht mehr übersehen.

Jetzt, wo ich über die Einsamkeit und das Eingesperrtsein am Wochenende schreibe, merke ich, wie schwer mir dabei ums Herz wird. Denn obwohl draußen Kinder spielen, die Nachbarn in Reichweite sind, die Sonne gerade wieder rauskommt und ich zwei Tage lang toll ausschlafen durfte (etwas, das die ersten vier Jahre des Alleinerziehendenlebens nicht möglich war), weiß ich genau, dass ich hier nicht wegkann. Ich würde gerne einen Kilometer schwimmen, ich würde gerne alleine spazieren gehen, ich würde auch gerne ins Kino und französische Autorenfilme anschauen, Kunst und Kabarett genießen oder einfach mal das Haus verlassen, ohne jemanden fragen und etwas organisieren zu müssen. Kann ich aber nicht. Es gibt keine Spontaneität für mich. Hätte ich einen Liebhaber, könnte ich den nur nachts treffen (ein Fest für die MILF-Stecher!), und überhaupt erst mal jemanden kennenzulernen, ohne das Internet zu bemühen, ist schon ein Ding der Unmöglichkeit. Meine Wochenenden sind fremdbestimmt. Klar, ich kann mitreden, und meine Kinder haben umgekehrt sicher nicht das Gefühl, den Ton anzugeben. Aber es wird noch Jahre dauern, bis ich mal wieder ein freies Wochenende haben werde. Und das finde ich zum Kotzen, gemein, ungerecht, traurig. Bei aller Liebe zu den Kindern. Ich fühle mich eingesperrt.

Kapitel 10
Termine, Termine, Termine. Von Elternabenden, Ergotherapie und Klassenausflügen

Ich wäre manchmal gerne Wochenendpapa. Oder Wochenendmama wie meine Freundin Tina. Ich müsste mich um nichts kümmern, außer gelegentlich ein Kind zu einem Kindergeburtstag am Samstag oder Sonntag fahren, es dort abliefern und dann drei Stunden später wieder abholen. Das Geschenk für diesen Anlass hätte der von mir getrennt lebende Exmann bereits gekauft, die Kinder würden ihren Besuch bei mir mit bereits gepackten Taschen antreten, ich würde sie bespaßen oder wahlweise sich selbst überlassen, und bei mir blieben sie länger auf als zu Hause. Sie würden meine Gegenwart ausdrücklich genießen, aber Verantwortung für ihren Alltag hätte ich nicht.

Die Realität sieht anders aus. Für mich und für die vielen alleinerziehenden Mütter in Deutschland ist es ein ewiger Spagat, die Arbeit (so sie denn eine haben), den Haushalt und die Aufgaben rund um die Kinder so zu bewältigen, dass nicht ständig irgendetwas hinten runterfällt. Jeder Tag, der vergeht, ohne dass ich etwas vergessen habe, ist ein bemerkenswerter Tag.

»Mama, meine Lehrerin Frau Müller* hat gesagt, wir sollen von zu Hause eine Häkelnadel mitbringen. Haben wir so was?«, will beispielsweise der Sohn an einem Mittwochnachmittag von mir wissen. Ich habe nicht einmal Stricknadeln, eine Häkelnadel noch viel weniger. Am allerwenigsten aber habe ich Lust, am frühen Abend noch loszufahren, um eine Häkelnadel zu kaufen.

Also nehme ich mir vor, die Nachbarn zu fragen, ob uns jemand so was ausleihen kann. Dann aber ruft die Jüngste vom Klo aus um Hilfe. Irgendwas beim Abputzen klappt nicht, ich eile in Richtung Badezimmer, ohne mir vorher auf einem Zettel »Häkelnadel« zu notieren. Die Häkelnadel, Sie ahnen es, wurde weder jemals gekauft noch von den Nachbarn ausgeliehen, weil ich sie schlichtweg vergessen habe. Der Sohn bekam dann eine von der Lehrerin ausgeliehen.

Ich glaube, in der Grundschule des Sohnes hat man mich schon als »die hoffnungslos überforderte Alleinerziehende« einsortiert, denn obwohl ich es der Klassenlehrerin im Elterngespräch jedes Mal verspreche, denke ich nicht jede Woche daran, mit dem Sohn zusammen den Schulranzen aus- und aufzuräumen. Eigentlich denke ich nie daran, außer nach den Ferien. Das habe ich allerdings damals, bei der Großen, als ich noch verheiratet war, auch nicht gemacht, und sie war ein wahres Chaoswunder in ihrer Grundschulzeit. Als sie dann auf die weiterführende Schule kam, änderte sich das abrupt, und seitdem sorgt sie gerne und ohne Aufforderung für Ordnung. Vielleicht ist es gar nicht so verkehrt, die Kinder nicht so sehr an die Hand zu nehmen, was das Aufräumen betrifft?

Meine Große hat ab einem gewissen Alter auch gelernt, ihre Utensilien für die Schule selbst einzukaufen – und vor allem, selbst daran zu denken. Denn ihre Mutter hat tausend Sachen im Kopf, da ist es besser, wenn sie sich auf sich selbst verlässt, das war für sie als Kind einer verheirateten Mutter so wie heute als Tochter einer Alleinerziehenden.

Schließlich war ich jahrelang voll berufstätig, ich konnte nicht alles, was privat so an mich herangetragen wurde, sofort und zuverlässig erledigen. Im Job schon, aber zu Hause leistete ich mir Nachlässigkeiten. Was einiges über meine Prioritäten aussagt, mag sein. Aber bei der Arbeit musste ich auch nicht ständig Aufgaben-Hopping machen, zumindest nicht komplett fremdbestimmt.

Die Schule, wie ich sie kenne, erwartet von den Eltern nicht nur die prompte Lieferung von Häkelnadeln, neuen Heften, falls die alten vollgeschrieben sind, Kuchen zu Geburtstagen und Anwesenheit bei Elternabenden, sondern auch, dass Eltern mit den Grundschulkindern üben und die Hausaufgaben kontrollieren. Das sind alles keine Zumutungen, nicht dass Sie mich falsch verstehen, aber es ist furchtbar schwierig zu leisten, wenn beide Eltern berufstätig sind oder nur ein Elternteil alleine den Alltag mit Kind stemmt.

Als ich noch »nur« zweifache Mutter war und nach meinen langen Arbeitstagen aus der Schweiz nach Hause kam, musste ich meinen Kindern nur noch eine Gutenachtgeschichte vorlesen und sie ins Bett bringen, und das war für mich völlig in Ordnung. Ich kam selten vor 19:30 Uhr nach Hause, und tagsüber hatten sich ein Au-pair, eine Kinderfrau, Babysitter oder eine studentische Aushilfe gekümmert. Den Kindern ging es gut, mir ging es gut – aber Hausaufgabenbetreuung konnten diese jungen Frauen nicht leisten. Teils sprachen sie unsere Sprache nicht gut genug, teils hatten sie selbst die Schule sehr früh verlassen; sie waren aus diversen Gründen jedenfalls nicht in der Lage, sich auch noch der schulischen Belange der Kinder anzunehmen.

Theoretisch hätte ich mit der Großen Schwungübungen machen müssen, um ihre Stifthaltung zu lockern und zu verbessern, den Schulranzen gemeinsam ausräumen, die Hausaufgaben kontrollieren und noch irgendeinen Zirkel nachkaufen müssen, der schon wieder verschwunden war. Praktisch passierte nichts davon, denn ich war ziemlich erschöpft nach so einem Tag. Meinem Mann, der selbstständig war, ging es nicht anders, außerdem kochte er das gemeinsame Abendessen. Wir waren also damals schon keine mustergültigen Grundschuleltern, und ich weiß von anderen Elternpaaren, dass sie sich auch überfordert fühlen von all den Dingen, an denen sie sich aus Sicht der Schule beteiligen sollten.

Jetzt habe ich drei Kinder, seit sechs Jahren schon, und keinen Mann mehr, und meine Auftragslage rund um die Kinder hat weiter angezogen. Es gibt unglaublich viele Dinge, die getan werden müssen. Und egal, wie alt die Kinder sind, die Summe der zu erledigenden Dinge bleibt auf sonderbare Weise gleich, so ähnlich wie man das volkstümlich von der Summe der Sorgen sagt. Es ändert sich nur das Päckchen, das frau zu tragen hat.

Es ist mir ein Rätsel, wie ich es als Alleinerziehende schaffen soll, mit den Kindern gemeinsam Hausaufgaben zu machen und geduldig und in Ruhe Fragen zu den obligatorischen Referaten zu beantworten, die heute auch schon in der Grundschule verlangt werden und die für die Kinder eine viel zu schwierige Aufgabe sind, wenn sie sie alleine bewältigen sollen: Es fängt schon damit an, dass ein großer bunter A3-Bogen eingekauft werden muss. Den gibt's nur in der Stadt, im Schreibwarenladen. Und Fotos drucken sich auch nicht von alleine aus. Abgesehen davon besitzt nicht jeder Haushalt einen Farbdrucker für die Fotos, die zu so einem Referat gehören. Sprich, die Mutter muss in den Drogeriemarkt zum Ausdrucken. Ob die Lehrer daran nicht denken oder ob es ihnen egal ist, kann ich nicht beurteilen. Aber es nervt mich.

Das große Kind fragt auch gelegentlich um Rat, wenn es eine GFS vorbereiten muss (das macht man in der weiterführenden Schule, es ist ein Referat, das zählt wie eine Klassenarbeit), und ich habe zu alledem genauso wenig Zeit wie Lust. Aber die Kinder im Stich zu lassen, wenn sie etwas alleine nicht hinbekommen, geht ja auch nicht. Hilfe zur Selbsthilfe, Sie wissen schon. Das ist nur unheimlich kräftezehrend, wenn gleichzeitig noch ein Kindergartenkind um einen herumturnt, das auch Aufmerksamkeit möchte und genau deshalb massiv stört (»Nie kümmerst du dich um mich!«). Es gibt auch Eltern, die die Referate für ihre Kinder schreiben, habe ich mir sagen lassen. So etwas liegt mir fern, die Zeit hätte ich gar nicht, und ich finde das absurd.

Ich bin sehr froh, dass meine Jüngste seit September 2015 eine Ganztagsgrundschule besucht, wo die Hausaufgabenbetreuung gleich am Nachmittag und direkt mit den Lehrern erfolgt. Das sehe ich nämlich als Voraussetzung für Chancengleichheit. Nicht alle Elternhäuser haben die Zeit und Kompetenz, die Kinder zu Hause auch noch zu beschulen. Ich sage das bewusst so, denn natürlich gibt es auch die Position, dass die Schule nicht alles auffangen könne, was das Elternhaus versäumt. Aber nehmen Sie mal die vielen Alleinerziehenden oder Familien, in denen beide Eltern berufstätig sind – wie sollen wir nach Feierabend noch Hausaufgabenbetreuung leisten? Die Kinder sind abends müde, die Eltern auch. Und ob auf diese Weise nachhaltiger schulischer Erfolg gewährleistet werden kann, ist sehr zweifelhaft, finde ich.

Arme Kinder, das sagen uns Studien, haben es viel schwerer in der Schule, sie sind sogar schon bei der Einschulung deutlich hinterher, was diverse schulrelevante Fähigkeiten betrifft.[51] So weisen Kinder aus Familien, die in Armut leben, deutliche Defizite in den Bereichen Visuomotorik, Körperkoordination und Konzentration auf, sie sprechen schlechter Deutsch und können weniger gut zählen als Gleichaltrige. Und Alleinerziehende und ihre Kinder sind nun einmal überdurchschnittlich oft und über längere Zeiträume von Armut betroffen.

Wer ständig Finanzsorgen hat und eine zu lange To-do-Liste, tut sich schwer damit, auch noch nebenbei auf die Schnelle Häkelnadeln zu organisieren, um es mal überspitzt zu sagen. Dazu kommt die Tatsache, dass die Quote der Vollzeit berufstätigen

Mütter bei Alleinerziehenden mit über 40 Prozent etwa doppelt so hoch ist wie bei Müttern in Paarbeziehungen.[52]

Die meisten Alleinerziehenden arbeiten also mehr Stunden als Mütter in Paarbeziehungen, haben aber weniger Geld und Zeit. Das ist ganz schlecht, wenn man auch noch alleine die Verantwortung für den Alltag trägt und dieser voller kleiner und größerer Aufgaben ist, die abgearbeitet werden müssen oder nicht vergessen werden sollten. Unterstützung durch einen Partner haben auch die wenigsten, wie wir schon gesehen haben. Und ob der Partner, falls die Alleinerziehende einen hat, sich für die Hausaufgaben und den Kleinkram rund um das nicht leibliche Kind zuständig fühlt, ist eine andere Frage.

Wer heute Kinder hat und arbeitet, sitzt zwischen allen Stühlen. Und so langsam dämmert es den Eltern, dass die vielgepriesene »Vereinbarkeit von Familie und Beruf«, die übrigens seitens der Firmen gerne »Vereinbarkeit von Beruf und Familie« genannt wird (Sie merken den Unterschied in der Gewichtung?), eigentlich nicht machbar ist. Jedenfalls nicht so, dass man das Gefühl hat, irgendetwas im Griff zu haben. Es bleibt ein ewiges Flickwerk und das Gefühl, ungenügend zu sein. Warum das so ist? Nun, schauen wir uns doch mal an, was neben dem Haushalt, der Arbeit, dem Streitschlichten, Tränenwegwischen, Pflasteraufkleben, Kloputzen, Umgefallene-Apfelschorle-Aufwischen, Bemalte-Wände-Säubern etc. sonst noch zu erledigen ist.

Klassenausflüge, Elterngespräche, Elternabende

Es scheint, dass unsere Grundschulen nicht darauf ausgelegt sind, ihr Pensum ohne die tatkräftige Hilfe von Eltern zu bewältigen. Vielleicht ist das auch nur in meiner Stadt und überhaupt in kleineren Städten und Dörfern so, aber wie man liest, klagen etliche Schulen über Lehrermangel, Stundenausfall und Personalnot. Und so wundert es nicht, dass kein Ausflug angekündigt wird, ohne dass auf dem Zettel, auf dem die Ausflugsdetails für die Eltern vermerkt sind, eigentlich immer steht: »Wir bräuchten noch ein oder zwei Begleitpersonen – wer hat Zeit?«

Auch wenn das Turnfest stattfinden soll, ein bunter Spielevormittag an Fasnacht organisiert wird oder die Klasse geschlossen zum Schwimmunterricht antritt, werden Eltern gebeten, sich einzubringen. Ich schwanke dann jedes Mal zwischen schlechtem Gewissen, weil ich keine Zeit habe, und Empörung, weil ich denke, eigentlich sollte es nicht nötig sein, dass die Schule hier nicht ohne Eltern auskommt. Denn wer hat denn schon Zeit und Nerven, neben der Arbeit auch noch Grundschulkinder zu beaufsichtigen? Das ist selbst für Frauen, die »nur« Teilzeit arbeiten, schwierig. Dass Väter mal mitmachen, ist sowieso die große Ausnahme.

Im Kindergarten habe ich das so nie erlebt. Die Erzieherinnen scheinen in der Lage zu sein, ihre Ausflüge und sonstigen Aktionen ohne Eltern zu organisieren, und so finde ich das auch richtig. Meine Freundinnen aus Skandinavien schütteln den Kopf, wenn ich ihnen erzähle, dass hier in den Grundschulen ohne Eltern kaum irgendein Ausflug stattfinden kann. Aber dort wird auch viel mehr Geld in die Grundschulen und ihr Personal gesteckt – wussten Sie, dass in Finnland nur die Besten eines Jahrgangs Lehrer werden und studieren, während es in Deutschland genau andersherum ist? Die Bezahlung für Grundschullehrer ist in Skandinavien auch wesentlich besser. Aber das nur am Rande.

Und dann gibt's ja noch die ganzen freiwilligen Aktivitäten. Ein Schulfest im Sommer, ein Klassenfest pro einzelner Klasse, ein Schulflohmarkt, Theateraufführungen (»Wir freuen uns über zahlreiches Erscheinen der Eltern!«), Waffelstände für die Kita-Kasse, Elternwandertage, Info-Abende. Eltern, die in der Schule oder in der Kita in der Weihnachtszeit oder auch zu anderen Jahreszeiten als Lesepaten Bücher vorlesen, sind auch sehr gerne gesehen.

Daran gibt's eigentlich auch gar nichts zu meckern – wenn ganz klar kommuniziert würde, dass es okay ist, wenn man sich als Mutter eben nicht einbringt (die Erwartungen an die Väter sind geringer). Aber das Gegenteil ist der Fall. Mehr oder weniger subtil heißt es dann auf den Elternabenden: »Es sind ja sowieso immer dieselben, die helfen!«, oder: »Manche Eltern leisten aber auch wirklich seeehr viel«, und den Kindern wird eingebläut, sie sollten zu Hause noch mal nachfragen, ob die Eltern nicht vielleicht doch Zeit hätten, diese oder jene Aktivität zu begleiten. Meine Kinder waren oft traurig, weil ich es beim besten Willen nicht hätte einrichten können, mir diese Zeit zu nehmen – war ich doch schon froh, wenn ich es zum Schulfest und zu den Klassenfesten schaffte, wo ich stets mit gekauften Leckereien anstatt mit hausgemachter Bilderbuchkost fürs Buffet auftauchte.

Die Elternabende sind auch so ein Thema für sich. Anfangs nahm ich die Sache sehr ernst und dachte, ich müsste sie unbedingt besuchen. Denn so sehen das die Lehrer und Erzieher, und ich kann das auch ein Stück weit verstehen, denn für sie geht es um die Würdigung ihrer Arbeit, um Interesse an dem, was in den Schulen und Kitas passiert (das legt sich in den weiterführenden Schulen, da habe ich mittlerweile das Gefühl, die Lehrer freuen sich, wenn möglichst wenige Eltern beim Elternabend anwesend sind).

In den ersten Jahren der Grundschule finden drei bis vier Elternabende pro Jahr statt, so meine Erfahrung. Wenn man dann noch wie ich mehr als ein Kind hat, kann es schon mal sein, dass in den ersten zwei Monaten des Schuljahres drei Elternabende pro Woche stattfinden oder sogar mehrere an einem Abend. Das stellt eine alleinerziehende Mutter vor gewisse logistische Probleme. Denn die Elternabende sind zum einen immer abends, wie der Name schon sagt, und beginnen meist nicht vor 19:30 Uhr. Zu Hause ist man dann nicht vor 21:30, oft wird es 22 Uhr – und das, ohne hinterher noch nett mit den anderen Eltern in der Wirtschaft gesessen zu haben, wie es meine Eltern in meiner Kindheit taten.

Es ist sehr anstrengend, voll zu arbeiten und direkt vom Job zu einem Elternabend zu gehen, wie ich das in meinem ersten Jahr als Alleinerziehende pflichtschuldigst machte. Ich fuhr direkt von der Autobahn in die Kita, war eigentlich hungrig und müde und wusste, ich würde zu spät ins Bett kommen und am nächsten Morgen wieder erschöpft, hungrig und müde sein. Die Kinder sah ich an solchen Abenden auch nicht, darum kümmerte sich damals noch mein Au-pair.

Als ich dann arbeitslos wurde, kein Au-pair mehr hatte, aber im Gegenzug mehr Zeit, war es aber auch nicht einfacher, einen Elternabend zu besuchen, denn nun klammerten die Kinder an mir. Obwohl sich die Kita direkt gegenüber dem Haus befand, in dem wir wohnten, konnte ich nur unter größten Schwierigkeiten rüber zum Elternabend. Meine Kinder wollten mit, sie wollten mich nicht gehen lassen. Zu jener Zeit hatte ich sogar noch Geld für einen Babysitter, was ein weiteres Jahr später auch nicht mehr drin war.

Dass Alleinerziehende Schwierigkeiten haben, einen Elternabend zu besuchen, weil niemand auf ihr Kind aufpasst, gehört offenbar zu den Dingen, die sich Menschen nur schwer bis gar nicht vorstellen können. Denn alle Welt erwartet, dass freundliche Familienangehörige, nette Nachbarn oder kinderlose Freundinnen für einen einspringen und zu Hause Wache halten. Man müsse sich doch nur abwechseln und mit anderen Alleinerziehenden zusammentun, rieten mir andere. Sehr lustig. Als ob die anderen Alleinerziehenden mehr Zeit hätten als ich und sich diese mit meinen Kindern vertrügen oder die Kinder untereinander. Und soll man das Kind dann abends nach 22 Uhr noch durch die Gegend schleppen? Das kann's ja wohl auch nicht sein.

Und so begab es sich, dass ich an einem gewissen Punkt klipp und klar auf Einladungen zu Elternabenden in Kita und Grundschule antwortete, ich könne nicht kommen, weil ich weder Geld für einen Babysitter habe noch freiwillige Helfer. Großes Erstaunen allerorten. Offenbar hatte das noch kaum jemand so gesagt – und dass ich es tat, war gut, denn nun erntete ich zumindest ein bisschen Verständnis anstatt Vorwürfe, wenn ich mich einfach so entschuldigte und schriftlich mitteilte, ich könne leider nicht kommen.

Einmal habe ich die jüngste Tochter mitgenommen zu einem Elternabend in der Grundschule, da war sie fünf Jahre alt und der Sohn in der dritten Klasse. Ich war die einzige Mutter mit Kind dort und wurde sehr bestaunt. Offiziell verboten ist das nämlich nicht, es hatte sich wohl nur noch keiner getraut. Das Kind saß auf meinem Schoß, wurde erst quengelig und dann müde, und schlief bis zum Ende der Veranstaltung durch. Es war also insofern ein Erfolg. Nur die 20 Kilo Lebendgewicht hinterher noch aus dem Klassenzimmer zum Auto zu schleppen machte mir ziemlich Mühe. Und dann noch die 200 Meter vom Parkplatz ins Bett. Aber es war ein bisschen wie ein Befreiungsschlag, denn zumindest war mir die Teilnahme am Elternabend möglich, und die Leute sahen mal, wie das ist, wenn man ganz alleine alles machen muss.

Schließlich noch die Elterngespräche. Das sind regelmäßige Updates über das Verhalten und den Lernfortschritt der Kinder, sowohl in der Kita als auch in der Grundschule. Immerhin finden diese tagsüber statt, meist vormittags. Was aber auch nur für mich als Selbstständige praktisch ist, denn andere Berufstätige müssen dafür einen halben Tag freinehmen und sind nicht glücklich darüber. Als ich noch fest angestellt war, haben mich auch diese Termine, so nett sie sind, gestresst. Denn Zeit war immer Mangelware.

Ergotherapie, Physiomotorik, Gruppen und andere Gesundheitstermine

Neben den »Wahlpflichtveranstaltungen« wie Elternabenden und Elterngespräch warten noch weitere Termine. Die der Förderung und dem Wohle der Kinder dienen, das ist zweifellos so. Und ich habe auch immer dafür gesorgt, dass die Kinder dort hingehen können, wenn eine solche Förderung schon angeboten und von der Krankenkasse oder dem Staat bezahlt wird.

Da gibt es zum Beispiel die Ergotherapie, die ein Kind auf Rezept zwischen zehn und sechzig Stunden lang machen kann, bei Bedarf auch mehr. Dort wird die Motorik verfeinert (wichtig fürs Schreiben) und auch an Konzentrationsfähigkeit, Koordination und der Herangehensweise an Aufgaben und dem Wechsel zwischen Bewegung und schulischen Elementen gearbeitet. Super Sache, macht den Kindern meist sogar Spaß. Für mich als alleinerziehende Mutter bedeutete die Genehmigung dieser Maßnahme allerdings einen Nachmittag, den ich nicht zum Arbeiten zur Verfügung hatte. Denn wenn die »Ergo« um 14 Uhr beginnt, dann ist die Zeit zwischen 13 und 16 Uhr blockiert. Vorher muss das Kind etwas essen, man hat einen Anfahrtsweg, muss etwas Zeit einkalkulieren, um pünktlich dort zu sein, und hinterher hatte ich dann noch die Jüngste aus der Kita abzuholen. Es ist ein großer Liebesdienst für das Kind, wenn man so etwas macht, auch wenn es sich nicht anfühlt wie eine Entbehrung. Aber die vielen kleinen Dinge, die zusätzlich im Terminkalender der Familie landen, sorgen am Ende dafür, dass er ziemlich dicht ist.

Physiomotorik für die Jüngste und Musikschule gab's zum Glück im Rahmen der Kita, aber eine Trennungsgruppe, die eins meiner Kinder eine Zeitlang besuchte, kostete mich in den Jahren 2010/2011 auch jeweils einen ganzen Nachmittag. Und Nerven, denn da musste ich aus organisatorischen Gründen alle drei Kinder mit hinschleppen und während der Gruppenzeit bespaßen (oft fuhren wir in den nahe gelegenen McDingsbums, aber das ging dann ins Geld), obwohl ich eigentlich ganz andere Dinge zu tun gehabt hätte. Wir erinnern uns an meinen einstaubenden Haushalt … Aber die Prioritäten sind klar: Gesundheit und seelisches Wohlergehen der Kinder haben Vorrang.

Zum Zahnarzt müssen die Kinder auch, zwei Mal im Jahr zur Vorsorge, später kommt noch die Zeit, in der sie eine Zahnspange bekommen und regelmäßig zum Kieferorthopäden fahren sollen (das geht immerhin ab einem gewissen Alter alleine). Gelegentlich kommen spontane Zahnarztbesuche hinzu, wenn ein Wackelzahn nicht rausfällt, ein Kind beim Spielen aufs Kinn gefallen ist und eine Ecke vom Zahn fehlt, oder wenn gar Karies entdeckt wird und eine Füllung gemacht werden muss.

Dann die ganzen Vorsorgeuntersuchungen – sehr sinnvoll, keine Frage. Aber gerade in der Anfangszeit mit Kind, in den ersten drei Jahren, ist man gefühlt ständig beim Kinderarzt. Es sind am laufenden Band Impfungen fällig (die mehrfach verabreicht werden müssen, um wirksam zu sein), die regulären Vorsorgetermine und dann noch im Anschluss Facharzttermine, um Dinge abzuklären, die bei der Vorsorge aufgefallen sind. Da lernt man dann Orthopäden, Augenärzte, eventuell noch Kardiologen und Hautärzte kennen. Und auch dort bleibt es selten bei einem Termin. Zuerst wird in Augenschein genommen, dann behandelt, dann in der Nachsorge geschaut, ob nun alles seine Ordnung hat. Die vielen anderen Arztbesuche, die aufgrund spontaner Erkrankungen fällig sind, lassen wir hier mal weg. Davon war ja schon im Kapitel über Krankheiten die Rede.

Es ist jedenfalls vor lauter Kinderterminen manchmal gar nicht einfach, noch Zeit für die eigenen Arzttermine zu finden. Frauenarzt, zweijährlicher Gesundheitscheck beim Hausarzt, Zahnarzt, das wäre die Basis-Ausstattung an Vorsorge. Aber im Zweifelsfall lassen Alleinerziehende wahrscheinlich eher einen eigenen Termin sausen als einen für das Kind.

Schuhe kaufen, Frisörbesuche, ordentliches Aussehen

Zum Frisör muss man nicht dringend – aber zwei Mal im Jahr ist es schon schön, wenn die Kinder nicht mit wilder Mähne herumlaufen, sondern eine Frisur haben. Andere Kinder, solche von Eltern mit mehr Zeit und Geld, gehen sogar jeden Monat zum Frisör, ich betrachte das mit Staunen. Hier ist es oft so, dass ich selbst Hand anlege und der Jüngsten notdürftig den Pony schnippele (das sieht dann auch ein bisschen wild aus) oder sonstige mutige Kürzungen vornehme. Bisher hatte ich Glück, und das sah passabel aus. Aber lieber ist es mir, wenn das ein Frisör macht – bloß muss man dafür ja auch wieder Termine ausmachen. Und die lägen dann entweder samstags oder abends nach Kindergarten und Schule. Samstags wollen die Kinder lieber spielen, und abends sind sie müde. Unpraktisch irgendwie.

Kein Luxus hingegen, sondern unverzichtbar ist es, zumindest zum Wetterwechsel im Frühling, Sommer, Herbst und Winter passende Schuhe für die Kinder zu haben. Zwei Paar sollten es schon sein, und ein Paar Sportschuhe für die Schule, plus Hausschuhe (für zu Hause und die Kita), plus Gummistiefel. Das geht nicht nur richtig ins Geld, sondern ist auch Arbeit.

Denn die Schuhe online zu bestellen ist nicht unbedingt eine Lösung – da stehen dann furchtbar viele Schuhschachteln zu Hause rum, weil man ja verschiedene Größen und Modelle probieren muss, und es ist ziemlich viel Geld gebunden, weil der Händler ja erst mal alles abrechnet und hinterher zurückerstattet.

Fürs Schuhekaufen geht in jedem Jahr mindestens vier Mal ein Nachmittag drauf. Wenn man zu spät dran ist, sind die Läden leer gekauft, wenn man zu früh dran ist, ist die Ware noch zu teuer. Und so muss man oft mehr als einmal losfahren, bis man die passenden Schuhe für die Kinder hat. Ohne Kinder geht das nicht, die müssen mit. Schuhe kaufen kann nebenbei sehr anstrengend sein, denn nicht immer decken sich die Vorstellungen von Eltern und Kindern darüber, was ein guter Schuh ist. Nur weil es blinkt, muss es nicht gekauft werden. Und die ganz billigen Schuhe sind oft nicht diejenigen, die am längsten halten. Oder solche mit bekannten Figuren aus dem Fernsehen, die trotzdem minderwertige Qualität haben. Die stehen bei den Kindern hoch im Kurs, da braucht man schon recht gute Nerven.

Schön ist es, wenn man gute gebrauchte Kinderschuhe geschenkt bekommt, was bei uns zum Glück recht oft passiert, und wenn sich die Kinder darüber auch aufrichtig freuen. Das tun sie übrigens auch bei gebrauchter Kleidung. Ich bin nicht sicher, wie ich das als Kind gefunden hätte, aber da meine Kinder es nicht anders kennen, nehmen sie auch gerne Klamotten aus zweiter Hand. Falls aber gerade niemand welche abzugeben hat, muss man sich auch für diese Einkäufe Zeit nehmen. Ähnlich wie bei den Schuhen, etwa vier Mal im Jahr. Aber bei Kleidung ist es nicht ganz so schwierig, mal was ohne Kinder zu kaufen, das zu Hause anprobieren und für cool oder nicht so cool befinden zu lassen und dann wieder zurückzubringen. Was natürlich auch wieder Zeit kostet.

Sport, Musik, Hobbys, Sozialkontakte

Für die schönen Dinge des Lebens haben die Kinder vieler Alleinerziehender keine Zeit, ähnlich wie die Kinder aus finanziell schlecht gestellten Familien, und da Alleinerziehende oft arm sind, hat das zur Folge, dass diese Kinder im kulturellen Bereich außen vor sind.

Die Bertelsmann-Studie über den Einfluss von Armut auf die Entwicklung von Kindern spricht da klare Worte: »Armut wirkt sich auch auf das Ausmaß der Förderung aus«[53], und: »Die Teilhabe an Aktivitäten im Sportverein oder der musischen Bildung sind ebenfalls stark sozial selektiv ausgeprägt.« Die Unterschiede sind enorm.

Für meine Familie kann ich das leider bestätigen. Wenn mich Kinderärzte oder andere Ansprechpartner fragen, ob mein Kind ein Hobby habe, ein Musikinstrument lerne oder in einem Sportverein sei, muss ich stets verneinen. Ich habe dabei immer ein schlechtes Gewissen, weil ich weiß, dass von mir erwartet wird, dass ich mich auch darum noch kümmere. Aber mein Alltag ist so voll, ich weiß wirklich nicht, wie ich das noch unterbringen sollte. Denn mit der Anmeldung bei solch einer Aktivität ist es ja nicht getan – man braucht Ausstattung, man muss das Kind zum Verein/dem Unterrichtsgebäude bringen, dort herumsitzen und die Zeit totschlagen und obendrein zu den zum Hobby gehörigen Extraveranstaltungen auch noch gehen: Fußballturniere am Wochenende, Grillfeste, Musikaufführungen, Proben etc.

Wenn eins meiner Kinder allerdings den dringenden Wunsch geäußert hätte, in diesem oder jenem Verein mitmachen zu können, würde ich es versuchen. Aber dass ich sie von meiner Seite aus animiere, Sport, Musik oder Theater zu machen, das wird nicht vorkommen. Mein Kopf ist stets voll mit Terminen. Noch mehr lade ich mir freiwillig nicht auf.

Aber schaue ich mir an, was andere Eltern so alles mit dem Nachwuchs machen, um ihn zu fördern, dann sehe ich sehr klar, dass meine Kinder benachteiligt sind. Sie gehen nicht zum Voltigieren, Reiten, jeden Donnerstagabend in den Schwimmverein, lernen weder Karate noch Klavier. Wahrscheinlich wäre es schön, irgendetwas davon später im Leben zu können. Es tut mir leid, das fällt einfach weg.

Immerhin denke ich – zumindest meistens – daran, Geburtstagsgeschenke für meine Nichten und Neffen zu organisieren und Glückwunschbriefe zu den Geburtstagen der Verwandten zu schreiben oder diese anzurufen. Auch die Geschenke für Einladungen zu Kindergeburtstagen habe ich bisher nie vergessen. Und den Kindern zu ermöglichen, diesen Einladungen zu folgen, das hat bisher auch immer geklappt. Auch diese Dinge nehmen jedoch viel Raum im Terminkalender ein und müssen gut geplant werden.

Schwimmkurs

Zuletzt noch ein Schmankerl aus dem Blog. Denn der Schwimmkurs ist ein weiteres Thema, das viele Alleinerziehende nervt, weil dafür mindestens zehn, eher zwanzig Termine anzusetzen sind, bis das Kind halbwegs schwimmen kann und das Seepferdchen-Abzeichen hat.

So ein Schwimmkurs ist ein Termin, der einen halben Tag im Familienkalender blockiert, weil mit An- und Abfahrt, Umkleiden, Duschen, Haarewaschen und -föhnen ordentlich Zeit draufgeht. Ich wurde immer ganz neidisch, wenn ich die Väter sah, die sich tapfer dieser Aufgabe stellten. Und wenn es ganz dumm läuft, dann ergeht's einem so wie mir im Januar 2014, als ich die beiden jüngeren Kinder zum Schwimmenlernen angemeldet hatte.

Prolog

Eine Mail vom DLRG-Ortsverein trifft ein. Sie besagt, dass sowohl für den Sohn (7) als auch für die Jüngste (5) endlich ein Platz im Anfängerschwimmen frei sei. Ein Glücksfall nach nur sechs Monaten Wartezeit, und das Schwimmbad ist durch einen fünfminütigen Fußmarsch zu erreichen. Perfekt.

Gut, für die Anmeldung muss Mama Finke persönlich zwischen 17 und 19 Uhr mit Bargeld bei der DLRG-Hauptstelle erscheinen, ausgerechnet am Geburtstag der Jüngsten. Aber auch das funktioniert erstaunlich reibungslos, ohne lange Wartezeit, und wird erledigt. Der Kurs der Jüngsten wird zwölf Mal samstags um 10 Uhr stattfinden, der des Sohnes gleich danach um 10:45 Uhr. Schon zwei Tage später soll der Schwimmkurs beginnen. Wie aufregend!

1. Akt, Samstagmorgen 9 Uhr, zu Hause

Mama Finke legt dem Sohn die neue Badehose raus. Die Jüngste ist schon ganz hibbelig.

Mama: Wollt ihr euch hier oder im Schwimmbad umziehen?

Jüngste: Oh, ich zieh den Badeanzug gleich an! Aber welchen? (Kramt tief in der Schwimmsachenkiste.)

Sohn: Ich geh da nicht hin. Ich hab keine Lust. (Schmollgesicht, grimmiger Blick)

Mama: Also Sohn, ich hab dich extra gefragt, ob du wirklich in den Schwimmkurs willst. Und du hast Ja gesagt. Dieser Kurs kostet 90 Euro, und die neue Badehose hat 15 Euro gekostet. Und außerdem geht ihr nächsten Monat mit der Schule schwimmen, und du wolltest unbedingt vorher den Schwimmkurs machen. Keine weitere Diskussion. Wir gehen da hin.

Sohn: Nö. Ich geh da nicht hin. Auf gar keinen Fall.

Jüngste: Mama, wann können wir endlich los?

Mama (genervt): Sohn, wenn du nicht mitgehst, bin ich stinkesauer. Und wenn ich das ganze Geld umsonst ausgegeben habe, dann bekommst du von mir nichts zum Geburtstag. Und das Geld von der Oma muss ich dann auch nehmen.

Sohn: Pah, mir doch egal. Ich krieg ja noch Geschenke von meinen Freunden und von Papa.

Mama (verzweifelt): Wir gehen da jetzt hin. Sonst darfst du eine Woche keinen Besuch von Freunden haben.

Sohn: Na guuuut. (Zieht wütend die Schuhe an.)

2. Akt, 10 Uhr, im Schwimmbad

Schwimmlehrerin (freundlich): So, jetzt kommen bitte alle Kinder mit in die Dusche – die Eltern bleiben draußen, wir zeigen euch jetzt das Schwimmbad.

Jüngste: Mama! Du sollst mit! Mama!

Mama: Jüngste, du hast doch gehört, was die Frau gesagt hat. Die Eltern bleiben hier. Guck mal, hier sind so viele nette Mädchen! Und du möchtest doch schwimmen lernen, oder?

Jüngste: Ja, aber … (Klammert sich am Bein der Mutter fest und versteckt sich hinter ihr.)

Mama Finke fällt ein, dass es über Monate täglich ein Riesentheater gab, wenn die Jüngste morgens in den Kindergarten gebracht wurde. Da das nun prima läuft, war sie davon ausgegangen, dass ihre Tochter, die Wasser liebt, auch problemlos beim Schwimmkurs mitgehen würde. Falsch gedacht.

Es war auch nicht klug von Mama Finke, sich das dicke Norwegerkleid anzuziehen. Ihr wird sehr heiß. Wegen des Kleides, weil es warm ist in der Umkleidekabine, und weil sie Ärger und Ohnmacht in sich aufsteigen spürt.

Dass im Eingangsbereich etliche nette Väter mit ihren Kindern gesessen haben und andere Eltern zu zweit ein Kind zum Schwimmkurs gebracht haben, während sie mit zwei Kindern alleine da ist, bessert ihre Laune nicht. Und dann fällt ihr auch noch ein, dass der Vater der Kinder einst großspurig angekündigt hatte, mit dem Sohn zum Schwimmkurs zu gehen.

Mama Finke (wütend): Gut, dann gehen wir eben wieder. *Ich* kann schon schwimmen. Und ich habe bei der Anmeldung abgemacht, dass du auch im September anfangen kannst, falls das jetzt zu früh ist. Kein Problem.

Jüngste: Doch, ich will doch mit rein!

Mama: Dann geh doch. Ich kann auch ein paar Schritte mitkommen. Komm, wir gehen. (Macht ein paar Schritte zu den anderen Kindern und der Schwimmlehrerin.)

Jüngste: Nein, ich will doch nicht. (Klammert sich am Bein der Mutter fest.)

Mama: Wir gehen jetzt. Mir reicht's. Und ich bin sauer. So sauer, dass ich schreien könnte. (Knallt stattdessen ihre Winterstiefel mit Schwung auf den Boden und fühlt sich blöd.)

Sohn (beeindruckt): Mama, aber ich hab's mir überlegt. Ich will doch in den Schwimmkurs.

Mama: Ach. Na gut, dann lernt wenigstens einer schwimmen.

3. Akt, 10:20 Uhr, in der benachbarten Bäckerei

Mama Finke, Sohn und Jüngste kaufen Brötchen. Mama gönnt sich einen Milchkaffee, zum Runterkommen. Die Zeit bis zum Start des zweiten Schwimmkurses muss ja überbrückt werden.

Mama: So, Kinder. Dann gehen wir mal wieder los.

Die drei überqueren die Straße an einer grünen Ampel. Mittendrin kehrt die Jüngste auf einmal um. Sie wendet mit dem Laufrad auf der Fußgängerinsel und will harakirimäßig den bereits rot geschalteten Rückweg antreten. Mama Finke lässt alles fallen und zieht das Kind zurück. Autofahrer gaffen. Der Sohn steht bereits auf der anderen Straßenseite.

Mama: Jüngste, das geht nicht! Das ist total gefährlich, du kannst hier nicht einfach umdrehen!

Jüngste: Ich will aber nach Hause! Ich bin müde!

Mama: Nix da. Wir gehen jetzt zum Schwimmkurs deines Bruders. Und du drehst *nie* wieder auf der Straße einfach um. Verstanden? Du wirst sonst totgefahren!

4. Akt ,10:45 Uhr, wieder im Schwimmbad

Der Sohn ist anstandslos mit den anderen Kindern in die Dusche marschiert, ohne Zögern. Mama Finke und Jüngste nehmen am Fenster im Gang Platz, von wo aus man einen guten Blick auf das Schwimmbecken hat.

Mama: Guck mal, da ist dein Bruder. Jetzt machen sie sich warm. Ich glaube, das macht ihm Spaß.

Jüngste: Mama, ich will jetzt auch schwimmen lernen. Kann ich da mitmachen?

Mama: Nein, das geht leider nicht. Dein Kurs war vorhin. Die sind jetzt fertig. Und du wolltest nicht mitmachen.

Jüngste: Wollte ich doch! Buhuuuu! Du hast mich nicht reingelassen!

Mama verdreht die Augen und bekämpft Hitzewallungen. Jüngste fängt an, massiv zu rangeln, und quengelt weiter, dass sie *jetzt* und sofort ins Wasser wolle. Andere wartende Eltern heben irritiert die Augenbrauen. Mama seufzt. So geht das etwa dreißig Minuten.

Mama ist sehr, sehr warm. Sie überlegt, ob es eine Option ist, sich in Unterhemd und Strumpfhose im 2. Wartebereich aufzuhalten, aber dann verwirft sie diesen Gedanken. Mama Finke atmet tief durch und konzentriert sich auf das zuversichtliche Gesicht des Sohnes, den sie mit den anderen Kindern fröhlich durchs Wasser hüpfen sieht.

Schwimmlehrerin (vorbeigehend zu Mama): Na, wollen wir das vielleicht nächste Woche noch mal versuchen?

Mama: Ja, geht denn das? Von mir aus gerne!

Jüngste im Krawallmodus hört gar nicht zu und quengelt immer lauter. Mama schwitzt. Und überlegt – könnte das klappen? Die Schwimmlehrerin scheint Nerven aus Stahl zu haben. Sie bleibt freundlich, obwohl sich die Jüngste gerade von ihrer schlechtesten Seite zeigt. Beeindruckend.

Mama: Jüngste, willst du nächste Woche noch mal kommen und mitmachen? Aber dann ohne Theater?

Jüngste: Ja, au ja! (Strahlt)

5. Akt, 12:30 Uhr, wieder zu Hause

Mama ist fix und fertig. Die Badesachen werden ausgepackt. Nun hat die Jüngste Lust zu baden, und zwar im Badeanzug. Den hat sie ja noch an, wie praktisch. Mama Finke lässt Badewasser ein und atmet tief durch.

Immerhin: Mit einer Erfolgsquote von 50 Prozent war das kein totaler Reinfall. Und vielleicht wird die Jüngste kommenden Samstag doch noch beim Schwimmkurs mitmachen. Vielleicht auch nicht. Wer weiß das schon?

Nachtrag, Oktober 2014: Es kam dann doch nicht zum Vollzug. Aber nun, zehn Monate später, starten wir einen neuen Versuch. Diesmal mit bestem Freund und im Selbstlernversuch bereits fast schwimmender Jüngster. Toi, toi, toi! Und Mama Finke wird geeignete Kleidung für Begleitpersonen wählen, hitzewallungsgeeignete. Sicher ist sicher.

Kapitel 12
Kunst, Sport, Kultur, Biergarten – geht mal ohne mich

Im Sommer fällt es mir besonders auf – da treffen sich andere Leute im Biergarten, sitzen auf den Treppen am Rhein oder am See, genießen die lauen Nächte oder verbringen einen heißen Sommertag unter schattigen Bäumen am See, ein Buch lesend, sich unterhaltend, einfach die Zeit vertrödelnd.

Ich trödele nie. Und ich kann auch nicht in den Biergarten gehen, meine Leidenschaft für das französische Autorenkino liegt seit Jahren brach, sämtliche Einladungen zu Vernissagen, Konzerten und Sportveranstaltungen, die ich als Stadträtin erhalte (ja, das ist eine privilegierte Situation), reiche ich mit Bedauern an Freunde und Bekannte weiter, so sie übertragbar sind. Denn ich kann da nicht hingehen. Abends sitze ich immer zu Hause, und das seit sechs Jahren. Stadträtin bin ich erst seit Juli 2014, davor war ich einfach nirgendwo eingeladen, das war auch nicht viel besser.

»Das Alleinerziehen ist in der Regel tatsächlich eine sehr einsame Tätigkeit, bei der man die Abende zu Hause mit sich selbst verbringt«, bringt es Maike von Wegen in ihrem Buch auf den Punkt.[54] Dabei ist es egal, ob die Alleinerziehende auf dem Dorf, in einer mittelgroßen Stadt oder in einer Metropole wie Berlin lebt (wie Maike das tat).

Auch Autor Jochen König, der zwei kleine Kinder im Wechsel mit den jeweiligen Müttern großzieht und mit seinen progressiven Ansichten zum Thema Gender, Familien und Lebensformen auf sich aufmerksam macht, stellt trocken fest: »Wenn ich Fritzi am Abend ins Bett gebracht habe, bin ich alleine zu Hause. Oft bin ich glücklich, meine Ruhe zu haben. Manchmal wünsche ich mir allerdings, noch mit jemandem plaudern zu können.«[55]

Der gute Mann hat abends immerhin seine Ruhe, er kann ein Buch lesen oder telefonieren. Aber er hat auch keine höchst strittige Trennung hinter sich, sondern eine einvernehmliche, bei der sich seine beiden Kinder sicher sein können, dass die anderen Bezugspersonen sie weiterhin lieben und betreuen. Ich beneide ihn ein bisschen darum.

So wie ich auch neidisch bin, wenn meine Freunde Fotos von Zeltmusikfestivals, Open-Air-Events und ihren Reisen auf Facebook posten. Ich sehe das mit einer guten Portion »Das gönne ich ihnen« und mit ziemlich viel Wehmut. Denn früher bin ich auch gerne gereist. Ich bin viel ausgegangen, war vielseitig kulturell interessiert und habe das Leben genossen.

»Nimm deine Kinder doch einfach mit!«, und: »Meine Kinder übernachten regelmäßig bei Freunden/Oma/Nachbarn«, sagen unbedarfte Bekannte, wenn ich erkläre, dass und warum ich nicht ausgehen kann. Dann seufze ich tief und weiß genau, noch bevor ich zum Erklären ansetzen kann, dass mir gleich wieder der Schwarze Peter zugeschoben werden wird. Denn wenn ich sage, dass meine Kinder nicht gerne woanders übernachten, dass die Familie weit weg ist oder dass das »Parken« bei Freunden bedeutet, dass ich sie auf Abruf jederzeit irgendwo abholen muss, weil sie mitten in der Nacht oder am Abend nach Hause wollen, dann glauben manche, das müsste man nur besser üben. Ich glaube halt bzw. sehe aus Erfahrung an meinen Kindern, dass ich ihnen Zeit geben muss.

Mit Druck erreiche nicht nichts. Sie lösen sich erst dann aus ihrer Angst, dass die Mama auch noch spurlos verschwinden wird, wenn ich ihnen Sicherheit gebe. Bei meinem Sohn funktioniert das schon seit ein bis zwei Jahren sehr gut, und ich sehe zaghafte Ansätze dazu bei der Jüngsten. Und außerdem gibt es auch andere Sechsjährige, die nicht gerne bei Freunden übernachten, dafür muss man kein Trennungskind sein.

Zu der Idee, die Kinder einfach mitzunehmen: Da kann ich nur den Kopf schütteln. Das ist so ungefähr das Unspaßigste, was ich mir vorstellen kann. Wie soll ich mich auf ein Gespräch, auf Kunst oder Musik konzentrieren, wenn ich nebenbei dafür sorgen muss, dass mein Kind nicht quengelt? Und dass so ein Kind auf einer Abendveranstaltung müde wird, ist auch klar. Nein, da haben Kinder nichts zu suchen. Tagsüber arbeite ich. Natürlich könnte ich mal untertags für eine Stunde ins Museum gehen. Aber das ist nicht das, was ich unter Ausgehen verstehe. Und es gibt immer Dinge, die viel dringender erledigt werden müssen.

Als Stadträtin könnte ich auch Reisen zu unseren Partnerstädten unternehmen, alles toll organisiert, mit Busfahrt, Hotel, Programm, allem Drum und Dran. Kann ich aber nicht. Selbst wenn ich meine Kinder mitnehmen würde (was denkbar ist) und das Geld hätte, um für ihre Kosten aufzukommen (denn das bezahlt die Stadt natürlich nicht), wäre solch eine Reise die reine Quälerei für meine Kinder und somit auch für mich. Schade. Aber so ist das nun mal.

Apropos Geld. Es würde mir natürlich durchaus helfen, wenn ich keine Geldsorgen hätte. Dann würde ich öfter mal einen Babysitter buchen, damit ich rauskann am Abend. Ich kenne sogar welche, die das super machen und mit meinen Kindern prima zurechtkommen. Ohne Babysitter könnte ich an den Sitzungen, die teils bis 23 Uhr dauern, ja gar nicht teilnehmen. Es war harte Arbeit, meine Kinder mit der Idee vertraut zu machen, dass ich das Haus verlasse und jemand anders auf sie aufpasst, so sehr waren die beiden Jüngeren es gewohnt, dass ich immer da bin. Dass die Kinderbetreuung über den Stadtrat erstattet werden kann, ist übrigens eine Neuerung, die gerade rechtzeitig zu meinem Amtsantritt beschlossen wurde, im Rahmen der verbesserten Vereinbarkeit von Familie und Mandat, wie es einige Kommunen schon vorgemacht haben. Ich wüsste sonst auch nicht, wie ich das finanziell stemmen sollte. Und es war mein Glück, denn seit Juli 2014 habe ich nun ab und zu Ausgang mit Babysitter, um Sitzungen zu besuchen. Ich genieße das sehr.

Trotzdem: Mit »über die Stränge schlagen« und »kulturellen Nachholbedarf stillen« hat dieser Ausgang im Rahmen der Stadtratstätigkeit wenig zu tun. Und Entspannung ist so eine Sitzung auch nicht – da wäre Sport schon eher meine Wahl. Aber auch das geht nicht mehr oder nur sehr selten: meinen Lieblingssport, das Schwimmen, kann ich ruhigen Gewissens und konzentriert nur dann ausüben, wenn meine Kinder (speziell die Jüngste) nicht dabei sind. Zu groß ist immer noch die Gefahr, dass ein Kind ertrinkt, weil es sich doch nicht daran hält, nicht ins Wasser zu gehen, während Mama im Becken ihre Bahnen zieht. Sicher schwimmen konnte meine große, sehr wasserbegeisterte Tochter, die inzwischen fünfzehn Jahre alt ist, trotz Schwimmkurs und Seepferdchen erst mit neun oder zehn Jahren. Insofern werde ich mich da noch ein paar Jahre gedulden müssen. Und tagsüber ins Schwimmbad zu gehen, während der knappen Öffnungszeiten ab 14 Uhr, war mir in Kombination mit beruflichen Terminen in der Vergangenheit nur viel zu selten möglich. Dabei ist das gar nicht gut für meinen Rücken, da ich viel am Schreibtisch sitze.

Da könnte ich doch ins Fitnessstudio gehen, so eins mit integrierter Kinderbetreuung, denken Sie? Auch das habe ich schon versucht. Sogar damals, als das erste Kind noch klein war. Aber Pustekuchen, auch dieses Kind, damals noch kein Trennungskind, weigerte sich strikt, im Spieleraum bei der netten Betreuerin zu bleiben. Ich habe es noch nie ausprobiert, aber ich glaube, sogar das Ikea-Kinderparadies würde meinen beiden jüngeren Kindern nicht heimelig genug erscheinen, um dort alleine zu bleiben. Und da mir der Kinderpsychologe sagte, das sei nicht therapiebedürftig, sondern ganz normal, lebe ich damit. Das Bild, das er mir mitgab, hilft mir ein wenig dabei: Wie eine Schneekugel, die ordentlich durchgeschüttelt wurde, sei unsere Trennung und die Zeit danach für die Kinder. Es dauere lange und brauche viel Geduld, bis sich alles gesetzt habe und wieder beruhigt.

Wie geht es denn meinen alleinerziehenden Leserinnen? Gehen die noch aus? Kerstin Theyssen zumindest fühlt sich ähnlich wie ich: »Junior ist jetzt zehn. Er wurde geboren, als ich vierzig war. Keine Hilfe durch die Familie. Kein Unterhalt, einundvierzig Wochenstunden als Kommunalbeamtin. Zehn Jahre also weitestgehend ›Home-Knast‹. So langsam erobere ich Freiheit zurück, bin aber viel zu erschöpft, um diese Freiheit tatsächlich zu nutzen. Tagesausgang für das Pendeln zwischen zu Hause – Kita oder Schule – Arbeitsplatz – Discounter – Kinderarzt – zu Hause ist aber auch perfekt. Urlaub ist nicht finanzierbar und Mutter-Kind-Kur keine Erholung.«

Fee Linke geht zwar aus, aber nur sehr selten. Weil sie sich meist einladen lassen muss: »Mal ein Bierchen geht, selten, Essen gehen, Kino, Cocktails mit Freundinnen geht gar nicht, Pizza-Essen mit den Kindern super selten (1 oder 2 x im Jahr). Urlaub? Haha … Soziale Teilhabe? Fehlanzeige. Kann sich keiner vorstellen, der's nicht erlebt hat. Und der Rest der Welt scheint zu denken: ›Tja, Mädchen, man kann nicht alles haben: Kinder UND Unabhängigkeit UND genug Geld. Sei arm, aber glücklich.‹ Ich sage: Der Preis, den man dafür bezahlt, keine ›gute Frau‹ zu sein, ist sehr hoch.«

Ausgehen ist das Letzte, woran Diana Viete denkt, viel zu

sehr ist sie vom anstrengenden Alltag und den nur wenig erholsamen Nächten geschlaucht: »Kino, Biergarten, Kultur, Partys? Ich bin froh, wenn ich Schlaf bekomme.« Da ist was dran. Als Uli Hoeneß in den Knast kam, dachte ich, jetzt tut er allen leid – aber de facto kann der Mann jede Nacht von 22 bis 6 Uhr durchschlafen, erhält das Essen geliefert, muss nicht selbst den Haushalt machen und auch noch Kinderkotze aufwischen. Ich hatte offenbar damals eine ziemlich schlechte Phase, denn tagsüber im Knast ist es sicher auch nicht so lustig, selbst wenn man bald den Tagesausgang bekommt. Das eigene Leben als Gefängnis zu empfinden, in dem man kaum noch Freiräume hat, ist aber nicht gut, wie wir im Kapitel über die drohende Erschöpfung und das Burn-out-Risiko gesehen haben.

Genauso ergeht es Viola Knehans: »Ich habe drei Kinder von 5 bis 9 Jahren. Ich gehe nie aus. Nur Elternabende. Der Vater nimmt die Kinder nicht beziehungsweise wollen sie nicht, und dann bin ich zudem so kaputt, dass ich froh bin, abends mal 'ne halbe Stunde zu laufen, wenn die Kinder im Bett sind. Erst war ich voll berufstätig, jetzt selbstständig, und ich bin nur am Arbeiten, selbst dann, wenn die Kinder zu Hause sind.«

Außerdem ist Ausgehen teuer, selbst wenn einen Freunde auf ein Bier einladen. Es fallen ja nicht nur Eintritt und/oder Getränke an, sondern auch Babysitterkosten, falls keine Familie vor Ort ist. Deshalb geht Bianca Schmitt fast nie aus: »Babysitter plus Eintritt oder Restaurantkosten etc. sind zu teuer. Ab und zu, alle zwei bis vier Monate, packt es mich, und das Geld ist mir dann egal. Ich vermisse es sehr, wöchentlich sportlich was machen zu können, einen Kurs regelmäßig belegen, entspannt abends Freunde treffen, tanzen …«

»Ich würde gerne mal wieder essen gehen, organisatorisch leider nicht möglich. Und ja, das vermisse ich«, bedauert Leserin Susan Emmerich. Und seit fünf Jahren nicht mehr weg war Simone Owe. Sie habe sich damit abgefunden, schreibt sie mir auf meiner Facebook-Fanseite auf meine Frage hin. Da ist Simone weiter als ich, irgendwie habe ich mich nie damit abgefunden. Und ich sehne mich nach dem Tag, an dem ich mal wieder ohne auf die Uhr zu gucken in einer Kneipe/Disco/Veranstaltung sitzen kann!

Viele Alleinerziehende, die ich befragt habe, vermissen das Ausgehen schmerzlich. Dabei geht es nicht darum, wie gelegentlich in Internetforen oder Artikeln gehöhnt wird, dass sich die Frauen betrinken und Party machen wollen, sondern um den Wunsch nach etwas persönlicher Freiheit und Unbeschwertheit.

Bei all dem Negativen bin ich aber sehr froh, dass etliche meiner Leserinnen gelegentlich rauskommen, weil entweder der Exmann oder die Großeltern auf das Kind aufpassen. Je weniger Kinder zu verteilen/betreuen sind, desto einfacher lässt sich das logischerweise einrichten. Und die meisten Alleinerziehenden betreuen ja »nur« ein Kind.

»Wenn ich nicht mindestens ein bis drei Mal ausgehen würde, würde ich durchdrehen«, glaubt Indra Schreiber. Das finde ich schon fast luxuriös. Viele Leserinnen nutzen die Umgangswochenenden beim Vater des Kindes, um »einen draufzumachen«, und genießen das sehr: »Etwa einmal im Monat ist das Kind über Nacht beim Vater. Dann gehe ich aus und lasse es richtig krachen und bin erst gegen 3 Uhr wieder daheim. Das ist meine kleine Nische, die ich mir gebaut habe. Die Zeit, in der ich meine Akkus auflade, sodass ich zur Not mehrere Monate davon zehren kann. Mein Paralleluniversum«, schreibt eine. Und Susanne NullZwo ergänzt: »Ich hatte das Glück regelmäßiger Umgangswochenenden, die ich im Vorfeld planen konnte. Ohne die wäre ich wohl eingegangen, denn neben Job und Kind fehlte mir der Austausch mit Freunden und der Tapetenwechsel sehr.«

Dass die Alleinerziehende trotz Babysitter oder auch schon größerer Kinder den Kopf nie ganz freibekommt, bringt Antje von Garnier ins Gespräch: »Seit die Kinder groß genug sind, alleine zu Hause zu bleiben, nutze ich es oft und gerne aus. Allerdings bleibt ein Teil meiner Gedanken immer zu Hause, sodass ich mich nie ganz frei fühle.« Die vier bis fünf Jahre vorher ging sie allerdings nie aus, erzählt Antje. Ich kann ihr gut nachfühlen, dass sie die Verantwortung für die Kinder, die sie als Alleinerziehende trägt, auch beim Ausgehen nicht einfach abschütteln kann. Und ich glaube, dass das für Eltern, die noch ein Paar sind, anders ist, unbeschwerter. Denn auch mir geht es so, dass ich auch in Sitzungen des Stadtrats ständig aufs Handy gucke oder damit rechne, dass ein Anruf kommt. Hätte ich einen Partner zu Hause, wäre das anders. Dann wäre der voll und ganz zuständig und nicht mein eingekaufter Babysitter, der mich in Notsituationen sofort erreichen können muss.

Gesellschaft von anderen Erwachsenen, mit denen frau eine Wellenlänge hat: Auch das ist etwas, was Alleinerziehende vermissen. »Es ist nicht das Ausgehen im Besonderen, das mir fehlt, sondern der Kontakt zu anderen berufstätigen Erziehenden und Freunden. Und zwar nicht telefonisch, sondern von Angesicht zu Angesicht. Unter den anderen Eltern komme ich mir oft vor wie ein Alien, nicht nur, weil ich alleinerziehend bin, sondern auch, weil ich nicht in dem Ort aufgewachsen bin«, gesteht Jessi Ca. Manche fühlen sich auch trotz guten Kontakts zu anderen Menschen wie das fünfte Rad am Wagen, wie Andrea WePunkt meint: »Ja, wenn der Kleine beim Vater oder bei meinen Eltern ist, geht das. Problem ist viel mehr, dass ich mir 'nen neuen Freundeskreis suchen musste. Bei Paaren ist man fünftes Rad am Wagen oder wird erst gar nicht gefragt.«

Diese Erfahrung, dass man gar nicht mehr eingeladen wird, habe ich auch gemacht. Die gemeinsamen Freunde aus der Ehe meldeten sich nicht mehr nach der Trennung, pflegten dafür aber innigen Umgang mit dem Exmann. Gut, sie hatten sich entschieden – ich habe es ihnen sicher auch leicht gemacht, indem ich mich nicht gemeldet habe. Aber bei mir war Land unter, ich lag am Boden und kämpfte darum, den Alltag und die Trennung geregelt zu bekommen. Und einen neuen Freundeskreis aufzubauen, während man seelisch angeschlagen ist, ist ziemlich schwierig. Ich habe erst nach ein paar Jahren den Nerv dazu gehabt. Dass ich durch die Arbeitslosigkeit ein gutes Jahr nach der Trennung auch noch sämtliche Bürokontakte verlor, war unglücklich. Und der Umzug vom schönen großen Haus in die Sozialwohnung verlangte von mir erneute Abschiede von lieb gewonnenen Nachbarn. Ich fing quasi von vorne an, in derselben Stadt.

Ein Exkurs – Ausgehen und die Liebe

Wer nie ausgeht, hat es schwer, neue Leute – gut, sagen wir es: Männer – kennenzulernen. Viele Alleinerziehende hetzen durch den Tag, und zwar nicht, weil sie sich die Zeit so schlecht einteilen können, sondern weil sie so viele Aufgaben zu erledigen haben. Und weil es immer noch etwas gibt, was auch noch getan werden müsste.

Ich für meinen Teil habe es über vier Jahre nach der Trennung noch ausgeschlossen, dass ich jemals wieder eine Partnerschaft eingehen würde. Ich hatte kein Interesse, weder sexuell noch sonst wie, und auch nicht das Gefühl, dass mir irgendwas im Leben fehlen würde. Wann hätte ich denn noch Zeit für einen Mann haben sollen?

Anfangs bin ich sogar weggelaufen, aber davon habe ich ja schon erzählt. Das war wie ein Fluchtreflex, nichts Bewusstes.

Später lernte ich, mal wieder jemandem zuzuzwinkern oder bewusst ein bisschen zu flirten, fast wie ein Teenager. Eigenartig, denn ich war vor meiner Ehe kein Kind von Traurigkeit gewesen. Wohl aber ein gebranntes Kind, um bei dem Bild zu bleiben. Und wie die Kinder mit ihrer Erschütterung in der Schneekugel und den sich langsam setzenden Flocken brauchte auch ich Zeit, bis ich überhaupt wieder Sehnsucht nach Nähe, Liebe und Romantik entwickelte. Viel Zeit. Erste zaghafte Annäherungsversuche ans andere Geschlecht kamen über meinen Beruf als freie Journalistin und über das politische Ehrenamt zustande, und das erste Mal wieder wirklich verliebt habe ich mich sage und schreibe fünfeinhalb Jahre nach meiner Trennung. Und auch diese zarte Liebesgeschichte auf Distanz wäre nie zustande gekommen, hätte ich nicht über meinen Blog und die Politik inzwischen Kontakte geknüpft mit Menschen, die ähnlich denken wie ich, und wäre ich nicht längst geschieden, ohne Groll auf das Leben, und wären die Kinder noch so klein wie am Anfang meines Alleinerziehendendaseins.

Viele Alleinerziehende aus meiner direkten Umgebung wählen deswegen den Weg des Online-Datings, und ich finde das völlig in Ordnung, aber für mich uninteressant. Weil ich eher an Anziehung glaube als an Algorithmen und weil ich mich spontan körperlich angezogen fühlen will von dem Menschen, dem ich näherkomme. Auch wenn das bisher kein auf Dauer tragfähiges Konzept für Beziehungen war, aber ob via Online-Dating gefundene Partner tatsächlich bessere »Haltbarkeitsquoten« haben, das würde ich bezweifeln.

Aber ich schweife ab. Nein, ich denke in die Zukunft. Denn noch habe ich keinen Partner, ich kann mir das am ehesten in Form einer Fernbeziehung vorstellen, und ich wünsche mir eine Beziehung auf Augenhöhe. Genauso sehr fürchte ich mich davor, wieder fest gebunden zu sein, und sei es auch ohne Zahnbürste des Mannes im Bad und ohne täglichen Kontakt. Ich schätze, ich bin ganz zufrieden so, wie es ist. Aber manchmal würde ich wirklich gerne von jemandem in den Arm genommen werden, mit jemandem reden können, der schlau und mir zugetan ist, und einen »Partner in Crime«, einen Gefährten, haben. Doch das sind Fernziele.

Was mir realistisch am meisten fehlt, sind das Reisen, das Tanzengehen und die Lesungen. Die Lesungen sind am ehesten für mich zu verwirklichen, dafür müsste ich ja nur abends mal zwei bis drei Stunden aus dem Haus, und irgendwann wird das gehen – noch wenige Jahre, wenn die Jüngste acht ist, sollte das möglich sein, falls ein älteres Geschwisterkind auf sie aufpasst. Also halte ich mich erst mal an diesem kleinen Traum fest.

Das Tanzengehen kommt dann später, in fünf Jahren, und wieder reisen werde ich in zehn Jahren. Lesungen fand ich schon als Studentin toll – wenn Autoren die jeweilige Stadt, in der ich gerade wohnte, besuchten und dort aus ihren Büchern lasen. Es gibt kein schöneres Freizeitvergnügen, finde ich. Zeitgenössische Autoren sind wandelnde Denkmäler, Inspiration und Vorbilder für mich. Und wenn ich bei einer Lesung bin, vergesse ich all meine Alltagssorgen. Ulkigerweise habe ich kürzlich für mich festgestellt, dass ich Lesungen auch liebe, wenn ich selbst lese: Im Juli 2015 habe ich das zum ersten Mal getan, als ich bei einer Veranstaltung einen Text aus meinem Blog vor Publikum las. Vielleicht komme ich mit diesem Buch dazu, eine Lesereise zu machen, quer durch Deutschland? Und dann lese ich Ihnen dieses Kapitel vor, und Sie sehen, dass Träume durchaus wahr werden können.

Das wäre doch ein sehr versöhnlicher Schluss dieses Buchs, das nichts beschönigt und sicher bei einigen Lesern Kopfschütteln auslösen wird. Aber es war mir wichtig, das Leben von alleinerziehenden Müttern in Deutschland zu Anfang des 21. Jahrhunderts festzuhalten.

Nicht allen geht es so wie mir, klar. Aber doch viel zu vielen. Haben Sie Verständnis, ruhig ein bisschen Mitleid, aber bitte schauen Sie nicht auf uns herab. Und bewundern Sie die Alleinerziehenden für das, was sie alles schaffen, anstatt nur zu sehen, was hinten runterfällt. Seien Sie einfach nett zu ihnen. Wir tun unser Bestes, glauben Sie uns. Wie alle Eltern.

Zum guten Schluss

Erste Hilfe: Atmen. Und Blogtipps, gute Bücher, Adressen

Alleinerziehende fühlen sich oft alleine. Auch alleingelassen. Aber es gibt viele Wege raus aus der Isolation. Dafür braucht man allerdings ein Mindestmaß an Energie und Lust, auf andere Leute zuzugehen. Oder aber einen sehr hohen Leidensdruck, weil gerade scheinbar alles zusammenbricht und kein Land in Sicht ist.

Mir hilft, um es nicht zum Äußersten kommen zu lassen, als Erste-Hilfe-Maßnahme mehrfach tief durchzuatmen und mir die Situation, falls das vor lauter Stress noch geht, aus anderen Perspektiven anzugucken. Denn weglaufen und »aus der Situation rausgehen«, wie das beim Konfliktmanagement für Erwachsene empfohlen wird, können Mütter von kleinen Kindern nicht. Ein tobendes Kind lässt man nicht alleine, eins, das sich im Auto bei voller Fahrt abschnallt und sich weigert, sich wieder anzuschnallen, kann man nicht einfach machen lassen, und wenn meine Sechsjährige vor lauter Wut darüber, dass ich sie nicht an meinem Computer spielen lasse, zwanzig Minuten lang ohrenbetäubend schreit, dann habe ich das auszuhalten. Ich kann auch nicht meinen Partner um Rat fragen, wie er reagiert hätte, niemand redet mir lobend oder gut zu, wenn ich traurig, wütend, verzweifelt oder überfordert bin. Also muss ich mich selbst darum kümmern, dass ich stabil genug bin, um für die Kinder da sein zu können. Sonst macht es keiner.

Wie ich das meine mit den »anderen Perspektiven«? Nun, kürzlich wollte zum Beispiel meine Jüngste, die laut Kinderärztin »ein sehr willensstarkes Kind« ist (was die Kinderärztin als positive Charaktereigenschaft vermerkt, auch wenn sie sehr wohl weiß, welche Herausforderungen das für mich mit sich bringt), gerne auf meinem Computer etwas spielen. Das hat sie in den Wochen davor ab und zu gedurft, ich gehe dann auf die Seiten des öffentlich-rechtlichen Kinderkanals, und das Kind spielt harmlose, altersgerechte Sachen.

Aber an diesem Morgen – wie morgens generell – sah ich überhaupt nicht ein, das zu erlauben. Ich antwortete erst ruhig und freundlich, dass das vielleicht am Abend drin sei, denn ich hätte zu arbeiten. Das ist nichts Neues. Nur wollte meine Jüngste diese Auskunft an jenem Tag nicht akzeptieren. Sie versuchte es mit Hauen, mit Schreien, mit Stampfen und Tränen. Ziemlich schnell kam ein Punkt, an dem ich nicht mehr zu ihr durchdrang. Sie war so in ihrem Zorn gefangen, dass ich sie nur noch in ihrer Wut begleiten konnte. »Jüngste, wenn du so laut und so viel schreist, dann wundern sich die Nachbarn und denken, dass ich dir gerade ein Bein abschneide oder so«, warnte ich sie vor. Und auch, dass in manchen Fällen die Polizei kommt, wenn sich Leute Sorgen machen wegen schreiender Kinder. Das war gar nicht als Drohung gemeint, sondern als realistisches Szenario, und meine Tochter weiß, dass die Polizei Menschen beschützt und natürlich kommen muss, wenn jemand denkt, einem Kind geschieht ein Leid.

Aber meine Tochter schloss sich im Badezimmer ein und schrie weiter. Ohrenbetäubend laut, und weil die Fenster gekippt waren, wurde tatsächlich eine Nachbarin irgendwann nervös. Es klingelte an meiner Tür. »Ich wollte mal gucken, was hier los ist …«, trug die Nachbarin leicht verunsichert vor. Und sah, dass ich ganz ruhig war, was sie wiederum beruhigte. »Komm mit, sag mal meiner Jüngsten, dass du wegen dem Geschrei gekommen bist, vielleicht merkt sie dann, dass das nicht geht«, bat ich die Frau. Sie folgte mir bis zur verschlossenen Badezimmertür und war sehr verwundert, dass darin ein tobendes Kind »Ich will spielen! Ich will spielen!« rief.

Offenbar eine Szene, die diese Nachbarin, die selbst dreifache Mutter ist, nicht kannte. Sie sprach mit meiner Jüngsten durch die Tür, und das machte tatsächlich Eindruck. Mama hatte recht gehabt: Wenn man sehr lange und sehr laut schreit, dann bekommt man nicht das, weswegen man schreit, sondern die Nachbarn klingeln und rufen auch die Polizei, falls etwas nicht in Ordnung ist. Ui. Das war eine ziemliche Erkenntnis für mein willensstarkes Kind. Es wurde ruhig hinter der Tür.

Die Nachbarin ging wieder und gab mir noch den Tipp, dem Kind einfach mal den Hintern zu versohlen, was ich natürlich nicht tun werde. Aber so lösen andere Menschen solche Probleme. Obwohl Kinder zu schlagen in Deutschland mittlerweile verboten ist, was sich aber längst noch nicht überall herumgesprochen hat.

Das war kein besonders schönes Erlebnis an jenem Vormittag. Aber aus der Vogelperspektive betrachtet konnte ich sehen, dass hier eine Mutter sehr, sehr ruhig und souverän geblieben war – nämlich ich. Es hatte mir keine Angst gemacht, was die Nachbarn denken, und hätte die Polizei geklingelt, dann hätte ich ihnen reinen Gewissens gegenübertreten und erklären können, was der Grund für das Geschrei war. Mein Kind wäre noch beeindruckter gewesen als nur durch den Besuch der Nachbarin, aber ich kann gut darauf verzichten, dass die Polizei nun auch noch bemüht wird, und hoffe einfach, dass mein Kind über dieses Erlebnis nachdenkt. Weitere fünf Minuten später kam meine Tochter aus dem Badezimmer und war herzallerliebst, normal und fröhlich. Wie umgekrempelt.

Von außen betrachtet ist das Ganze sehr gut gelaufen. Ich habe mich nicht terrorisieren lassen, immer schön geatmet, nicht geschrien, war dem Kind gegenüber verständnisvoll, solange es noch zugänglich war, und in der akuten und langen Wutphase einfach anwesend. Wobei das nicht einfach war, denn ich sah ja, dass mein Kind vor lauter Wut sogar heulte. Aber deswegen kann ich ja nicht einknicken.

Als dritte Perspektive habe ich dann überlegt, wie wir beide, das Kind und ich, diese Situation in zehn Jahren bewerten würden. Ich hatte das Gefühl, dass hier gerade etwas Wichtiges für die Entwicklung meiner Tochter passiert und dass ich einen großen Fehler gemacht hätte, wenn ich nachgegeben hätte. Ich denke, ich habe ihr einen Gefallen getan, auch wenn es für mich viel einfacher gewesen wäre, zu sagen: »Na gut, spielst du halt fünfzehn Minuten, ich arbeite später.«

Ich habe den Vorfall also in einen Kontext gesetzt, und das hat mir geholfen. Aber ohne ruhiges Atmen wäre es mir nicht möglich gewesen, einen kühlen Kopf zu bewahren. Und nicht allzu viel auf das zu geben, was unbedarfte Mitmenschen so denken, ist dabei sehr hilfreich. Also: Erst atmen und ruhig bleiben, dann die Perspektive wechseln und hinterher in den Kontext setzen. Das ist quasi mein Überlebensgeheimnis. Es hilft nicht immer, aber oft.

Atmen hilft auch, wenn die Termine und Pflichten einen unter sich zu begraben scheinen. »Ich kann halt nicht zaubern«, sage ich mir dann und tue das, was mir möglich ist und mir am dringendsten erscheint. Nicht so gut hilft Atmen gegen Einsamkeit am Samstagabend oder gegen den Wochenendkoller, da nützt mir Austausch über das Internet mehr – in den ersten drei Jahren nach der Trennung war ich viel in einem Frauenforum unterwegs, wo ich mich mit anderen austauschen konnte, was mir ungemein geholfen hat, meine Isolation zu ertragen und Mut zu fassen. Solche Internetforen sind natürlich ein zweischneidiges Schwert, aber bei mir war es so, dass ich die Internetgemeinde als »Krücke« nutzen konnte, um später wieder gestärkt auf Menschen zuzugehen. Es wäre mir sowieso zu viel gewesen, mich in Gruppen vor Ort auszutauschen oder selbst Treffen zu organisieren, deswegen passte das mit dem Frauenforum für mich sehr gut.

Sport kann auch Erste Hilfe sein, aber dafür muss man das Haus verlassen können oder einen Sport finden, der sich in der Wohnung mit Kind ausüben lässt und der einem auch zusagt. Wann immer ich kann, gehe ich schwimmen, aber das schaffe ich nur selten. Manche Frauen finden Yoga und Meditation hilfreich, das ist weniger mein Ding, andere schreiben sich den Frust einfach von der Seele – ich kann da Bloggen sehr empfehlen, das kann man auch anonym und ohne Kosten bei Anbietern wie blogspot machen.

Alles, was sich ohne viel Aufwand und Stress einrichten lässt, ist gut, um Druck aus dem Leben zu nehmen. Manch eine Frau singt vielleicht gerne, eine andere entspannt sich in der Badewanne, aber das wäre jetzt weniger »Erste Hilfe« und eher der Bereich »Prävention« und »Nachsorge«. Denn eins ist klar: Das Leben als Alleinerziehende ist dauerhaft anstrengend. Da muss frau gut auf sich aufpassen.

Lesen hat mir sehr viel gegeben, als ich wieder die Zeit dafür fand. Besonders Bücher über die Situation von Familien und Alleinerziehenden in Deutschland, in denen ich gespiegelt fand, was ich erlebte. Deshalb endet dieses Buch mit einigen Leseempfehlungen, Blogtipps und Adressen, die Alleinerziehende interessieren könnten.

Buchtipps Alleinerziehende/Familie/Gesellschaft

Marc Brost und Heinrich Wefing: *Geht alles gar nicht. Warum wir Kinder, Liebe und Karriere nicht vereinbaren können.* Rowohlt Verlag 2015, 240 Seiten

Christina Bylow: *Familienstand: Alleinerziehend. Plädoyer für eine starke Lebensform.* Gütersloher Verlagshaus 2011, 176 Seiten

Bernadette Conrad: *Die kleinste Familie der Welt. Vom spannenden Leben allein mit Kind.* btb Verlag 2016, ca. 300 Seiten

Maya Dähne: *Deutschland sucht den Krippenplatz.* Beltz Verlag 2013, 171 Seiten

Carola Fuchs: *Mama zwischen Sorge und Recht. Die aberwitzigen Erfahrungen einer Mutter in Sachen Umgang.* Taschenbuch im Selbstverlag 2014, 264 Seiten

Susanne Garsoffky und Britta Sembach: *Die Alles ist möglich-Lüge. Wieso Familie und Beruf nicht zu vereinbaren sind.* Pantheon Verlag 2014, 256 Seiten

Jochen König: *Mama, Papa, Kind? Von Singles, Co-Eltern und anderen Familien.* Herder Verlag 2015, 208 Seiten

Stefanie Lohaus und Tobias Scholz: *Papa kann auch stillen.* Goldmann Verlag 2015, 222 Seiten

Dr. Dunja Voos: *Die Sorgen der Alleinerziehenden. Warum Lösungen nicht immer die Lösung sind.* Medizin-im-Text Verlag 2014, 62 Seiten (nur als E-Book)

Peggy Wandel: *Zwischen Karriere und Krabbelgruppe. Zwanzig berufstätige Mütter aus aller Welt erzählen, wie sie Familie und Job unter einen Hut bekommen.* Schwarzkopf & Schwarzkopf Verlag 2012, 228 Seiten

Maike von Wegen: *Mutterseelenalleinerziehend. Ein Kind und weg vom Fenster?* Knaur Verlag 2013, 240 Seiten

Malte Welding: *Seid fruchtbar und beschwert euch! Ein Plä-*

doyer für Kinder – trotz allem. Kiepenheuer & Witsch 2015, 203 Seiten

Alexandra Widmer: *Stark und alleinerziehend.* Kösel Verlag 2016, 192 Seiten

Blogtipps Alleinerziehende/Pädagogik

www.mutterseelenalleinerziehend.de Blog von Maike von Wegen gegründet, betrieben von Sarah Wiedenhöft als Nachfolgerin

www.stark-und-alleinerziehend.de Professionelle Webseite von Therapeutin Dr. Alexandra Widmer, alleinerziehende Mutter von zwei Kindern. Schwerpunkt Burn-out-Prävention und Selbsthilfe

www.mamaberlin.org Privater Blog einer alleinerziehenden Mutter

www.phoenix-frauen.de Privater Blog einer alleinerziehenden Mutter von zwei Kindern verschiedener Väter, Schwerpunkt auf Partnerschaftsgewalt und Trennung

www.vomwerdenzumsein.wordpress.com Blog getrennter Mutter, die Kinder leben hauptsächlich beim Vater

www.alleinerziehend-gemeinsam-stark.jimdo.com Gemeinschaft alleinerziehender Eltern, mit Forum

www.alleinerziehend-erfolgreich.de Privater Blog einer alleinerziehenden Mutter zum Thema Seelenhygiene

www.krachbumm.com Blog über Lifestyle, Sex und Elternschaft

www.grindelcombo.wordpress.com Blog über Alleinerziehende, Politik, Feminismus

www.mamamotzt.com Privater Blog einer extrem alleinerziehenden Mutter von drei Kindern *www.umstandslos.com* Feministische Perspektiven auf Mutterschaft, Magazin

www.mama-arbeitet.de Blog der Autorin dieses Buchs

www.buntraum.at Erziehung, achtsame Pädagogik generell

www.geborgenwachsen.com Attachment Parenting, Pädagogik

Hilfreiche Adressen

www.vamv.de VAMV Verband alleinerziehender Mütter und Väter

Frauenberatungsstellen bundesweit (einzeln googeln)

www.netzwerk-muetterinitiativen.com Mütterinitiative, besonders in Sachen Umgangsfragen aktiv

www.muetterlobby.de Mütterlobby-Initiative, die sich für die Rechte von Müttern und Kindern nach einer Trennung einsetzt

Vor Ort bieten Caritas, AWO und andere soziale Träger oft Gruppentreffs für Alleinerziehende an – regional ist das Angebot stark unterschiedlich.

Internet

www.blogspot.com/www.blogger.com (kostenlos Bloggen)

FB-Gruppe »Alleinerziehende suchen/bieten« (geschlossene Gruppe, Aufnahme auf Antrag. Einfach bei Facebook im Suchfenster den Gruppennamen eingeben)

Weitere FB-Gruppen findet man über die interne Suche auf Facebook.

Quellenverzeichnis

1 Monitor Familienforschung 2012, Ausgabe Nr. 28, S. 6f. (Hrsg. vom Bundesfamilienministerium)

2 http://www.sueddeutsche.de/leben/alleinerziehende-damals-und-heute-was-machen-sie-wenn-ihre-tochter-krank-ist-1.1935136

3 Familienreport 2012, S. 15 (www.bmfsfj.de/RedaktionBMFSFJ/Broschuerenstelle/Pdf-Anlagen/Familienreport-2012,property=pdf,bereich=bmfsfj,sprache=de,rwb=true.pdf)

4 www.destatis.de/DE/PresseService/Presse/Pressemitteilungen/2014/07/PD14_258_12631.html

5 www.destatis.de/DE/ZahlenFakten/GesellschaftStaat/Bevoelkerung/HaushalteFamilien/Tabellen/FamilienKindern.html

6 www.welt.de/gesundheit/psychologie/article121454418/Scheidungen-sind-hoch-ansteckend.html

7 www.vaeter.nrw.de/Aktiv_Vater_sein/Vater_sein/alleinerziehende-vaeter-exotisch-oder-ganz-normal/index.php

8 www.berlin-institut.org/online-handbuchdemografie/bevoelkerungspolitik/deutschland/alleinerziehende-in-deutschland.html

9 www.vomwerdenzumsein.wordpress.com/2015/02/07/wochenend-mutter/

10 www.soziologie.uni-mainz.de/schneider/sub/wwwae.html

11 www.stalking-justiz.de

12 www.bmas.de/SharedDocs/Downloads/DE/PDF-Publikationen-DinA4/a334-4-armuts-reichtumsbericht-2013.pdf?__blob=publicationFile, S. XXIX, S. 109 ff., S. 123 und S. 127

13 www.sueddeutsche.de/politik/armutsbericht-so-zerrissen-ist-deutschland-1.2358723

14 www.daserste.ndr.de/panorama/archiv/2014/Familiengerichte-Jedes-zweite-Gutachten-mangelhaft,gutachten132.html

15 Fachliteratur zum Entlastungsbeitrag für Alleinerziehende: www.haufe.de/

personal/entgelt/steuerentlastungen-alleinerziehender-2015-in-steuerklasse-2_78_309096.html

16 www.neues-deutschland.de/artikel/968321.keine-deutliche-verbesserung.html

17 Ebd.

18 www.wiwo.de/politik/deutschland/600-euro-mehr-koalition-erhoeht-entlastungsbetrag-fuer-alleinerziehende/11645820.html

19 Studie der Bertelsmann-Stiftung: »Der Einfluss von Armut auf die Entwicklung von Kindern. Ergebnisse der Schuleingangsuntersuchung.« Hrsg. von Thomas Groos und Nora Jehles. Gütersloh, Februar 2015

20 Der vierte Armuts- und Reichtumsbericht der Bundesregierung. Lebenslagen in Deutschland, S. 112. Download: www.bmas.de/SharedDocs/Downloads/DE/PDF-Publikationen-DinA4/a334-4-armuts-reichtumsbericht-2013.pdf?__blob=publicationFile

21 Armutsbericht, S. XXIX f.

22 Armutsbericht, S. 74

23 Bertelsmann-Studie, S. 22

24 Ebd., S. 51

25 Ebd., S. 37

26 Ebd., S. 7

27 Ebd., S. 32

28 www.welt.de/wirtschaft/article141638920/Deutschland-hat-die-niedrigste-Geburtenrate-der-Welt.html

29 www.faz.net/aktuell/wirtschaft/vollbeschaeftigung/schwerpunkt-arbeit-fuer-alle-hunderttausende-schwere-faelle-von-langzeitarbeitslosigkeit-12174574.html

30 www.familien-wegweiser.de/wegweiser/stichwortverzeichnis,did=41018.html

31 Armutsbericht, S. 132

32 Alexandra Widmer: *Stark und alleinerziehend.* Kösel Verlag, München 2016

33 www.noz.de/deutschland-welt/politik/artikel/593299/job-und-familie-viele-eltern-wollen-arbeit-gleich-aufteilen#gallery&0&0&593299

34 Monitor Familienforschung 2012, Ausgabe Nr. 28, S. 7. Mit Erratum: Der Monitor schreibt, ein Prozent der Mütter kümmerten sich um drei oder mehr Kinder. Das ist ein Fehler laut Mail des Destatis vom 30.12.2015 auf meine Nachfrage hin.

35 www.mama-arbeitet.de/fundstudie/11-gruende-warum-putzen-keine-gute-idee-ist

[36] www.neurologen-und-psychiater-im-netz.org/kinder-jugend-psychiatrie/risikofaktoren/trennungscheidung/psychische-folgen

[37] www.stern.de/gesundheit/schlaf/hormonhaushalt-was-frauen-den-schlaf-raubt-3326646.html

[38] www.5050prinzip.de

[39] www.heise.de/tp/artikel/44/44915/1.html

[40] Marc Brost und Heinrich Wefing: *Geht alles gar nicht. Warum wir Kinder, Liebe und Karriere nicht vereinbaren können.* Rowohlt, Reinbek 2015

[41] www.zeit.de/gesellschaft/familie/2014-05/arbeitszeit-vaeter-teilzeit

[42] www.mamamotzt.com

[43] www.n-tv.de/politik/Arme-Kinder-starten-schwer-ins-Leben-article15068371.html

[44] www.bertelsmann-stiftung.de/de/unsere-projekte/kein-kind-zuruecklassen-kommunen-in-nrw-beugen-vor/projektnachrichten/aufwachsen-in-armut-gefaehrdet-entwicklung-von-kindern/

[45] www.diestandard.at/2000020233813/Island-Ledig-berufstaetig-Mutter-und-gluecklich

[46] Monitor Familienforschung, Ausgabe 28, BMFSJ: »Alleinerziehende in Deutschland – Lebenssituation und Lebenswirklichkeiten von Müttern und Kindern.«

[47] Ebd.

[48] Maike von Wegen: *Mutterseelenalleinerziehend. Ein Kind und weg vom Fenster?* Knaur, München 2013

[49] Ebd., S. 412–417

[50] Ebd., S. 147

[51] Bertelsmann-Studie: »Der Einfluss von Armut auf die Entwicklung von Kindern. Ergebnisse der Schuleingangsuntersuchung.« Hrsg. von Thomas Groos und Nora Jehles. Gütersloh, Februar 2015

[52] Monitor Familienforschung Nr. 28. »Alleinerziehende in Deutschland – Lebenssituation und Lebenswirklichkeiten von Müttern und Kindern

[53] Bertelsmann-Studie, S. 31 f.

[54] *Mutterseelenalleinerziehend*, S. 143

[55] Jochen König: *Mama, Papa, Kind. Von Singles, Co-Eltern und anderen Familien.* Herder Verlag, Freiburg 2015

Dankeschön!

Dieses Buch wäre nie erschienen, hätte ich nicht angefangen zu bloggen. Ohne meine Leserinnen und Leser, die fleißig kommentieren und mir schreiben, hätte ich auch gar keinen Grund gesehen, mein Leben in Buchform in die Öffentlichkeit zu tragen. Ich danke euch allen, dass ihr mir das Gefühl gegeben habt, nicht alleine zu sein mit meinen Problemen und Sorgen als Alleinerziehende!

Außerdem danke ich meinem Exmann, ohne den ich heute nicht da wäre, wo ich stehe. Ich wusste zwar nicht, was aus uns werden soll, als ich ihn verließ, aber dass diese Entscheidung richtig war, hat er mir über Jahre hinweg immer wieder bestätigt.

Mein Dank gilt auch meiner Lektorin Franziska Beyer vom Lübbe Verlag, die mich in den Weiten des Internets aufgestöbert hat und mit der es stets unkompliziert und konstruktiv zuging. Ich hätte mir keine bessere »Mentorin« wünschen können.

Und dann sind da noch die vielen Bloggerfreunde und -freundinnen, die mein Netzwerk bilden und mit denen ich mich täglich auf Facebook und Twitter austausche. Ihr seid unendlich wertvoll für mich, bitte seht es mir nach, dass ich keine einzelnen Namen nenne, das würde nur schiefgehen, weil ich unweigerlich jemand vergessen würde. Ihr seid großartig!

Konstanz, im November 2015